Gerhard Müller-Werthmann

KONZERN DER MENSCHLICHKEIT

Die Geschäfte des Deutschen Roten Kreuzes

Kiel, 29. 7. 85

W0358945

Gerhard Müller-Werthmann

KONZERN DER MENSCHLICHKEIT

Die Geschäfte des Deutschen Roten Kreuzes

Mit Beiträgen von
Dr. Rupert Neudeck und **Werner Wolfsfellner**

55 Abbildungen

«Hohenheim» Verlag, Hamburg

Fotonachweis:
Ullstein Bilderdienst (12); dpa (3); Gerhard Müller-Werthmann (26);
Verlagsarchiv (14).

ISBN 3-8147-0040-6

Alle Rechte vorbehalten
Auch auszugsweiser Nachdruck in jedweder Form nur mit
Genehmigung der «Hohenheim» Verlag GmbH, Hamburg
Copyright © 1984 by «Hohenheim» Verlag GmbH, Hamburg
Lektorat: Klaus-Dietrich Petersen, Hamburg
Umschlaggestaltung: Lutz Lüdemann, Hamburg
Satzherstellung: SDS Satz- und Druckservice GmbH, Hamburg
Druck und Bindung: Clausen & Bosse, Leck

INHALTSVERZEICHNIS

Vorwort

Es ist einfach, über das Rote Kreuz zu berichten.

Es ist einfach, von guten Taten zu erzählen.

Es ist willkommen, wenn zudem Spendenaufrufe veröffentlicht werden. Und es läßt sich in der Tat viel Schönes berichten über eine der größten deutschen Hilfsorganisationen mit langer Geschichte.

Es ist sehr schwierig, über das Rote Kreuz zu berichten, wenn man sein Interesse auf die andere, die nüchterne Seite des humanitären Alltags lenkt. Wie läßt sich das vereinbaren? Nächstenliebe und Geschäft?

Wenn in diesem Buch von „Geschäften" gesprochen wird, meint dies nicht als Unterstellung die Gewinn- oder Profitsucht des Vereins oder seiner Funktionäre.

Der „Konzern der Menschlichkeit" ist heute ein sozialer Dienstleistungsbetrieb, der sich auf einem Markt bewegt, der Milliarden-Umsätze meldet. Und es gelten die Marktgesetze. Da gibt es knallharte Konkurrenz und Kalkulationen.

Es ist einfach, über das Rote Kreuz zu berichten, wenn man diese geschäftliche Seite einfach ausblendet. Dies ist oft genug geschehen. Die Literatur über das Deutsche Rote Kreuz beschränkt sich auf positiv-verklärte Beschreibungen von der Front der Menschlichkeit und über die Nächstenliebe in dieser Welt.

Wenn man so will, sorgt dieses Buch für die Ausgewogenheit der Informationen. Es ist ein einseitiges Buch, mit dem bewußt ein Tabu gebrochen werden soll. Über den Apparat, über das Management wird gesprochen, ebenso wie über die Frage der Abrechnung von sozialer Arbeit heute.

Im perfekt verwalteten Apparat des Deutschen Roten Kreuzes selbst aber weiß man um die Konflikte und die Probleme, die sich aus der Entwicklung vom Hilfsverein zum Wohlfahrts-Konzern ergeben haben.

Von den Inhalten sozialer Arbeit ist kaum noch die Rede, von der Verwaltung der Not und ihrer Finanzierung umso mehr. Während die großen Wohlfahrtsverbände immer dann, wenn es um Zuschüsse von öffentlichen Kassen geht, auch schon mal einen erbitterten Konkurrenzkampf austragen, haben sie sich in einem zentralen Punkt zur großen Koalition des Schweigens verbündet. Es geht ums Geld.

Warum eigentlich wird hier so viel verschleiert? Warum eigentlich wird nicht mit offenen Karten gespielt und der Öffentlichkeit gesagt, daß alle Wohlfahrtsverbände zu Selbstbedienungsläden des Sozialstaates geworden sind, zu „Kostgängern" im eigenen Marktinteresse?

Dieses Buch will die Auseinandersetzung provozieren und nicht wissenschaftlich-verbrämt analysieren. Und die Auseinandersetzung kann nicht nur im Deutschen Roten Kreuz selbst stattfinden. Die Politiker, die Sozialpolitiker, sind aufgefordert, sich Gedanken zu machen über andere, neue Perspektiven der sozialstaatlichen Entwicklung. Und dennoch richtet sich die Aufforderung zur Auseinandersetzung und Diskussion vor allem an die Mitarbeiter, Helfer und Mitglieder des Deutschen Roten Kreuzes. Denn das Deutsche Rote Kreuz ist viel zu wichtig, als daß es zu einem sozialen Dienstleistungskonzern mit Abrechnung, Kalkulation und bestens organisiertem Management verkommt.

Sozialpolitik und Sozialarbeit, das bedeutet heute sehr viel mehr als ausschließlich über die „Finanzierbarkeit" zu reden. Ganz besonders die Sozialpolitik und die alltägliche Arbeit der freien Wohlfahrtsverbände — und zu den größten gehört das Deutsche Rote Kreuz — müssen möglichst unabhängig die Interessen derer vertreten, um die es geht: die Schwachen, die Armen, die Kranken, die Alten, die Behinderten, die gefährdeten Jugendlichen und all diejenigen, die irgendwo mehr oder weniger anonym im sozialen Netz hängen, ohne daß man sich wirklich ausreichend um sie kümmert. Denn finanzielle Wohltaten allein machen noch keine qualifizierte Sozialpolitik. Inwieweit das Deutsche Rote Kreuz, das eine wichtige Rolle im Konzert der Wohlfahrtskonzerne spielt, dazu heute überhaupt noch in der Lage ist, inwieweit nicht eine dringende Reform der Rot-Kreuz-Organisation notwendig ist, dafür soll dieses Buch Diskussionsstoff und, wie gesagt, Provokationen liefern. Es soll aber auch sachliche Informationen vermitteln, die bisher weitgehend unbekannt geblieben sind, weil sie nach dem Willen des Deutschen Roten Kreuzes unbekannt bleiben sollten.

Zur beherzten Diskussion bereit ist

Gerhard Müller-Werthmann.

Vom Hilfsverein zum Wohlfahrts-Konzern

Am Anfang stand ein großer Mann mit einer großen Idee. Henry Dúnant. Sein Name ist auch heute noch, mehr als 100 Jahre danach, untrennbar verbunden mit Begriffen wie Hilfe, Pflicht, Opfer, Engagement, Menschlichkeit, Nächstenliebe, Selbstlosigkeit und Friedenssehnsucht. Aber jede ideelle, humanitäre Verklärung hilft nicht weiter. So schön es auch ist und so gerne sich jeder mit den Idealen des Deutschen Roten Kreuzes und seines Gründers identifiziert: Von Anfang an war das Rote Kreuz Erfüllungsgehilfe des Staates, humanitäres Alibi sozusagen und Markenzeichen eines guten, eines sozialen Gewissens der „besseren Leute".

Gerne wird darauf verwiesen, daß Henry Dúnant mit seinem Buch „Eine Erinnerung an Solferino" (1863) das Gewissen Europas wachgerüttelt hat.

Dúnant erzählt darin eindringlich und fesselnd überzeugend, wie auf dem Schlachtfeld Hunderttausende qualvoll verenden, tierisch schreiend verbluten, alleingelassen vom Siegestaumel der Kriegsherren. Die Körper zerfetzt, die Sinne zerrissen, verrecken Soldaten im Glauben, für eine gute Sache zu sterben. Sterben zu müssen.

Henry Dúnant schildert die Qualen, sein Entsetzen wird deutlich, aber er verurteilt nicht den Krieg: „Unter allen Armeekorps, die an diesem Kampf teilnehmen, bietet die französische Garde den imposantesten Anblick. Es ist strahlender Tag, und der blendende Glanz des italienischen Sonne spiegelt sich in dem blitzenden Waffenschmuck der Dragoner... Dem Feuer der Batterien trotzend, die den Tod in ihre Reihen schleudern, stürzen die Franzosen wie ein tobendes Wetter, das sich aus der Ebene erhebt, im Sturm gegen die Stellungen vor, entschlossen, sie um jeden Preis zu nehmen."

So berichtet kein Mensch, der sich Gedanken über Sinn und Unsinn kriegerischer Gewalt macht. Das mag historisch zu erklären und zu rechtfertigen sein. Im Rückblick auf die Geschichte des Deutschen Roten Kreuzes aber ist dies von besonderer Bedeutung, weil es auch heute noch nicht ausreicht, sich mit moralischer Entrüstung allein über die waffenstarrende Aufrüstung und Perfektionierung der Gewalt zu empören.

Seine Erlebnisse machen Dúnant besessen von dem Gedanken, helfen zu müssen. Er holt aus den Dörfern junge Frauen, die den Soldaten, allen Soldaten zur Seite stehen, sie pflegen und heilen sollen.

Es fehlt an allem. Die Kriegstreiber haben an alles gedacht, an Waffen und Munition, nicht aber an Verpflegung und Verbandszeug für die Verwundeten.

Dúnants Ziel war die Gründung nationaler Gesellschaften, die schon in friedlichen Zeiten sich vorbereiten auf den Krieg „mit Unterstützung und unter der Leitung... militärischer Instanzen". Er wollte die Idee durchsetzen, Menschen auszubilden, die im Krieg ohne Entgelt die Opfer, die verwundeten Krieger pflegen. Das militärische Sanitätswesen

J. Henry Dunant.

sollte damit unterstützt werden. Seine Erfahrungen mit den Frauen und Mädchen am Rande des Schlachtfeldes beschreibt Dúnant so: „Ihre bescheidene Hingebung kannte keine Müdigkeit und keinen Ekel. — Kein Opfer war ihnen zuviel."

Der preußische Kriegsminister war begeistert, als er von Dúnants Idee erfuhr. Rasch wurden alle Voraussetzungen geschaffen, die aus dem Wunsch Wirklichkeit werden ließen. War da doch ein Mann, der in der Lage zu sein schien, die Widersprüche zwischen Sittlichkeit, Moral und Staatsräson, zwischen Machtpolitik und Humanität in den Griff zu bekommen! 1864 unterzeichneten zwölf europäische Staaten das Genfer Abkommen zur Verbesserung des Loses der verwundeten Militärpersonen bei kriegerischen Auseinandersetzungen.

Ganz neu war die Idee nicht. Schon seit der Zeit der Befreiungskriege 1813/1815 gegen Napoleon existierten in vielen deutschen Ländern Frauenvereinigungen, die es sich zum Ziel gesetzt hatten, den Verwundeten im Krieg zu helfen. Die Prinzessinnen von Preußen hatten zur Hilfe aufgerufen: „Auch wir müssen mitwirken, die Siege befördern zu helfen." Auch in den sogenannten Friedenszeiten war die Pflicht der Frauen gefordert: Sie kümmerten sich um die Hinterbliebenen und Kriegsbeschädigten. Fürsorge als Begriff und soziale Tat wurde damit zur gemeinschaftlichen Aufgabe, zur privaten, zur ehrenamtlichen wohlgemerkt, denn „Opfer" waren gefordert, vor allem von denen, die dem Staat zu Diensten sein wollten, im Zweifel dienstbar sein mußten. Es waren die Frauen, deren dienende Funktion, christlich begründet natürlich, immer wieder hervorgehoben wurde.

An der Front der blutigen Ideologie kämpften die Männer für ein hehres Ziel, hinter der Schußlinie, manchmal auch mittendrin, standen die Frauen.

Dúnant also war ein willkommener Idealist. Schon damals sahen sich Militärs und Politiker mit den immer perfekter werdenden furchtbaren Massenvernichtungswaffen konfrontiert. Für Henry Dúnant bedeutete dies, daß angesichts solcher Perspektiven in Zukunft „das Personal der Feldlazarette niemals ausreicht".

Im deutsch-dänischen Krieg 1866 war das Rote-Kreuz-Zeichen erstmals das offizielle Wahrzeichen menschlicher Hilfe für die Krieger, die ihr Leben aufs Spiel setzten und am Ende nur noch auf das Rote Kreuz hoffen konnten. Wie dieses Zeichen funktionierte und welche Aufgabe es erfüllte, wurde erstmals im deutsch-französischen Krieg 1870/71 deutlich. Während bei der von Dúnant so schrecklich erzählten „Schlacht von Solferino" (1859) 300.000 Soldaten sich gegeneinander abgeschlachtet haben, wurden jetzt, 1870, nur auf deutscher Seite mehr als 900.000 Männer in den Kampf geschickt.

Kaiser Wilhelm I. lobte die deutschen Vereine vom Roten Kreuz, die nach seiner Meinung „wesentlich dazu beigetragen haben, der Armee unter den schwierigsten Mühen des Krieges Freudigkeit und Kraft" zu erhalten.[1]

Schon seit 1864 gibt es in Deutschland den „Verein zur Pflege verwundeter Krieger" (gegründet in Oldenburg). Ohne Scheu hat Dúnant in seiner Gründerzeit um Unterstützung der staatstragenden Kräfte, vor allem der Militärs, geworben. Wie anders wäre seine folgende Aufforderung zu verstehen: „Welcher Herrscher wäre nicht glücklich, wenn er den Soldaten seiner Armee die Sicherheit geben könnte, daß sie unverzüglich angemessene Pflege finden werden, sobald sie verwundet sind."[2]

1921 schließen sich die Frauenvereine der Länder und die „Deutsche Vereinigung vom Roten Kreuz" zum **„DRK"** zusammen.

Schon vor dem Ersten Weltkrieg wurden im Deutschen Reich Hilfsvereine des Roten Kreuzes gegründet. 1914 gab es rund 4.000 lokale Vereinigungen mit 275.000 Mitgliedern. Es waren keine freiwilligen Zusammenschlüsse, es waren nicht etwa die ersten Bürgerinitiativen, die sich zusammenfanden. Die Organisation war vielmehr gewünscht und angeordnet. Bereits 1859 hatte Großherzogin Luise zur Gründung von Hilfsvereinen aufgerufen, sie befürchtete einen totalen Krieg zwischen den europäischen Staaten. Unabhängig von nüchternen Daten der Geschichte ist die Frage nach dem Motiv von Bedeutung. War es das Gebot der Nächstenliebe allein, der Menschlichkeit, der Friedenssehnsucht? Nein, der humanitäre Idealismus hatte keinen Platz im Machtkalkül der Militärs. Nicht die beste, qualifizierte Pflege verwundeter Krieger war oberstes Ziel. Unentgeltlich sollte die Hilfe sein und damit im Dienste des Staates, der alle Mittel für die Kriege benötigte, auch für diejenigen, die erst geplant waren.

9.000 Schwestern wurden im Ersten Weltkrieg vom Roten Kreuz ausgebildet. 2.000 Berufskrankenschwestern gab es damals. Das Rote Kreuz lehnte eine Zusammenarbeit mit diesen grundsätzlich ab. Helfen als Beruf, das galt als unschicklich. Die schwere Arbeit sollte für ein Trinkgeld geleistet werden. Gefordert waren die Frauen, die nicht von einem Arbeitslohn leben mußten. Gefragt waren die weiblichen Arbeitskräfte, meist Bürgertöchter ohne den materiellen Druck erwerbstätig sein zu müssen, die dem Vaterland zu Diensten sein wollten, sein sollten, und die Begeisterung für die gute Sache zeigten. Das Ehrenamt wurde zum Begriff. Helfen wurde zur Tugend derjenigen, die es sich leisten konnten. Die sich damit ihr Geld verdienen mußten, waren abgeschrieben, disqualifiziert.

Die Pazifistin Lida Gustava Heymann verzweifelte schon 1914 an der Sinnlosigkeit, „halbtot geschundene Menschen mit aller Hingabe wieder gesund zu machen, um sie abermals den gleichen oder noch schlimmeren Qualen auszusetzen".[3]

Übung einer Sanitätskolonne im Juni 1925

Übung einer freiwilligen Sanitätskolonne vom Roten Kreuz

Wie obszön der humanitäre Einsatz für Kriegsverletzte sein kann, diese Frage stellte sich für Dúnant nicht. Helfen wurde zum scheinbar neutralen Wert. Daß Ideologie transportiert, vermittelt wurde, war kein Thema seiner Zeit. Geholfen wurde auf Anordnung des Staates. Der Befehl paarte sich mit dem miesen Gefühl des schlechten Gewissens, wurde zur moralischen Pflicht. Auch die Frauen waren an der Front im Dienste des Vaterlandes. Wen wundert es dann noch, daß traditionsgemäß ausgediente Militärs im Roten Kreuz den Ton bestimmten.[4]

Das Rote Kreuz im Nazi-Reich

Es war dann auch nur konsequent, daß im Faschismus des Hitlerdeutschlands der humanitäre Idealismus des Bürgertums, gut organisiert im Roten Kreuz, mit dem menschenverachtenden Staat der Nazis gleichgeschaltet wurde.

Der Dienst am Nächsten im Roten Kreuz wurde knapp und logisch auf folgende Formel reduziert: „Ich schwöre Treue dem Führer des Deutschen Reiches und Volkes Adolf Hitler. Ich gelobe Gehorsam und Pflichterfüllung in der Arbeit des Roten Kreuzes nach den Befehlen meiner Vorgesetzten. So wahr mir Gott helfe."

Ein General der Infanterie wurde Präsident des Deutschen Roten Kreuzes, NSDAP-Führer Herzog von Coburg, sein Vize war SS-Reichsarzt Dr. Ernst Robert Grawitz, die Chefin der NS-Frauenbereitschaft war gleichzeitig ganz oben in der DRK-Hierarchie.

Das Deutsche Rote Kreuz wurde immer stärker festgelegt auf Aufgaben, die im Kriegsfall von Bedeutung waren. Schon 1933 war das Rote Kreuz diszipliniert, ohne größere Probleme, ohne größeren Widerspruch, geschweige denn Widerstand. Krankenpflege, Ausbildung von Helferinnen und die Organisation des Krankentransports, das waren die staatlich verordneten Aufgaben des Roten Kreuzes. Die Wohlfahrt hatte sich nach den Interessen der Nazis zu richten, die NS-Ideologie setzte sich durch, ohne Diskussionen, ohne Widerstand, ohne jeden sichtbaren Versuch, der wirklich unabhängigen sozialen Hilfe für alle die Bahn zu brechen. Dem Staat zu dienen, war oberstes Ziel, gefällig zu sein, das war Vereinsideal. Die Nationalsozialisten zerschlugen mit dem Aufbau der NS-Volkswohlfahrt die Vielfalt sozialen Engagements in Deutschland. Die Rot-Kreuz-Helfer waren kriegsbereit. Nur die Arbeiterwohlfahrt, die verboten wurde, arbeitete im Untergrund mit illegalen Kurieren weiter. Von allen Verbänden war die Arbeiterwohlfahrt der einzige, für dessen Mitglieder Widerstand auch zur sozialen Pflicht wurde. Das Deutsche Rote Kreuz fand sich in dem Staat der Nazis wieder, für den Wohlfahrt ausschließlich den Mitgliedern der Volksgemeinschaft dienen sollte. Den „rassisch Minderwertigen“ wurde keine Unterstützung genehmigt, die sollten eine „ausmerzende Erbpflege“ erhalten.

Neu organisiert wurde die NS-Volkswohlfahrt, die laut einer Verfügung Hitlers vom 3. Mai 1933 als Organisation innerhalb der NSDAP für das Reich anerkannt wurde. Die Richtlinien schrieben vor, daß es mit den politischen Stellen der NSDAP ständiges Einvernehmen und planvolles Zusammenarbeiten geben müsse.

In den „Richtlinien für die Arbeit“ der NS-Volkswohlfahrt steht nachzulesen: „Wie auf allen Gebieten ist es auch auf dem Gebiete der Wohlfahrtspflege und fürsorge notwendig, daß nationalsozialistisches Denken und Wollen ihren Ausdruck finden. Die Art der sozialen Arbeit in den zurückliegenden Jahren wurde aus einem liberalistisch-marxistischen Ungeist heraus betrieben, so daß wir jetzt vor einem Trümmerhaufen stehen. Der Versuch, einen sozialen Wohlfahrtsstaat aufzurichten, hat unser ganzes Volk wirtschaftlich und seelisch an den Rand des Abgrundes gebracht... Der bisherige Wohlfahrtsstaat schwächte das Verantwortungsgefühl gegenüber dem einzelnen Volksgenossen durch Züchtung von Unterstützungsempfängern. Im Volke wurde die Auffassung großgezogen, daß allein das Wohlfahrtsamt dazu da sei, zu helfen. Auch nicht-notleidende Kreise entzogen sich ihrer Pflicht dem Nächsten gegenüber, indem sie meinten, zur Hilfe sei nur die Wohlfahrt berufen. Der in Not Befindliche muß wieder dazu erzogen werden, daß er neben seinem Recht an die Volksgemeinschaft die Pflicht anerkennt, selbst zur Besserung seines Zustandes beizutragen. Denn das Recht an die Volksgemeinschaft kann nie größer sein, als die Verpflichtung, die der Einzelne der Volksgemeinschaft gegenüber auf sich nimmt...“[5]

Am 27. Juli 1933 wurde die neue „Reichsgemeinschaft der freien Wohlfahrtspflege Deutschlands“ gegründet. Neben der NS-Organisation waren daran beteiligt:

— der Centralausschuß für innere Mission,
— der Deutsche Caritasverband,
— das Deutsche Rote Kreuz.

Als neue Aufgabe der Reichsgemeinschaft wurde formuliert, „überall den Gedanken der Planwirtschaft durchzusetzen, unwirtschaftliche Anstalten auszumerzen und aus den verbleibenden Einrichtungen bei größtmöglicher Ausnutzung das höchste an Leistungen herauszuholen.“[6]

Unwirtschaftlich, das waren zum Beispiel auch die Einrichtungen der Zentralwohlfahrtsstelle der Deutschen Juden. Deren Arbeit wurde allmählich „ausgemerzt“.

In der Zeitschrift der „Reichsgemeinschaft“, die damit auch ein Sprachrohr des Deutschen Roten Kreuzes war, wurde „Wohlfahrt“

Wirkungsvolles Werbeplakat des Roten Kreuzes

schon bald neu definiert: „Die Fürsorge versuchte bisher, ihren Schützling wirtschaftlich zu machen, soweit das für möglich gehalten wurde. Sie hat damit der Gesamtheit im Falle des Erfolges einen Dienst geleistet, aber sie übte ihr Werk im Interesse des Schützlings selbst. Wenn sie sich grundsätzlich darauf umstellt, der Gesamtheit, nicht dem einzelnen Hilfsbedürftigen zu dienen, so wird sie in ihrer Tätigkeit eine gewisse Schwenkung machen. Es mag für den Unwirtschaftlichen eine Wohltat sein, wenn er sich leidlich nutzbringend betätigen kann. Stellt sich aber die Fürsorge grundsätzlich darauf ein, nicht ihm wohlzutun, sondern der Gesamtheit zu nützen, so wird sie

a) den Versuch hebender Hilfe ganz unterlassen, wo nach unserer Erfahrung der Erfolg sehr unwahrscheinlich ist,
b) sie wird auf hebende Maßnahmen von vornherein verzichten, wo deren Kosten in keinem Verhältnis zum möglichen Erfolg stehen.

Selbst das denkbar vollkommenste System der Ausmerze wird niemals, und wenn es durch tausend Jahre fortgesetzt wird, alle Fälle von Erbminderwertigkeit ausschließen ... Zu allen Zeiten also werden ausmerzende Erbpflege und zusätzliche Umwelthilfe nebeneinander nötig sein ... Die zusätzliche Umwelthilfe aber hat in jeder Generation von neuem die zwei Aufgaben: Menschen unterdurchschnittlichen Leistungswertes leidlich brauchbar zu machen ..., außerdem aber die dauernd Unbrauchbaren leidlich durchzuschleppen, weil sonst nur die Wahl bliebe, entweder zu töten oder zum Schaden der Gesamtheit sich selbst zu überlassen.“[7]

Die Alternative war gestellt. Noch allerdings wurde die Tötung, die Ermordung nicht offiziell empfohlen.

Aber genau um diese Alternative ging es. „Minderwertige“ entweder durchzuschleppen oder zu töten. In einer anderen Ausgabe der Zeitschrift hieß es 1934: „Die nationalsozialistische Weltanschauung, die nunmehr auch unser Fürsorgewesen durchdringt, hat mit dem Neben- und Durcheinander der verschiedenen Fürsorgezweige und deren öffentlich-rechtlichen und caritativen Trägern und Mitarbeitern aufgeräumt ... Die Fürsorge ist nicht mehr, wie in der vergangenen Zeit, ausschließlich für den Hilfsbedürftigen da, sondern sie ist mitten hineingestellt in die hohen, weitschauenden Aufgaben unseres völkischen Staates. Der geistige Inhalt des deutschen Fürsorgewesens ist ein anderer geworden: Eigenwohl hat sich dem Gemeinwohl unterzuordnen; das Fürsorgewesen hat nicht nur der Gegenwart zu dienen, sondern ist hineingebaut in den ewigen Fluß der Geschlechterfolge, für deren Wohlergehen es verantwortlich gemacht wird ... Volksgesundheitsdienst im neuen Staat ist Leistungssteigerung der Gesunden, Krankheitsverhütung und Krankenheilung, den Gesetzen der Rassen- und Erbbiologie unterstellt. Von dieser positiven Gesundheitsfürsorge ist einerseits die Pflege der geistig Gesunden, aber unheilbar Kranken und Siechen und andererseits die Bewahrung der geistig und moralisch Minderwertigen zu trennen." [8]

Das Deutsche Rote Kreuz ist nicht zur Mitarbeit vergewaltigt worden, es hat sich untergeordnet. Und wer will heute noch glauben, daß niemand das gewußt hat.

Auf dem Nürnberger Reichsparteitag 1929 hatte Adolf Hitler seine Vernichtungslehre bereits deutlich gemacht: „Würde Deutschland jährlich 1 Million Kinder bekommen und 700.000 bis 800.000 der Schwächsten beseitigen, dann würde am Ende das Ergebnis vielleicht sogar eine Kräftesteigerung sein. Das Gefährlichste ist, daß wir selbst den natürlichen Ausleseprozeß abschneiden", durch Pflege der Kranken und Schwachen beispielsweise. Es war unbestrittener nationalsozialistischer Konsens dieser Zeit, daß derjenige, der „lebensunwertes" Leben vernichtet, dem Volk dient, indem er es rassisch verbessert. Dem Staat wurde gedient, in dem dieser von „Ballastmenschen" befreit wurde, denn das Volkseinkommen sollte nicht für „Defektmenschen" vergeudet werden.

Und das Deutsche Rote Kreuz hat dem Staat gedient. Wenn schon nicht durch aktive Beteiligung an Euthanasie-Aktionen, so doch mindestens durch die Duldung rassistischer Propaganda in der Zeitschrift der Reichsgemeinschaft.

Wie weit aber ging wirklich die Beteiligung des DRK im Dritten Reich an den Verbrechen der Nationalsozialisten? Wurden die zur Vernichtung bestimmten Erwachsenen, Jugendlichen und Kinder wirklich nur mit den Fahrzeugen der „Gemeinnützigen Krankentransportgesellschaft GmbH" zu den Tötungsanstalten gebracht? Oder waren da nicht in vielen Fällen auch die Wagen des Deutschen Roten Kreuzes und ihre Helfer beteiligt? Stimmen Berichte, nach denen in Rot-Kreuz-Wagen nicht nur Verletzte, sondern auch Behälter mit dem Gift Zyklon B transportiert wurden? Wußten die Ärzte in den Heilanstalten, die im Roten Kreuz Mitglieder waren, nichts davon, wohin die Sondertransporte mit Kranken gingen, die aus den Anstalten abgeholt wurden?

In amtlichen Dokumenten der französischen Militärregierung finden sich dagegen nach dem Ende der Schreckensherrschaft 1945 Berichte von Medizinern, die schon 1940 wußten, was sich abspielte: „Vor der Anstalt, in der ich mich augenblicklich befinde (gemeint ist Zwiefalten), fuhren immer wieder große graue und rote Omnibusse vor, d.h. man fuhr sie schließlich in den Garten, um sie von der Straße wegzubekommen. Die ganze Ortschaft horchte immer auf. Hunderte von Kranken warteten in notdürftigen Unterkünften (auf blankem Stroh!) auf ihre letzte Fahrt. Eine Reihe starb meist schon während der Wochen des Wartens auf den Weitertransport. Waren die großen Autos vorgefahren, mußte die Verladung reibungslos vor sich gehen. Jeder Kranke hatte mit Tintenstift eine Nummer auf den Unterarm bekommen, diese Nummer wurde jeweils vom Transportleiter nach dem Einladen des Kranken in

Probenummer.

Das Rothe Kreuz

Offizielle Zeitschrift der Deutschen Vereine vom Rothen Kreuz.

Im Auftrage des Central-Komitees herausgegeben von Prof. Dr. PANNWITZ und Oberstabsarzt a. D. Dr. KIMMLE.

Probenummer den 22. Oktober.

Berlin, 1906. XXIV. Jahrgang.

Möge die dankbare Erinnerung an die zahlreichen leuchtenden Beispiele aufopferungsvoller Treue und Barmherzigkeit die segensreichen Bestrebungen der Deutschen Vereine vom Rothen Kreuz befruchten und den Vereinen treue Glieder zuführen, die schon in Friedenszeiten bereit sind, ihre Kräfte im Dienste der Humanität zu üben, um in ernster, wie ich vertraue, ferner Zeit auch erhöhten Anforderungen gerecht werden zu können.

Neues Palais, 15. Juni 1896. gez. Wilhelm R.

Inhalts-Verzeichnis.

J. M. die Kaiserin bei der Uebung der freiwilligen Sanitätskolonne vom Roten Kreuz in Elbing.

Verlag „Das Rothe Kreuz" G. m. b. H.
Charlottenburg, Knesebeckstraße 29.

Bezugsbedingungen: durch Agentur 8 Mk. franko; durch Post und Buchhandel 6,80 Mk. (einschl. Porto); durch Vereine zu den besonders vereinbarten Preisen.

Titelseite der Zeitschrift „Das Rothe Kreuz" aus dem Jahr 1906 den Wagen aus seiner Liste gestrichen ... Nackt mußten die Kranken vor den Ärzten erscheinen, man habe im voraus die gewählte ‚Todesursache' aktenmäßig vermerkt oder gegebenenfalls die Zurückschickung des Kranken aus irgendwelchen Gründen veranlaßt.

Dann wurden die zur Vernichtung bestimmten Kranken sofort in einen Raum gebracht, der mit einem Röhrensystem versehen und hermetisch abzuschließen war. Durch Gucklöcher in der Türe habe man aber alle Vorgänge beobachten können. In diesem Raum brachte man ca. 75 Mann unter. Nach 3/4 Stunden konnte der Raum bereits wieder geöffnet und die Leichen entfernt werden."[9]

Proteste der Inneren Mission und der Caritas sowie des Vatikans gegen die nach außen gesickerten Informationen über Massenvernichtungen sind überliefert. Das Deutsche Rote Kreuz schien sich um solche Berichte nur wenig zu kümmern. Schließlich waren seine Aufgaben auf die Bewältigung des Krieges festgelegt.

Den Nationalsozialisten ging es auch um die soziale Rüstung — der vaterländische Einsatz der Frauen war fest im Griff der Nazis. Die Grundlagen für die perfekte Einbindung der Frauen in die militärische Organisation wurden schon im ersten Weltkrieg geschaffen. Der Chef des Kriegsamtes, Generalleutnant Gröner, sagte: „Ich verspreche mir sehr viel von den deutschen Frauen, weil ich glaube, daß es gerade in der Eigenschaft der Frau liegt, in der Eigenschaft der deutschen Frau, den deutschen Männern einmal wieder den Rücken zu steifen. Das haben vor ein paar tausend Jahren die deutschen Frauen getan, wenn die alten Germanen in die Schlacht gezogen sind."[10]

Diese ursprünglich als sozialer Dienst ausgegebene Frauenarbeit hatte zur Folge, daß Frauen nicht nur mit scheinbar humanitären Diensten für den Staat beauftragt wurden. Mehr und mehr ersetzten sie die Männer, die an die Front mußten, sie sorgten dafür, daß die Rüstungsproduktion funktionierte. Frauen ersetzten die Männer, die an der Front die Munition verschossen und die erschossen wurden. Ein Volk im Kriegsdienst für das Vaterland. In parteifrommen Veröffentlichungen dieser Zeit hieß es damals: „So blickt das Deutsche Rote Kreuz voll Stolz auf eine Vergangenheit großer Leistungen und in eine Zukunft für Volk und Vaterland bedeutsamer Aufgaben. Unter den Augen des Führers, seines Schirmherrn, wird es die ihm gestellten Aufgaben meistern, weil alle DRK-Männer und -Frauen sich ihrer Verpflichtung bewußt sind. Sie folgen freudig der neuen Fahne des Deutschen Roten Kreuzes, auf welcher der deutsche Aar das rote Kreuz schützend in seinen Fängen hält. Die Brust des Adlers ziert das Hakenkreuz. Beide Symbole, das rote Kreuz und das Hakenkreuz, versinnbildlichen das Leitwort nach dem von jeher jeder DRK-Mann, jede DRK-Frau handelt: Gemeinnutz geht vor Eigennutz."[11]

Titelseite der Schrift „Helfende Hände“, 1943 herausgegeben vom Deutschen Roten Kreuz

Zum Wohle der Volksgemeinschaft und im Dienste der Wehrmacht. Das Rote Kreuz in den deutschen Ländern war besetzt. Über Königsberg, Stettin, Berlin, Dresden, Stuttgart, Münster, München, Breslau: Gau-Leiter und NS-Brigadeführer, das waren die führenden Herren im Deutschen Roten Kreuz.[12]

Was war übrig geblieben von der träumerischen Hoffnung des Henry Dúnant, daß die Kriege kürzer werden, wenn die Vernichtungspotentiale immer und immer schrecklicher werden? Was blieb übrig von der zynischen Illusion, daß Kriege menschlicher werden, wenn den verwundeten Soldaten „ausreichend" Pflege genehmigt wird?

Das Dritte Reich perfektionierte den Mißbrauch der Menschen als Material, Männer wie Frauen waren die Erfüllungsgehilfen staatlicher Befehlsgewalt. Auch das gehörte zum deutschen Konsens.

Ohne Druck allerdings ging das nicht. Viele Frauen waren gezwungen, erwerbstätig zu sein. Die ursprüngliche Ideologie, daß Frauen und Mütter „unantastbar" für die von Männern beherrschte Gesellschaft sind, daß sie eben nur Mütter zu sein haben, wurde rasch ins Abseits geschoben. Die Munitionsfabriken brauchten die Frauen am Fließband, verherrlicht aber wurde die „Granate" als weibliche Waffe.

In der vereinsinternen Geschichtsschreibung des Deutschen Roten Kreuzes klafft eine sichtbare Lücke. Die Zeit von 1933 bis 1945 würde heute gerne ungeschehen gemacht. Es ist verständlich, daß man gerne vergessen machen möchte, daß große Teile der Rot-Kreuz-Organisation mitmarschierten und „Sieg Heil" riefen.

Gerne beruft sich das Deutsche Rote Kreuz heute auf den Widerstand, den die Organisation geleistet habe. Es waren aber allenfalls einzelne Mitglieder, die nicht mitmachten bei der Gleichschaltung im NS-Staat. Die Führung allerdings ließ es widerspruchslos geschehen, daß dem Roten Kreuz die Aufgaben des Wohlfahrtsverbandes weitgehend entzogen wurden und der Verein mehr und mehr festgelegt war für den Einsatz im und die Vorbereitung auf den Krieg: Kranken- und Verwundetenpflege, Ausbildung von Schwestern und Aufbau des Krankentransports. Ungesichert scheint bis heute die Information, ob DRK-Präsident Grawitz bei der Reichsführung einen Antrag eingereicht hatte, das Rote Kreuz als Gliederung der NSDAP anzuerkennen. Geschehen ist das jedenfalls nicht, das Deutsche Rote Kreuz war ohnehin rasch eingebunden und reduziert zum abhängigen Partner des NS-Staates. Bereitwillig zu Diensten, als es darum ging, den Krieg vorzubereiten. Im Ausland vor allem verfestigte sich schnell das Bild eines Rot-Kreuz-Verbandes, der zum ausschließlichen Hilfsinstrument des Militärs geworden war. Nur so ist es auch zu verstehen, daß in den letzten Kriegstagen das Wahrzeichen des Roten Kreuzes — einst als Schutz gedacht — zum bevorzugten Ziel der Luftangriffe alliierter Streitkräfte wurde.

Kundgebung mit Reichsminister Dr. Goebbels im Berliner Sportpalast — Verkündung des Kriegshilfswerks für das Deutsche Rote Kreuz

Deutsche Verwundete treffen in Berlin ein: eine Kolonne des Deutschen Roten Kreuzes beim Abtransport der Verwundeten ins Lazarett

Zusammenbruch und Aufbau

Nach dem Zusammenbruch 1945 wurde das Deutsche Rote Kreuz durch die Besatzungsmächte teilweise aufgelöst. Vor allem die leitenden Mitarbeiter des Verbandes wurden im Rahmen der Entnazifizierung besonders gründlich durchleuchtet. Vor allem in der amerikanischen Zone mußten Rot-Kreuz-Angehörige ihre Mitgliedschaft rechtfertigen.

Sehr schnell fanden sich die Freunde des Roten Kreuzes wieder zusammen und versuchten, die Organisation neu aufzubauen. Fast überall in den Besatzungszonen erhielten die Pläne vorsichtige Unterstützung. Nur der Gründung eines nationalen Verbandes des Roten Kreuzes Bayerische Rote Kreuz mit der „Rückführung" der Juden aus dem Kon-

Es war der frühere Botschafter Rudolf Nadolny, der sich für das Rote Kreuz beherzt um die Bewältigung der Vergangenheit bemühte. Er wollte richtigstellen, daß das Deutsche Rote Kreuz niemals eine NS-Organisation war. Fast rührend beschreibt er in einem neuen Antrag auf Wiederzulassung, daß Rot-Kreuz-Helfer auch den Juden in den Konzentrationslagern zur Seite standen, Nachrichten übermittelten, Päckchen verteilten.

Daß SS-Mann und DRK-Präsident Dr. Ernst Robert Grawitz es ausdrücklich verboten hatte, Juden zu helfen, erwähnt Nadolny nach dem Krieg nur verschämt am Rande.[13]

Daß überhaupt etwas getan wurde, ist dem Internationalen Komitee vom Roten Kreuz (IKRK) zu verdanken. Seine Delegierten versuchten alles, um sich Zugang zu den Konzentrationslagern zu verschaffen.

Das IKRK attestierte den deutschen Kollegen zwar „guten Willen" und „Interesse" an den menschlichen Problemen. Das Deutsche Rote Kreuz aber — so heißt es in einem Bericht des Internationalen Komitees — „war ohnmächtig vor dem ‚Gebot der Staatssicherheit'... Für das Deutsche Rote Kreuz wie für die ganze Welt waren die Lager hermetisch geschlossen".[14]

Die Zeit des Wiederaufbaus nach 1945 dauerte 5 Jahre. Nach und nach wurden Landesvereinigungen wieder zugelassen. Die Rot-Kreuz-Helfer waren damals die einzigen, die bereit und in der Lage waren, sich den massiven Problemen des Elends, der Not der Flüchtlinge anzunehmen und selbstlos zu arbeiten. Noch längst war das Rote Kreuz nicht überall staatlich anerkannt, als auf den Bahnhöfen des Landes Rot-Kreuz-Stationen eingerichtet und Flüchtlingstransporte organisiert wurden. Freiwillig versammelten sich unter dem Zeichen des Roten Kreuzes all diejenigen, die einfach nur helfen wollten, in der Stunde der Not. Auch die Besatzungsmächte erfuhren, wie dringend sie die disziplinierten Rot-Kreuz-Kolonnen brauchten. Die Amerikaner beauftragten das

Unsere Aktivitäten sind vielfältig...

Hier einige Beispiele:

- ☐ Ausbildung der Bevölkerung in Erste Hilfe
- ☐ Sanitätsdienst; Rettungsdienst auf den Straßen, im Gebirge, zu Wasser und in der Luft; Krankentransport
- ☐ Katastrophenschutz und Katastrophenhilfe im In- und Ausland; Entwicklungshilfe
- ☐ Krankenpflege
- ☐ Sozialarbeit für Jugend, Familie, behinderte und alte Menschen
- ☐ Jugendrotkreuz
- ☐ Blutspendedienst
- ☐ Eingliederungsarbeit für Ausländer und Hilfen für die Rückkehr ins Heimatland
- ☐ Suchdienst; Familienzusammenführung

Ausführlichere Informationen kostenlos durch

Deutsches Rotes Kreuz

- Generalsekretariat -
Referat 33b
Postfach 1460

5300 Bonn 1

Kreuzen Sie bitte das entsprechende Feld an und senden uns diese Anzeige zu oder schreiben Sie uns. Wenn Sie im Roten Kreuz mitmachen möchten, kreuzen Sie bitte hier ☐ an.

Werbeanzeige des Deutschen Roten Kreuzes

Bayrische Rote Kreuz mit der „Rückführung“ der Juden aus dem Konzentrationslager Theresienstadt.

Das Deutsche Rote Kreuz wurde unersetzlich. Im Nachkriegsdeutschland bewährte sich der internationale Zusammenhalt des Verbandes. Die Schwestergesellschaften in Amerika, Schweden, Dänemark und in der Schweiz halfen mit, schickten Lebensmittel und Medikamente. Der Suchdienst lag schnell in der Verantwortung des Deutschen Roten Kreuzes, der Krankentransport wurde neu aufgebaut. Im Februar 1950 wurde das Deutsche Rote Kreuz formell neu gegründet. Offiziell hat es nie die Rechtsnachfolge des Roten Kreuzes im Dritten Reich angetreten, obwohl das von den Alliierten beschlagnahmte Vermögen teilweise sehr bald wieder auf die DRK-Gliederungen in den Ländern übertragen wurde. Die Regierung Adenauer erkannte 1951 das Deutsche Rote Kreuz als „nationale Hilfsgesellschaft“ an. 1952 erfolgte die Aufnahme in die Reihen des Internationalen Komitees vom Roten Kreuz. Zu den Anerkennungsbedingungen des IKRK, die vom Deutschen Roten Kreuz akzeptiert werden mußten, gehörte auch folgende Verpflichtung: „Sie (die nationale Rot-Kreuz-Gesellschaft) muß eine schlagkräftige Organisation haben, mit der sie die ihr obliegenden Aufgaben wirksam durchführen kann. Sie muß sich im Frieden auch für die Dienste im Krieg vorbereiten.“

Dies war immerhin zu einer Zeit, als in Deutschland fast alle Politiker ihre Hand zum antimilitaristischen Schwur erhoben und das „nie wieder“ noch glaubhaft klang.

Sozialstaat und Wohlfahrts-Industrie

Daß sich der Staat den Aufgaben der Fürsorge und der Armenpflege annimmt, ist keine Erfindung aus deutschen Wirtschaftswunder-Zeiten. Von jeher wurden Armut und Elend verwaltet, die betroffenen Menschen sollten in gesonderten Einrichtungen — wie Armen- und Werkshäusern — wieder hergestellt und arbeitsfähig gemacht werden. Die Marktgesetze, d.h. Angebot und Nachfrage nach Arbeitskräften, regelten den Einsatz sozialer Wohltaten des Staates. Das Engagement staatlicher Institutionen wurde unter dem Einfluß des Liberalismus zurückgenommen, Armut war im Verständnis dieser Zeit eine vorübergehende Störung, die sich durch die Beschleunigung der Produktion in einer freien Wirtschaft von selbst regeln sollte. Hungerkatastrophen und Massenverelendung waren die Folge und der Anlaß für die Gründung privater Rettungsvereine, die zunächst ohne jeden Zusammenhalt nebeneinander arbeiteten und Fürsorge und Hilfe organisierten. Wohlhabende Bürger stützten mit ihren Almosen diese Arbeit.

1848/49 gründete Johann Hinrich Wichern im Rahmen der evangelischen Kirche die „Innere Mission“, auf katholischer Seite entstand 1897 die „Caritas“. Neben dem Roten Kreuz wurde in der zweiten Hälfte des 19. Jahrhunderts auch noch der „Deutsche Verein für Armenpflege und Wohltätigkeit“ gegründet. Spätestens jetzt konnte von Dachverbänden der „Freien Wohlfahrtspflege“ gesprochen werden. Aber die „soziale Frage“ bekamen sie nicht in den Griff. Das Eingreifen staatlicher Institutionen wurde notwendig.

Einige Beispiele:

Schon seit 1842 gab es das „Preussische Gesetz über die Verpflichtung zur Armenpflege“. Den Gemeinden wurde darin die Fürsorgepflicht auferlegt. 1881 reagierte der Kaiser im Reichstag auf den starken innenpolitischen Druck der Sozialdemokraten. Er sprach davon, daß „die Heilung der sozialen Schäden nicht ausschließlich im Wege der Repression sozialdemokratischer Ausschreitungen, sondern gleichmäßig auf dem der positiven Förderung des Wohles der Arbeiter zu suchen sei.“[15]

Mit den Bismarckschen Sozialgesetzen wurden die Kranken- und die Unfallversicherung, das Alters- und Invalidenrecht sowie die Arbeitslosenversicherung gesetzlich festgeschrieben.

Es waren die Verbände der Freien Wohlfahrtspflege, die sich der Armenversorgung annahmen. Sie arbeiteten mit ehrenamtlichen Helfern. Aber schon damals waren diese Samariterdienste nur unzureichend. Mehrere Ausbildungsstätten für hauptamtliche Fachkräfte wurden eingerichtet. Die „Christlich-Soziale Frauenschule“ wurde als erste 1908 in Hannover gegründet. Die „Freie Wohlfahrtspflege“ begann allmählich professionell zu werden. Reine Wohltätigkeit, die das Almosen zur christlich begründeten Pflicht der Reichen machte, wurde zurückgedrängt.

Von der Armenpflege zur Wohlfahrtspflege: Die Geschichte verläuft nicht bruchlos, nicht ohne Widersprüche. Mit der Verstaatlichung sozialer Fürsorge war eine revolutionäre Idee verknüpft. Die Armen, die Kranken und die Benachteiligten sollten nicht länger ausschließlich als Objekte mildtätiger Almosen betrachtet werden. Vom christlichen Samariter, der Barmherzigkeit predigte und pflegte, zu den Sozialfällen der Gesellschaft, die mit Rechten ausgestattet wurden, mit Rechten, die es ihnen ermöglichen sollte, ein menschenwürdiges Dasein zu leben. Das System der christlichen Orden beispielsweise, die mit der Organisation der Pflege von Alten und Kranken, der Erziehung von Kindern und Jugendlichen, einen Gott wohlgefälligen Dienst erwiesen, sorgte für ein scheinbar konfliktfreies Nebeneinander der sozial unterschiedlichen Klassen. Die Reichen brauchten die Armen, um sich durch die Gabe der Almosen einen Platz im Himmel zu sichern, und die Armen brauchten die Reichen, um sich ihre Existenz auf Erden wenigstens einigermaßen erträglich zu halten. Der Sozialstaat heute, das ist der Ordnungsfaktor, der auf sich konzentriert wiederum versucht, die nach wie vor bestehenden sozialen Gegensätze so ausgewogen und gütlich wie möglich zu organisieren, bzw. zu verwalten.

In der konservativen, nostalgisch verklärten Kritik des perfekten Sozialstaates ist nur noch selten zu hören, daß die Einmischung des totalen Staates den wirklichen, den reinen Liebesdienst verdrängt habe. Der allmächtige „Vater Staat" wird zur Kenntnis genommen. Daß der private, der christliche Dienst am Nächsten unmittelbarer und besser funktionieren könnte, daran glaubt wohl niemand mehr. An die Organisation des Wohlfahrtsstaates haben sich mittlerweile alle gewöhnt. Die Wohlfahrt ist professionell geworden. Am besten wissen dies die Manager in den Wohlfahrtskonzernen. Solange diese aber immer und immer wieder ihre eigene Geschichte mit dem barmherzigen Samariter zu erklären und zu begründen versuchen, ist das Dilemma unausweichlich. Der mildtätige, selbstlose, uneigennützige Helfer, der Ehrenamtliche versteht sich, spielt allenfalls am Rande noch eine Rolle. Er ist wichtig für die Selbstdarstellung der Wohlfahrtsverbände, die sich in der Öffentlichkeit noch immer gerne als die Erben des Samariters präsentieren.

Solange in den Chefetagen der Wohlfahrt allerdings dieses Schutzschild immer und immer wieder frisch poliert wird, solange glaubt man dort, eine ernsthafte Kritik an der Wohlfahrtsindustrie abwehren zu können.

Und diese Kritik lautet: Die Wohlfahrt in der Bundesrepublik Deutschland ist zu einem bürokratischen Apparat verkommen, die Wohlfahrt verwaltet die Hilflosigkeit, staatlich finanziert und sanktioniert. Die Verbände halten sich den Status der gemeinnützigen Vereine, um nicht nur die Wohlfahrt, sondern auch ihr eigenes Wachstum zu pflegen. Es darf nicht vergessen werden, daß sich weder im Deutschen Roten Kreuz noch im Caritas-Verband die Betroffenen selbst organisieren. Sie werden organisiert und sozial verwaltet, sie bleiben im administrativ-bürokratischen Instanzen-Nest der Sozialstaats-Industrie hängen. Und so lautet eine andere Kritik: „Die Wohlfahrtsverbände schotten den Staatsapparat gegen Ansprüche und Militanz von unten ab."[16]

Über die Finanzierung reden die Wohlfahrtsmanager ungerne. Wenn sie dies tun würden, hieße dies, daß sie zugeben müßten, keine unabhängigen, privaten Verbände zu sein. Denn in der Tat sind sie alle glänzend funktionierende soziale Schaltinstanzen zwischen Fürsorge und Politik. Sie sichern sich und ihre Apparate gegen alle anderen Ansprüche ab. Wie anders ist es zu erklären, daß in der Bundesrepublik Deutschland — von wenigen Ausnahmen abgesehen — die großen Verbände das Monopol besitzen, soziale Wohltaten zu vollbringen.

Selbsthilfegruppen, in denen sich Betroffene und Opfer organisieren und die für ihre Selbsthilfe staatliche Mittel nach Recht und Gesetz beanspruchen wollen, haben hier allenfalls am Rande eine Chance.

Zum Wohle der Wohlfahrt

Mit dem Aufbau der Bundesrepublik Deutschland und dem Anspruch des Grundgesetzes, als sozialer Rechtsstaat den Bürgern Schutz und Hilfe zu gewährleisten, war das Schicksal des Samariters, der in der Bibel zu Ehren kam, besiegelt. Er hatte ausgedient. Die sechs Spitzenverbände der Wohlfahrtspflege — das sind

— die Caritas
— das Diakonische Werk
— der Deutsche Paritätische Wohlfahrtsverband
— die Arbeiterwohlfahrt
— das Deutsche Rote Kreuz
— die Zentrale Wohlfahrtsstelle der Juden —

leben vom Prinzip der Subsidiarität. Das schreckliche Wort bedeutet nicht mehr und nicht weniger, als daß in der Bundesrepublik Deutschland die privaten Wohlfahrtsverbände einen Anspruch haben, bei ihren Aufgaben vom Staat unterstützt, d.h. finanziert zu werden. Welche Aufgaben das sind, wird durch staatliche Verordnungen festgelegt. Der Grundsatz der Subsidiarität trifft sich in manchen Punkten mit der katholischen Soziallehre und den Vorstellungen dort von der sozialen Organisation des Gemeinschaftslebens. Es gilt das Prinzip, daß der Staat als übergeordnete Instanz die Wohlfahrtsverbände und ihre Arbeit anzuerkennen und zu unterstützen hat. Es gilt aber auch der Anspruch der Wohlfahrtsverbände, für sich jeweils eigenständig entscheiden und handeln zu können. Ohne die humanitären, gemeinnützigen Vereine wäre der Sozialstaat außerstande, die selbstverordneten Leistungen zu erbringen. Aber mehr und mehr haben sich die Verbände heruntergewirtschaftet zu Kostgängern des Sozialstaates, zu Erfüllungsgehilfen der Sozialpolitik, die verordnet und gesetzlich geregelt wird. Es sind die Riesen im sozialpolitischen Geschäft, die keine Nische des Sozialstaates auslassen, von der Bahnhofsmission bis zur Telefonseelsorge, vom Krankentransport bis zur Altenpflege. Mehr als 25.000 Einrichtungen beweisen täglich das Engagement der Wohlfahrtsvereine. Zwar ist es der Staat, der nach dem Bundessozialhilfegesetz jedem Hilfsbedürftigen gegenüber verantwortlich ist, aber von wenigen Ausnahmen abgesehen sind es die sechs Spitzenverbände der Wohlfahrt, die den staatlichen Auftrag vollstrecken.

Das Bundesverfassungsgericht hat 1967 entschieden, daß die staatliche Vorsorge für den Notfall in keiner Weise die gewachsene „freie Liebestätigkeit" der Verbände durch „Erweiterung des gesetzlichen Aufgabenbereiches" einschränken dürfe. Nicht zuletzt dieses Urteil war es, das die endgültige Entwicklung zur staatlich subventionierten Wohlfahrts-Industrie sanktionierte. Der Staat zahlt.

Krankenkassen und Staat zahlen die teueren Pflegesätze in den Krankenhäusern, finanzieren Kinderheime, Altenheime und Pflegeanstalten. Die Freiheit der „Freien Wohlfahrtsverbände" ist eine Farce, sie ist eine Lüge. Kaum noch bleibt Raum für wirklich freie, unabhängige Sozialarbeit, die sich an den Betroffenen orientiert. Die Politik der konzertierten Wohlfahrtsaktion richtet sich an diejenigen, die wichtig sind für die Bewilligung der Gelder. Die sozial Schwachen, die Opfer, wenn man so will, sind auch heute wieder die Objekte. Sie verschwinden hinter Zahlen, hinter Statistiken, und die sind wichtig für die Abrechnung bei den sogenannten Kostenträgern. Der Staat hat die Finanzierungsverpflichtung für gesellschaftlich notwendige Aufgaben übernommen, die Wohlfahrtsverbände mahnen dies immer an.

Ein ansehnliches Vermögen hat die versammelte Wohlfahrt bis heute zusammengetragen. Der Wiederbeschaffungswert der Einrichtungen kann mit etwa 100 Milliarden Mark geschätzt werden. Und damit wird auch klar, warum auch heute noch mit den alten, schönen Begriffen wie Barmherzigkeit, Nächstenliebe und Engagement vor allem eines verschleiert wird: die Kosten des Sozialstaates.

Andere Zahlen belegen Kompetenz und Leistung der Wohlfahrtsverbände. Mit knapp 900.000 Betten verwalten die Verbände der Wohlfahrt mehr Kapazität als beispielsweise das professionelle Hotel- und Gaststättengewerbe. Es ist nicht der barmherzige Samariter, es sind über 600.000 Angestellte, die sich hauptamtlich um Kranke, Alte, Kinder und Arme kümmern. Es sind mehr als die Bundeswehr Soldaten hat.

Es scheint sehr schwer zu sein, der Öffentlichkeit klarzumachen, wie deutlich sich die Geschäftsordnung für praktische Nächstenliebe geändert hat. Die nur scheinbar freien Wohlfahrtsverbände sind zu Sozialfirmen mit Millionen-Umsatz geworden. Die Wohltätigkeit ist heute eine kalkulierbare Größe, die Kosten werden zu festen Tagessätzen berechnet. Die Sozialfirmen sind komplette Dienstleistungszentren, die gemeinsam sogar ein eigenes Geldinstitut, die Bank für Sozialwirtschaft, mit Sitz in Köln und zahlreichen anderen Städten, ihr eigen nennen.

Das Deutsche Rote Kreuz ist nach dem Krieg rasch erneut zum halbstaatlichen Sozialverwaltungsverein geworden. Von der Regierung anerkannt, sind die Bundespräsidenten jeweils die freiwilligen Schirmherren des Deutschen Roten Kreuzes. Von Anfang an haben es die Rot-Kreuzler bestens verstanden, sich eng an die Politik, vor allem an die Politiker anzulehnen. Schließlich waren eine Menge Ehrenämter zu vergeben.

Der Filz in Bund, Ländern und Gemeinden kennt seitdem keine Grenzen. Minister, Senatoren, Landräte und Bürgermeister pflegen das Image als Sozialhonoratioren. Sie sind es, die über Zuschüsse entscheiden, über unzählige Millionen, Milliarden von Mark, die aus öffentlichen Kassen in die Töpfe der Wohlfahrtskonzerne fließen. Und für ausgediente alte Politiker und Militärs wurde das DRK schon immer zur bevorzugten neuen Heimat.

Nicht nur die staatliche Anerkennung ist für das Deutsche Rote Kreuz von unermeßlichem Wert. Als eingetragener Verein ist der Verband als gemeinnützig anerkannt, er muß damit den Vorschriften folgen, die ihn verpflichten, selbstlos und mildtätig zu arbeiten und das „ausschließlich und unmittelbar".

Grundsätzlich ist das Deutsche Rote Kreuz von allen Steuern befreit, weil die Satzung mildtätige und gemeinnützige Zwecke vorschreibt.

Das DRK und seine Organisation

Das Deutsche Rote Kreuz als einheitlichen zentralen Dachverband zu beschreiben, ist äußerst schwierig. Es ist unmöglich. Zwar gibt es Präsidium und Generalsekretariat in Bonn, die das Deutsche Rote Kreuz als nationale Rot-Kreuz-Gesellschaft repräsentieren und die selbst in vielfacher Hinsicht soziale Einrichtungen unterstützen und vor allem die internationalen Aufgaben, wie zum Beispiel Entwicklungs- und Katastrophenhilfe, betreuen und organisieren. Versierte Manager sorgen dafür, daß das Deutsche Rote Kreuz auch als politische Lobby stets präsent ist.

An der zentralen Schaltstelle der Macht in der Bundeshauptstadt bewährt sich im Verteilungskampf um Zuschüsse aus fast allen Ministerien vor allem ein Mann: Botho Prinz zu Sayn-Wittgenstein, der Präsident des DRK. Der wirtschaftlich unabhängige Kaufmann und ehemalige CDU-Bundestagsabgeordnete kann es sich leisten, ehrenamtlich für eine äußerst knappe Aufwandsentschädigung einen Verein zu führen, den er selbst einmal als „Gemischtwarenladen vom Aderlaß bis zur Zehen-Pflege" bezeichnete. Daß seine leitenden Samariter Gehälter kassieren, die zum Teil weit über 100.000,— Mark pro Jahr liegen, ist nur konsequent und richtig. Denn schließlich ist auch in der Wohlfahrt von heute der Manager gefragt, der mit Millionen umgehen kann, der den Apparat beherrscht, denn Wohlfahrt ist ein wesentlicher Wirtschaftsfaktor geworden. Von Schatzmeistern und Buchhaltern und Idealisten allein ist das nicht mehr zu beherrschen. Nur in der Öffentlichkeit und auch gegenüber der eigenen Mitgliedschaft wird genau darüber nicht gerne geredet. Ein Tabu wird produziert.

Das Deutsche Rote Kreuz ist organisatorisch zersplittert in mehr als 4.700 Ortsvereine, 400 Kreisverbände und 14 Landesverbände, die fast alle selbständige Vereine sind, natürlich gemeinnützig und berechtigt, Spenden zu kassieren. Auch das DRK-Generalsekretariat in Bonn hat keine unmittelbare Weisungsbefugnis gegenüber den rechtlich selbständigen Orts- und Kreisverbänden. Die aber sind es, die in eigener Verantwortung beispielsweise den Krankentransport und den Rettungsdienst wirtschaftlich betreuen. Wieviel Spenden jeder kleine Orts- und Kreisverband für dies und jenes sammelt, bleibt ohne zentrale Erfassung, bleibt selbst dem DRK-Präsidium unbekannt. Jeder DRK-Chef und Geschäftsführer ist sein eigener Ritter von der edlen Zunft. Kontrolle durch den Dachverband, das Generalsekretariat, ist unmöglich. Wieviel Geld aus Zuschüssen und Spenden das Deutsche Rote Kreuz bundesweit im Umlauf hat, ist selbst dort nicht bekannt. Jeder kann soviel Gutes tun wie er will oder er kann es unterlassen. Wie perfekt das alles in der Provinz läuft, wie clever die Beschaffer von Zuschüssen sind, das bleibt den eigenständigen Orts- und Kreisverbänden überlassen.

Und Geldbeschaffung ist überall in der „freien" Wohlfahrt die Hauptaufgabe. Natürlich geht es auch um das Prestige. Vereinsintern und öffentlich. Da zählt der Umsatz, es zählen die Statistiken, es zählen die Krankenhausbetten, die Kinderheim- und Altenheimplätze, die Kilometerleistung im Kranken- und Behindertentransport, es zählen die Tagessätze pro Bett, pro Heimplatz und es zählt die Frage, wieviel pro Kopf und Leistung das Sozialamt oder die Krankenkassen bezahlen.

Die „Opfer" der Wohlfahrt, pardon: die Betroffenen, sie hängen zwar im sozialen Netz, sie werden betreut als Empfänger von Wohltaten, aber es geht weniger um sie.

Unbestritten sind auf den ersten Blick die Vorteile, die sich augen-

DRK-Haus- und Straßensammlung

scheinlich aus der dezentralen Organisationsstruktur ergeben. Gerne verweisen die Rot-Kreuz-Funktionäre auf die Bürgernähe, den besseren Kontakt zum Betroffenen, auf die unbürokratische Möglichkeit des Helfens. Die lokale und regionale Präsenz des DRK soll all dies ermöglichen. Theoretisch ist gegenüber diesen schönen Absichten nichts einzuwenden. Aber entspricht die Wirklichkeit dem Anspruch? Ist das Rote Kreuz, das sich im Rahmen der Bundesarbeitsgemeinschaft der Freien Wohlfahrtspflege vor allem auf medizinische Hilfeleistungen spezialisiert hat, nicht ebenso wie alle anderen zur bürokratischen Schaltstelle zwischen Sozialstaat und Bürger verkommen? Provokative Fragen, die vom Deutschen Roten Kreuz sicher mit einem Aufschrei zurückgewiesen werden. Den Aufschrei wünscht man sich aber, wenn es um Proteste gegen den Abbau sozialer Leistungen geht.

An der Front der Menschlichkeit aber stehen die einfachen Mitglieder, die ehrenamtlichen Rot-Kreuz-Helfer, die auf den Sportplätzen Sanitätsdienst leisten, Wochenendschichten im Krankentransport machen und zum netten Vereinsleben beitragen. Sie sind das billige Aushängeschild des Vereins, unersetzbar, denn sie leisten wirklich Erstaunliches. Und noch einen Vorteil haben sie: Es kümmert die aktiven Helfer erstaunlich wenig, wenn es um die Finanzpolitik ihres Vereins geht. Die wenigsten, so kann vermutet werden, wissen etwas von den Bilanzen ihres Vereins und von den Abrechnungsmethoden. Für sie ist es wichtig, daß im nächsten Jahr ihr Ortsverband ein neues Bereitschaftsheim bekommt, daß bald ein neuer Krankenwagen vor der Tür steht. Für sie ist es wichtig, daß sie, häufig aus eigener Tasche bezahlt, eine eigene Uniform bekommen, daß sie auch bald dran sind bei der Vergabe der Ehrennadeln für verdiente Mitgliedschaft und nicht zuletzt, daß sie in der DRK-eigenen Aufstiegshierarchie berücksichtigt werden: Von der Helferin bis zur Generaloberin, vom Gruppenführer zum Kolonnenführer. Aber das Engagement der zahllosen ehrenamtlichen Helfer soll hier nicht abgewertet werden. Wer gerne Jubel und Begeisterung nachlesen möchte, soll sich die amtlichen und halbamtlichen DRK-Publikationen besorgen, soll lesen, wieviel ehrenamtliche Stunden gearbeitet wurden und wieviel dem Staat damit gespart wurde.

Ehrenamt und Beruf

„Wie jeder Beruf verlangt der soziale Beruf Liebe zur Arbeit. Aber er braucht auch gute Vorbildung, gute Entlohnung und gesundheitlichen Schutz für die, die ihn ausführen. Auf den Kampf um diese Dinge verzichten, heißt nicht, eine Auslese der Tüchtigsten und Aufopferungsfähigsten, sondern eine Auslese der am meisten Bemittelten zu treffen."

Hedwig Wachenheim in den „Blättern für soziale Arbeit", 1916.

Ehrenamtlicher beim Einsatz auf dem Sportplatz

Die Wohlfahrt ist professionell geworden. Die ehrenamtlichen Mitarbeiter spielen nur am Rande noch eine Rolle.

Stimmen diese Behauptungen überhaupt? Die nüchternen Zahlen jedenfalls scheinen sie zu widerlegen. Den 30.000 hauptamtlichen Mitarbeitern des Deutschen Roten Kreuzes steht immerhin das Heer von über 300.000 ehrenamtlichen, aktiven Helfern gegenüber. Gerne rechnen die Statistiker des DRK vor, wieviele hundert Millionen Mark der Sozialstaat durch die Leistung von Millionen kostenloser, freiwilliger Stunden der Ehrenamtlichen spart. Oder ist nur der Apparat, die Verwaltung der Wohlfahrt professionell geworden? Ein Apparat, der in der Vereinshierarchie verantwortlich wieder von Ehrenamtlichen, meist Funktionsträgern der Politik und Sozialverwaltung geführt wird. Von Menschen also, die mit der unmittelbaren Praxis von Sozialarbeit und Fürsorge nur wenig zu tun haben, sondern wieder nur mit deren Verwaltung. Wenn an dieser Stelle versucht wird, die Bedeutung ehrenamtlicher Arbeit jenseits idealistischer Berufung einzuordnen, geschieht dies nicht, um abzuwerten oder die Tätigkeit gering einzuschätzen. Es kann auch nicht darum gehen, das Ehrenamt nur deswegen als beste Alternative vorzustellen, weil es die billigste Lösung ist. In keinem Fall sollen die allerletzten Reste menschlicher Anteilnahme füreinander demontiert werden. Aber mit dem Nebeneinander von Ehrenamt und Beruf in der Wohlfahrt werden Konfliktstellen deutlich, die anzusprechen notwendig erscheint.

Zum einen ist von Bedeutung, welche Interessenkonflikte sich daraus ergeben, daß beispielsweise in der Sozialstation im Stadtteil ehrenamtliche Helfer und berufliche Profis zusammenarbeiten. Wer ist wann für welche soziale Arbeit kompetent? Undeutliche Qualifikationsanforderungen für die Arbeit verschärfen die Konflikte im Alltag. Und die in letzter Zeit immer erneut wiederholte Forderung nach mehr Ehrenamtlichen, sprich Laien in der Sozialarbeit, sorgt ebenfalls dafür, die Gegensätze zwischen beiden Gruppen zu verstärken. Folgende These ist zur Diskussion gestellt:

Das Ehrenamt, bzw. die Propaganda für den ehrenamtlichen Dienst im Rahmen der traditionellen Wohlfahrtsverbände ist nicht geeignet, den wachsenden sozialen Konflikten gerecht zu werden. Der ehrenamtliche Einsatz individualisiert die gesellschaftlichen Probleme, vereinzelt sie und läßt eine Organisation, die auf Änderung zielt und die Interessen der Betroffenen formuliert, nicht zu. Die „Sozialfälle" werden zu „Einzelfällen" degradiert. Die Hilfe wird zur Einzelfallhilfe. Die organisatorische Einbindung ehrenamtlicher Helfer ist eine unbestrittene Domäne der Wohlfahrtsindustrie. Und die Verbände können schon allein wegen ihrer eigenen Sozialstruktur nur in bestimmten sozialen Schichten um „Freiwillige" werben. Den Aufrufen zu verstärkter, unbezahlter Sozialarbeit können in aller Regel nur Frauen folgen, die zu dieser Form des Engagements „motivierbar" sind. Es sind Frauen, die selbst einen abgesi-

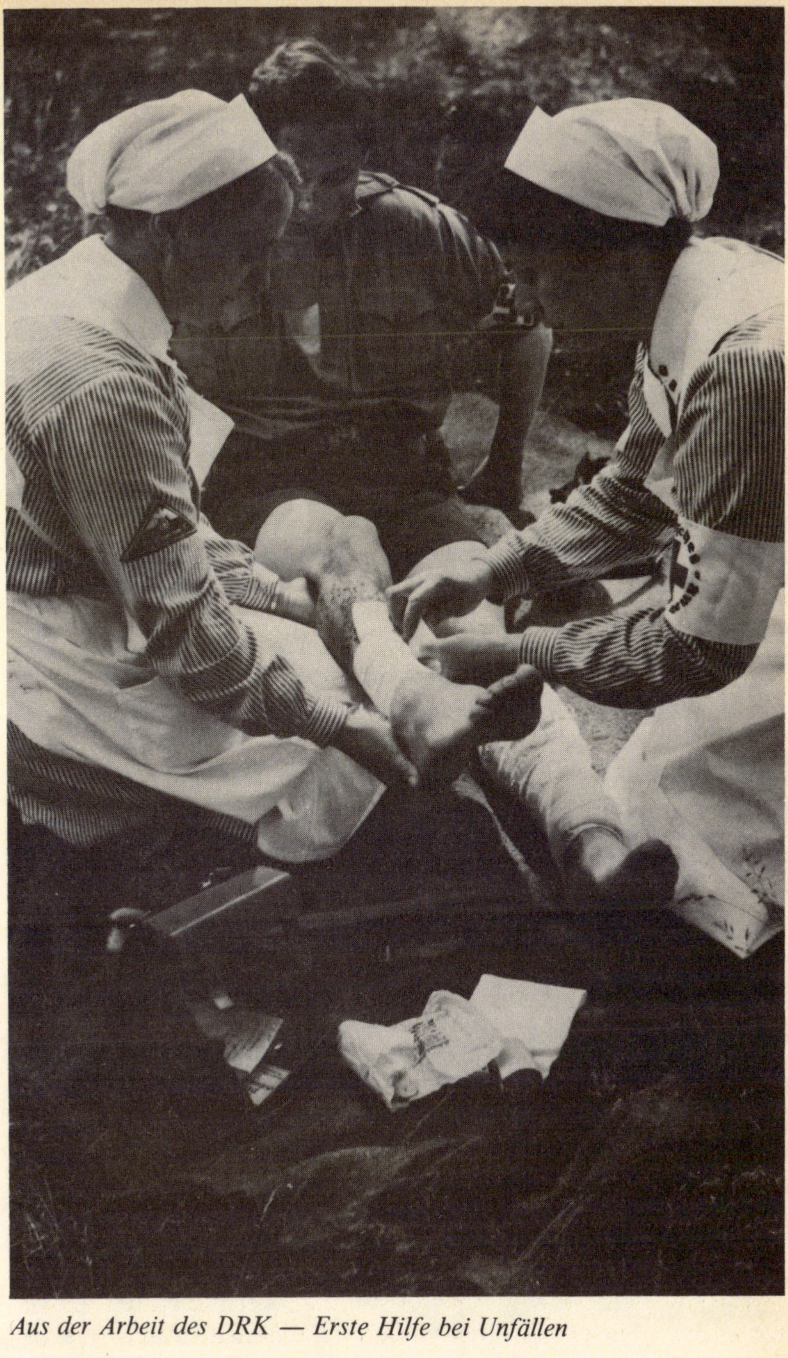

Aus der Arbeit des DRK — Erste Hilfe bei Unfällen

cherten Lebensstandard besitzen, die sich selbst mit der unbezahlten Arbeit ein neues, anderes Selbstwertgefühl vermitteln lassen, die aber gleichzeitig auch ihren eigenen emotionalen und tatsächlichen Abstand zur armen Unterschicht bestätigen. Sie sorgen im Zweifelsfall dafür, daß sich die Schwachen mit ihrer miserablen Situation versöhnen, das Schicksal akzeptieren.

Tun dies aber die „Professionellen", die bezahlten Sozialarbeiter nicht ebenso? Sind sie nicht gleichermaßen bloß die Verwalter von Hilflosigkeit? Oder steht bei den beruflich qualifizierten Profis nicht sehr viel stärker zu befürchten, daß sie sich gegen eine inhaltslose Vereinnahmung im sozial-sparsamen Kalkül der Politik zur Wehr setzen? Eine Verschlechterung des sozialen Leistungsangebotes des Staates läßt sich nur durchsetzen, wenn die Sozialarbeit in jedem Fall loyal bleibt, wenn sie mitspielt, sobald Einschränkungen und Sparmaßnahmen auch disziplinierend auf die „Klientel" wirken. Sowohl vom Staat als auch von der Wohlfahrtsindustrie besteht keine große Bereitschaft, eine weitere „Verberuflichung" in der Sozialarbeit zu fördern. Qualifizierung hieße in der Konsequenz auch, die Legende von der Barmherzigkeit und andere edle Geschichten zu vergessen. An einer Professionalisierung besteht kein herausragendes Interesse, ja sie wird sogar weitgehend verhindert unter Mitwirkung der Wohlfahrtskonzerne. Hat dies wirklich nur finanzielle Gründe? Oder wird nicht eindeutig die Gefahr erkannt, daß sich mit einer Professionalisierung auch das System der angeblichen Vielfalt der freien Wohlfahrtsinstitutionen als Ideologie enttarnt, wenn sich die Profis als Lobby der Betroffenen verstehen und deren Interessen durchsetzen könnten? Besteht nicht die Furcht, daß dem harmonischen Weltbild der sozialen Wirklichkeit der Schleier weggerissen werden kann?

Solange die Ehrenamtlichen als eiserne Reserve zur Verfügung stehen und jeweils nach wirtschaftlichen Notwendigkeiten einzusetzen sind, entsprechen sie jedenfalls nicht nur dem idealistisch-preiswerten und zudem image-pflegenden Darstellungsbedürfnis der institutionalisierten Wohlfahrt. Sie verhindern, unfreiwillig natürlich, die dringende, weil inhaltlich notwendige Professionalisierung der Sozialarbeit. Diese aber könnte zu einem sozialpolitischen und einem vereinsinternen Sprengsatz werden, weil sie sich eben nicht an den Verbandsinteressen orientiert. Die Konflikte zwischen Ehrenamt und Beruf betreffen die Vertreter beider Gruppen gleichermaßen. Beide werden von den Inhalten ihrer Arbeit entfremdet, weil sie im nur schwer durchschaubaren und erst recht schwer beeinflußbaren Apparat der Wohlfahrt zum Funktionieren gezwungen sind und sich mit Hierarchie, Bürokratie und Interessenkollisionen auseinandersetzen müssen. Nicht nur das Deutsche Rote Kreuz, sondern alle großen Wohlfahrtsverbände akzeptieren heute, daß die Sozialpolitik der Wirtschaftspolitik untergeordnet ist. Das System der Anpassung, hervorgerufen durch die weitergehende finanzielle Abhängigkeit, hat schwerwiegende Folgen. Nicht die Betroffenen sind die Adressaten der Wohlfahrt, sondern diejenigen, die für die materielle Substanz des Sozialstaates sorgen. Und auch der humanitäre Anspruch bleibt damit de facto nachrangig.

Das Image des Deutschen Roten Kreuzes

Neben all dem sozialen Einsatz in der Freizeit verdankt das Deutsche Rote Kreuz seinen Helfern vor allem eines: Sie prägen das Image des DRK. In einer etwa zwei Jahre alten demoskopischen Untersuchung über das Ansehen des Roten Kreuzes berichtet die Firma Infratest: „So wie es für jedes Industrieunternehmen absolut notwendig ist, über die Wirkung seiner Produkte bei der Bevölkerung Informationen zu haben, ist es auch für Organisationen wie das Deutsche Rote Kreuz unumgänglich, zu wissen, wie ihre Aufgaben und Leistungen in der Bevölkerung beurteilt werden."

Produkt und Markenzeichen des Deutschen Roten Kreuzes sind bei den Bundesbürgern sehr bekannt. 88 % konnten den Verein als Hilfsorganisation einordnen und kommentierten die Arbeit als sehr wichtig. 62 % der Bevölkerung, das sind 3 von 5 Bürgern, haben in letzter Zeit für das Rote Kreuz gespendet, in Bayern waren es sogar überdurchschnittliche 77 %.

Nicht ganz so sicher sind sich die Deutschen, wenn sie die Frage beantworten sollen, wie stark und vor allem von wem das Deutsche Rote Kreuz wirtschaftlich abhängig ist. Ist das Rote Kreuz privat oder staatlich? 26 % ordnen den Verein als nationale Organisation ein, 63 % als internationale. Die positiven Attribute, die das Image in der Öffentlichkeit beschreiben, heißen: aktiv, zeitgemäß, vertrauenswürdig, freundlich, idealistisch, uneigennützig, fortschrittlich, sparsam, weltoffen, demokratisch. Im Vergleich mit den Profilen anderer Hilfswerke läuft das Deutsche Rote Kreuz allen den Rang ab. Das Image ist nicht zu übertreffen. Bekannt bei den älteren Bürgern ist die Organisation natürlich durch den Einsatz in den Wirren der Nachkriegsjahre: Feldküchen, Flüchtlingshilfe und die Verteilung von Hilfssendungen aus dem Ausland. Heute kennt man das Rote Kreuz vor allem durch Blaulicht und Signal. Unfallrettung und Krankentransport, damit wird stets das Deutsche Rote Kreuz identifiziert. Etwa 60 % der Bürger tun dies. Aber auch Blutspendedienst und Katastrophenhilfe sind der Mehrheit als Aufgaben des Roten Kreuzes bekannt. Befragt nach dem Image der „führenden Leute" im Deutschen Roten Kreuz, werden diese von 30 % als „Idealisten und uneigennützige Menschen" beschrieben, die Zeit und Geld für andere opfern. Die Mehrheit der Bundesbürger weiß aber laut Infratest nur unsichere Antworten, wenn gefragt wird, ob die Führungspersönlichkeiten ehrenamtlich oder gegen Geld arbeiten.

Die demoskopische Untersuchung belegt eines gravierend deutlich: Die Deutschen wissen nicht, wie sich das Deutsche Rote Kreuz finanziert. 94 % nennen an erster Stelle ihre Überzeugung, daß die notwendigen Mittel durch Geldspenden aufgebracht werden. Als Finanzierungsquellen werden auch noch Kleider- und Altpapiersammlungen, Blutspenden und Wohltätigkeitsveranstaltungen genannt. Für nur 58 % der Befragten spielten auch staatliche, öffentliche Mittel eine Rolle.[17]

Dies macht deutlich, wie erfolgreich die Selbstdarstellung des Deutschen Roten Kreuzes auch heute noch ist. Stets in der Öffentlichkeit und in den Medien präsent mit Spendenaufrufen, macht die Bettelei anscheinend zwingend klar, daß das Rote Kreuz von Spenden lebt. Warum sollte auch ehrlich berichtet werden, daß so manche DRK-Arbeit zu 100 % aus öffentlichen Mitteln finanziert wird, daß die Haushalte vieler Rot-Kreuz-Verbände zu 80 % und mehr mit Zuschüssen und Leistungen der Kostenträger, der Krankenkassen vor allem, gefüllt sind.

Die Werbung für die Wohlfahrt verlangt offensichtlich ein Spiel mit verdeckten Karten. Wenn es um Geld geht, werden Sichtblenden heruntergelassen. Was soll auch eine Öffentlichkeitsarbeit, die offenlegt, wie abgesichert die Wohlfahrt heute im sozialen Netz lebt? Wie denn sonst können die vielen Spendenfreudigen im Land überzeugt werden, daß gerade ihr Geld notwendig ist für die humanitären Aufgaben. Würde die Spendenwerbung beschränkt auf die internationalen Hilfeleistungen des Deutschen Roten Kreuzes zum Beispiel in Katastrophenfällen, dann wäre das eine saubere Sache. Katastrophenhilfe nämlich ist, obwohl auch hier stattliche Summen vom Bund zugeschossen werden, überwiegend von privaten Spenden abhängig. Um Spenden gebeten wird aber auch mit den Hinweisen auf die Kosten des Krankentransportes, der Behindertenhilfe, der Altenpflege.

Damit aber wird, unbeabsichtigt oder nicht, der Eindruck erweckt, daß all dies größtenteils mit Spenden finanziert wird.

Tatsache aber ist, daß sich die Finanzmanager der Humanität heute in einem nur noch für sie überschaubaren Gestrüpp von Gesetzen, Verordnungen und Richtlinien bewegen, mit denen die sogenannten Pflichtleistungen der Kommunen, der Länder und des Bundes an die „freien" Träger der Wohlfahrt geregelt werden. Hinzu kommt der „Kostenersatz" durch Sozialleistungsträger, das sind in der Regel die Krankenkassen, aber auch die Arbeitsämter, die beispielsweise Rehabilitationsmaßnahmen finanzieren. Neben der gesetzlich verankerten Zahlungsverpflichtung von Staat und von Kostenträgern zur Finanzierung der Wohlfahrt, haben die Parlamente noch das Recht, freiwillige Zuschüsse zu leisten. Projektgebunden opder nicht, fließen so außer der Reihe nochmals Millionen in die Kassen des Verbandes. Und damit ist wiederum erklärt, warum es das politisch unabhängige Rote Kreuz so hervorragend versteht, die jeweils verantwortlichen Politiker aller Farteien in die natürlich ehrenamtliche Vorstandsarbeit einzubinden. Es kommt auch durchaus vor, daß der Bürgermeister oder Stadtrat im verantwortlichen Gremium des Deutschen Roten Kreuzes mit dem Mitglied im Aufsichtsrat der Krankenkasse zusammentrifft. Die Verknüpfung von „politischem" Mandat und Ehrenamt im Deutschen Roten Kreuz verhindert im Zweifelsfall eine wirksame Kontrolle. Es mag sein, daß dies ursprünglich einmal anders gedacht war. Heute allerdings ist der Filz wirtschaftlich kalkuliert, er dient dem Zweck, möglichst rasch bei der Verteilung von Zuschüssen präsent zu sein. Nur die Kirchen und ihre Einrichtungen der Diakonie haben einen ähnlichen, fast selbstverständlichen hervorragenden Einfluß auf die Geldverteilung. Für das Rote Kreuz bewährt sich diese Praxis vor allem auch im Konkurrenzkampf der Wohlfahrtsorganisationen, jedenfalls dort, wo dieser noch stattfindet. Denn mittlerweile ist es in vielen Bereichen zwischen den Spitzenverbänden der Wohlfahrt zu einer allen Seiten genehmen Arbeitsteilung gekommen. Das Spezialgebiet des Deutschen Roten Kreuzes ist die Medizin.

Werbeanzeige des Deutschen Roten Kreuzes

An der Front der Geschäftigkeit

Die Klinkenputzer, oder: Werbemethoden

Das Image der Samariter zeigt Wirkung. Tag für Tag sind Männer und Frauen in Rot-Kreuz-Uniformen unterwegs, gehen von Tür zu Tür und erzählen von guten Taten. Sie erzählen, daß das Deutsche Rote Kreuz von Spenden lebt und daß doch jeder die Hilfsorganisation einmal brauchen könnte.

Die Masche zieht, kaum jemand verweigert sich. Schließlich hat das Rote Kreuz einen guten Ruf als seriöse, glaubwürdige Organisation. Und 50 bis 60 Mark jährlich kann fast jeder heute entbehren, zumal der Zweck ja gemeinnützig und der Beitrag steuerabzugsfähig ist. Mitglieder werden geworben, nicht ehrenamtliche, aktive Helfer, sondern Förderer, die im Grunde nichts anderes sind als Dauerspender. Denn ein Mitspracherecht im demokratischen Verein haben sie nicht, die privaten Zahlmeister.

Mitgliederwerbung ist ein Massenbetrieb. Fast 4 Millionen sind es, davon nur knapp 10% Aktive, der Rest — über 3,5 Millionen — beschränkt sich auf die einmalige Unterschrift unter die Einzugsermächtigung. Bargeldlos funktioniert dies. Die „gute Tat“ ist damit getan.

Doch kaum jemand, der an der Haustür zum Eintritt in den Verein überredet worden ist, ahnt, daß die netten Menschen in der Uniform, dem einstigen Ehrenkleid der Samariter, mit dem Roten Kreuz selbst nur wenig im Sinn haben. In der Regel sind es freie Handelsvertreter, gelernt und ungelernt, deren Job es ist, gleichsam im Akkord Mitglieder zu werben. Kopfgeld gibt es!

Und vom Deutschen Roten Kreuz direkt kommen sie auch nicht. Nur die Uniformen werden gestellt und einen pro forma-Mitgliedsausweis haben die Werbeprofis selbstverständlich in der Tasche.

Die Klinkenputzer arbeiten für Werbefirmen, die Verträge mit den Rot-Kreuz-Verbänden haben. Die Firmen kassieren Provisionen, die Vertreter bekommen pro „Schein“, d.h. für jede Unterschrift eines neuen Mitgliedes ihren Anteil. Die Werbung im Akkord hat Erfolg. In den letzten 15 Jahren hat das Deutsche Rote Kreuz seine Mitgliederzahl verdoppelt. Die Statistiken machen sich gut in den Rechenschaftsberichten, nur über die Methoden dieser Werbung wird still geschwiegen.

Weil die Vertreter „pro Kopf“ bezahlt werden, kann für sie nur eine hohe Erfolgsquote für die richtige Höhe des Honorars sorgen. Und deswegen kommt es auch immer wieder vor, daß an den Haustüren Märchen erzählt werden. Es läßt sich nicht feststellen, wieviele Menschen nach diesem Vertreterbesuch ernsthaft glauben, daß ihnen als Rot-Kreuz-Mitglieder der Krankentransport kostenlos zur Verfügung steht, wenn es denn einmal sein muß. Wie vielen Menschen wurde eingeredet, daß sie im Alter als Mitglied vom Roten Kreuz liebevoll gepflegt und betreut werden? Ganz bewußt wird die Angst, die eigene Betroffenheit

Morgendliche Lagebesprechung mit den Werbern des DRK

der Menschen geschürt. Mit allgemeinen Appellen an die humanitären Ideale ist kaum noch etwas zu holen. Früher einmal haben die ehrenamtlichen Mitglieder selbst dafür gesorgt, daß mehr und mehr Menschen sich dem Deutschen Roten Kreuz angeschlossen haben. Von Haus zu Haus, in der Nachbarschaft, bei Freunden wurde für die Idee geworben, doch mitzumachen im Verein der Menschlichkeit. Heute regiert allein der Umatz, heute wird mit dem Deutschen Roten Kreuz ein Geschäft gemacht. Die Werber haben ihre Lektion gut gelernt. Sie erzählen von guten Taten und davon, daß das Rote Kreuz von Spenden und Mitgliedsbeiträgen lebt...

Die Firma Schmidt in Frankfurt jedenfalls lebt nicht schlecht vom Geschäft mit den Mitgliedern. Rund 360.000 Rot-Kreuz-Mitglieder werden von diesem Familienbetrieb „betreut". Eine Filiale in Düsseldorf hilft mit, den Umsatz Jahr für Jahr zu vergrößern. Die Kreisgeschäftsführer des Deutschen Roten Kreuzes greifen gerne zu, wenn die Firma Schmidt ihnen ein Angebot macht. Der Betrieb übernimmt die Werbung und, das ist eine Frage von Preis und Provision, auch die „Betreuung" der Mitglieder in einer Kartei bzw. elektronischen Datenbank. Die Firma ist es, die ein eigenes Rot-Kreuz-Konto führt, die Bankauszüge werden direkt zu Schmidt geschickt. Dieses spezielle Konto taucht im amtlichen Kontenplan des DRK nicht auf. Herr Schmidt allein hat die endgültige Kontrolle, er rechnet ab, und alles was übrig bleibt, nach Abzug der vertraglich vereinbarten Provisionen, bekommt das Deutsche Rote Kreuz.

Zwischen 60 % und 70 % des ersten Jahresbeitrages des neuen Mitgliedes behält die Firma ein. Auch im zweiten Jahr ist Herr Schmidt immer noch mit rund 50 % dabei. Und für die fortlaufende „Betreuung" der Mitgliederkartei ist dann jeweils auch noch einmal eine prozentuale Beteiligung ausgehandelt.

Den DRK-Funktionären scheint dieses Geschäft recht zu sein. Zwar gibt es ab und zu Schwierigkeiten, wenn aus der Bevölkerung Beschwerden kommen über allzu massives und törichtes Auftreten der Werber. Aber die Masse macht's und läßt Superprovisionen reell erscheinen.

Nicht unbedeutend ist in diesem Zusammenhang, daß es zwischen den Verantwortlichen in den DRK-Kreisverbänden einen spannenden Wettbewerb gibt. Die Preisfrage lautet: Wer hat in seiner Stadt, in seinem Kreis den höchsten Prozentsatz an Mitgliedern im Verhältnis zur Einwohnerzahl. In Offenbach beispielsweise sind rund 10 % der Einwohner Mitglieder im Roten Kreuz. In Frankfurt sind es weniger, aber 10 % mindestens will man auch dort schaffen — die Firma Schmidt wird es schon einrichten. Und der Chef des Betriebes, Günther Schmidt, trichtert seinen Leuten ein, nicht nur alte Menschen zu werben, obwohl es bei denen besonders schnell und einfach geht. Aber die Alten lohnen sich nicht,

Ein Werber unterwegs für das Deutsche Rote Kreuz

wegen der „Haltbarkeit", wie es im Geschäftsjargon heißt. Es ist schon schwierig, den Mitgliederbestand von ein paar Millionen zu halten, die Alten sterben weg und die Jungen ziehen nicht so mit, wie man es sich wünscht. Da müssen schon Profis an die Arbeit, Profis, denen ein guter Verdienst an der guten Sache garantiert ist. Ein Job wie jeder andere?

Ein Job jedenfalls, der sich lohnt. Dem Gruppenführer der Werbekolonne winkt, falls er gute Arbeit abgeliefert hat, am Jahresende schon mal ein Sonderbonus von 10.000 Mark und mehr.

Günther Schmidt versteht es zudem prächtig, seine Geschäftstüchtigkeit mit ehrenamtlichen Engagement zu vereinbaren. Er arbeitet im Vorstand des Frankfurter Roten Kreuzes mit...

Und es ist wohl kein Zufall, daß gerade das Deutsche Rote Kreuz in Frankfurt jahrelang ein undurchsichtiges Spiel mit den Mitgliedsbeiträgen getrieben hat. Bis vor kurzem gab es beim Deutschen Roten Kreuz keine ordentliche Buchführung, d.h. es gab keine kaufmännische Bilanz mit der völligen Offenlegung und Abrechnung des Vermögens.

Es gab allerdings einen besonderen Trick: Der Vorstand hatte schon vor vielen Jahren beschlossen, die Einnahmen aus Mitgliedsbeiträgen zum „Sondervermögen" zu erklären. Auskünfte darüber wurden nicht erteilt, Vertraulichkeit oder besser: Geheimniskrämerei war vereinbart. Selbst die „mitbestimmungsberechtigten" aktiven Mitglieder — die Mitgliederversammlung ist das höchste Organ eines Vereins — haben nie etwas von dem heimlichen Sonder-Etat erfahren. Das Rote Kreuz in Frankfurt wollte verschweigen, daß pro Jahr etwa 1 Million Mark, mal weniger und später immer mehr, von Mitgliedern gezahlt wurden. Millionen sind nie in den offiziellen Rechenschaftsberichten aufgetaucht. In der Öffentlichkeit aber wurde schon lange darüber spuekuliert, daß das Deutsche Rote Kreuz in Frankfurt Reichtümer anhäuft. Erst 1982 wurde der Kreisverband, der mit Millionen handelte und Millionenumsätze erzielte und nur eine schlampige Buchführung kannte, von höheren Dienststellen des Deutschen Roten Kreuzes gezwungen, eine ordentliche Bilanz vorzulegen. Und damit kam einiges heraus.

Es wurde öffentlich, daß jetzt, 1982, von etwa 1,4 Millionen Mark Mitgliedsbeiträgen über 500.000 Mark für die „Zentrale Mitgliederbetreuung" ausgegeben wurden. „Zentrale Mitgliederbetreuung", kurz „ZMB" genannt, dahinter verbirgt sich niemand anders als die Firma Schmidt. Erinnern wie uns kurz daran, was den „Opfern" der Werber an der Haustür erzählt wird: Das Rote Kreuz lebt von Mitgliedsbeiträgen und Spenden. Die humanitären Aufgaben und Verpflichtungen kosten viel Geld, die sozialen Dienste müssen finanziert werden...

Und noch etwas kam heraus: Jahrelang wurde aus dem „schwarzen Geld", das nie in den ordentlichen Bilanzen auftauchte, ein stattliches Vermögen angesammelt. Neben Festgeldern hat man vor allem in Wertpapiere investiert. 2,9 Millionen Mark waren das zuletzt.

Die ordentlichen Bilanzen dagegen wiesen stets beeindruckende rote Zahlen auf, Defizite, die sich immer gut machen bei einem gemeinnützigen Verein, der nicht auf Zuschüsse aus öffentlichen Kassen verzichten will. Es ist nicht allzu lange her, als das Deutsche Rote Kreuz in Frankfurt von der Stadt einen außerplanmäßigen Zuschlag erhielt, 30.000 Mark. Begründung: Das Deutsche Rote Kreuz in der Mainmetropole leide unter einem „akuten Liquiditätsmangel". Das Rote Kreuz in Frankfurt hat etwa 40.000 Mitglieder. Die Firma Schmidt hat alle fest im Griff. Und weil es aus alten Zeiten noch ein paar rückständige Karteien in den traditionellen Ortsvereinen gibt, hat die Firma mit Billigung des Kreisverbandes versucht, diese alten neu zu werben mit einem höheren Mitgliedsbeitrag natürlich und für Kartei und Provision der Werber, versteht sich. Eine in Ehren ergraute Rot-Kreuz-Dame in Frankfurt, vielfach ausgezeichnet mit Ehrennadeln und Orden für ihr ehrenamtliches Engagement in der Mitgliederwerbung — mehr als 2.500 Menschen hat sie an das Rote Kreuz gebunden —, sie hat ihre Aktivitäten eingestellt mit der Begründung, daß die Praxis der Firma Schmidt schamlos sei.

Nicht nur, weil das bunte und profitable Treiben von Werbefirmen in der Öffentlichkeit für Aufregung und kritische Fragen sorgte, versucht das Generalsekretariat und das Präsidium des Deutschen Roten Kreuzes seit einiger Zeit, die Aktivitäten dieser Firmen zurückzudrängen. Zu häufig wurde schon angefragt, warum dic Vertreter in Uniformen des Roten Kreuzen erscheinen, warum die Provisionen so stattlich sein müssen.

Die Hierarchen im Deutschen Roten Kreuz wissen ganz genau, daß das von ihren Kreisverbänden so gerne praktizierte Geschäft in vielerlei Hinsicht nicht sauber ist. Es ist nicht allzu lange her, daß ein Privatunternehmer, der für das Rote Kreuz und für andere mit windigen Methoden Mitglieder wirbt, wegen Steuerhinterziehung rechtskräftig verurteilt wurde. Und daß die Werbefirmen selbst nicht völlig von ihrer eigenen Seriosität und Glaubwürdigkeit überzeugt sind, beweist die Tatsache, daß sie ihren Werbern in einigen Städten sogenannte „schwarze Listen" mitgeben, auf denen die Namen und die Anschriften von Personen vermerkt sind, die von den Werbern auf keinen Fall angesprochen werden dürfen. Es sind Personen, von denen mit Recht befürchtet werden muß, daß sie kritisch nach dem geschäftlichen Hintergrund des freundlichen Werbegesprächs fragen. In Frankfurt zum Beispiel steht auf dieser Liste auch der Name des Feuerwehrchefs und Branddirektors Ernst Achilles, der seit vielen Jahren das Deutsche Rote Kreuz skeptisch beobachtet.

Die DRK-Werbe GmbH

Die Mitgliederwerbung können wir auch selber machen, sagten sich die Manager in der Rot-Kreuz-Zentrale in Bonn. Weg mit den Firmen, die für negative Schlagzeilen sorgen, schließlich haben wir ja unsere eigene Firma: die „DRK-Werbe-GmbH". Der gemeinnützige Dachverband des Deutschen Roten Kreuzes ist Gesellschafter und hält das Stammkapital, zwei leitende Angestellte des DRK-Generalsekretariats sind gleichzeitig die Geschäftsführer der Gesellschalft mit beschränkter Haftung. Auch der Verwaltungsrat des kommerziellen Unternehmens ist weitgehend mit dem DRK-Präsidium identisch. Die Rechtsform der GmbH, so heißt es in einer offiziellen Erklärung, wurde aus rein steuerrechtlichen Erwägungen gewählt.

Schließlich werden auch von der DRK-Werbe-GmbH ausschließlich freie Mitarbeiter beschäftigt, die zum Teil von den anderen gewerblichen Firmen, die ebenfalls und immer noch für das Rote Kreuz arbeiten, abgeworben werden. Selbstverständlich müssen auch hier die Honorare stimmen, das Deutsche Rote Kreuz zahlt nach eigenen Angaben rund 48 % des ersten Jahresbeitrages vom neugeworbenen Mitglied als Provision an den Werber aus. Aber das ist nicht alles. Die Rot-Kreuz-Firma schließt auch noch mit dem jeweiligen Kreisverband einen Sondervertrag. Ebenfalls auf der Grundlage des ersten Jahresbeitrages des neugewonnenen Mitgliedes muß der zuständige Kreisverband, der ja seine Mitgliederzahlen durch Profis erhöhen lassen möchte, nochmals 7,5 % an die DRK-Werbe-GmbH abführen. Aber da gibt es noch eine weitere Verpflichtung zur Zahlung. Die „Gruppenleiter" der DRK-Werbe-GmbH verlangen zusätzlich für sich als Provision 6,25 % des ersten Jahresbeitrages. Alles in allem sind so rund 62 % des ersten Jahresbeitrages verschwunden und kommen nicht den vielfältigen mildtätigen Aufaben zugute, für deren Unterstützung an den Haustüren in der Republik so eifrig, so scheinbar idealistisch und überzeugt geworben wird.

Alles ist perfekt organisiert. Selbstverständlich haben die freien Handelsvertreter einen Kursus in Erster Hilfe mitmachen müssen. Es wäre ja auch peinlich, wenn ein Mann in Rot-Kreuz-Uniform auf der Straße hilflos zusehen müßte, wenn ein Unfall passiert oder jemand in Ohnmacht fällt. Ein „Verkaufstraining" ist ebenso obligatorisch wie die Lektüre von vereinsinternem Werbematerial, damit der Werber wenigstens ein paar Informationen über das Rote Kreuz in dem Ort hat, wo er sich gerade bewegt.

Zweck der DRK-Werbe-GmbH ist die „Förderung der Idee des Roten Kreuzes". Die Werbung von ausschließlich zahlenden Mitgliedern ist nur ein Geschäftsbereich der Firma. Nur die gute Idee zu fördern, das könnte auch ein anderer gemeinnütziger Verein. Der GmbH geht es allerdings ausschließlich um die Vermarktung des angesehenen und weltbekannten Rot-Kreuz-Zeichens. Mit dem Roten Kreuz läßt sich viel Geld verdienen. Nicht nur bei der Mitgliederwerbung durch gewerbliche Unternehmen, sondern auch immer dann, wenn das Rote Kreuz für den Verkaufserfolg eines Produkts guten Umsatz garantiert. Ganz besonders beliebt sind sogenannte „Benefiz-Schallplatten". Für die Wohltätigkeit, sprich für das Deutsche Rote Kreuz, fallen pro verkaufter Platte zwischen 2 und 2,50 Mark ab, der gute Zweck ist erfüllt. Die Verkaufszahlen schnellen in die Höhe, wenn die Rot-Kreuz-Werbung die Propaganda-Trommel für das Produkt schlägt. Frank Elstner, Wim Thoelke, Hans Rosenthal, Joachim Fuchsberger machen gerne kostenlose Reklame, zumal wenn der DRK-Präsident persönlich auf der Bühne erscheint, sich die Hand schütteln läßt und ein paar warme Worte verliert über die andauernde Geldnot des Roten Kreuzes und wie wichtig es doch ist, daß jetzt jeder diese Platte kauft, 2,50 Mark für die gute Tat.

Auch so etwas wird von der DRK-Werbe-Firma gemanagt. Immerhin: die Rechtsform einer Gesellschaft mit beschränkter Haftung ist wenigstens eine ehrliche Sache. Hier braucht man nicht zu verbergen, daß es sich um ein ganz normales Geschäft handelt. Verschwiegen wird aber nach wie vor, daß das größte Geschäft von den Schallplattenfirmen und Produzenten gemacht wird. Aber der Zweck heiligt die Mittel, und der Zweck ist gut. Wer will auch schon etwas dagegen haben, wenn etwas übrigbleibt für die gemeinnützige Wohlfahrt?

Bei den privaten gewerblichen Unternehmen, die im Dienste der Mitgliederwerbung unterwegs sind, hat sich aber bis heute noch kein Finanzamt gefragt, inwieweit die Mitgliedsbeiträge, die zunächst größtenteils bei einem kommerziellen Unternehmen und seinen Honorarkräften hängenbleiben, voll und ganz von der Steuer absetzbar sind, weil sie doch für einen gemeinnützigen Verein gegeben worden sind. Ist das nicht zumindest Unterstützung von Steuerhinterziehung? Die Rechtslage für eingetragene Vereine bestimmt, daß Mitgliedsbeiträge und Spenden, wenn sie steuerlich absetzbar sein sollen, *ausschließlich und unmittelbar* den in der Satzung vorgeschriebenen mildtätigen Aufgaben zugeführt werden müssen. Diese Vorschrift aber wird heute sehr weitläufig ausgelegt. Natürlich werden in einigen Arbeitsbereichen des Deutschen Roten Kreuzes auch Gewinne gemacht, obwohl dies nicht sein darf und obwohl sämtliche Tarife und Preise für Leistungen stets kostendeckend sein sollen. Gewinne und Überschüsse werden dann den Rücklagen zugeführt, zweckgebunden selbstverständlich, für irgendeine in ferner Zukunft geplante gute Tat. Keine Frage ist, daß heute jeder noch so kleine Kreisverband finanzielle Rücklagen benötigt, um eventuelle Notzeiten zu überbrücken. Notzeiten für das Deutsche Rote Kreuz?

Rücklagen und Kapitalbildung hätten dann einen Sinn, wenn das Rote Kreuz damit selbst und eigeninitiativ freie und unabhängige Sozialprojekte unterstützen würde. Wo aber finden wir das heute beim Deutschen Roten Kreuz? Wo finden wir nur einen einzigen Bereich in der sozialen Arbeit des DRK, der ausschließlich aus Spenden und eigenen erwirtschafteten Überschüssen finanziert wird? Es gibt nichts mehr, wo nicht vor dem Engagement das nüchterne wirtschaftliche Kalkül steht. Zunächst wird geklärt, wie und d.h. mit welchen Zuschüssen und Subventionen gerechnet werden kann. Bei allen geplanten eventuellen Investitionen, beispielsweise dem Bau eines Altenheimes, funktioniert der Sozialstaat perfekt. Zuschüsse aus allen Ecken fließen, wenn man sich im Dschungel der staatlichen Subventionspolitik auskennt. In den Planungen für ein solches Projekt wird stets auch ein minimaler Eigenanteil der „freien" Wohlfahrtsinstitution berücksichtigt. Dieser wird günstig finanziert durch die wohlfahrtseigene Bank für Sozialwirtschaft, an der das Deutsche Rote Kreuz mit über einer Million Mark beteiligt ist. Wenn alle Gelder komplett beisammen sind, läuft das Altenheim als eigenständiger Wirtschaftsbetrieb. Wirtschaftlichkeitsberechnungen weisen überzeugend nach, wie hoch die Pflegesätze sein müssen, um die laufenden Kosten abzudecken.

Auf der Kostenseite finden sich aber auch stattliche Summen aus Abschreibungen. Und Grundlage für die Abschreibung sind selbstverständlich die gesamten Investitionskosten für das Projekt und nicht etwa nur der selbstfinanzierte Eigenanteil des Deutschen Roten Kreuzes. Das machen alle Wohlfahrtsverbände so, sie kassieren doppelt. Einmal die verlorenen Zuschüsse des Staates und zum zweiten kassieren sie ja noch einmal über die hohen Pflegesätze, mit denen die zuständigen Behörden gleichsam noch einmal zur Kasse gebeten werden. Daß bei den Abrechnungen mit den Zahlmeistern der öffentlichen Kassen geschummelt wird, weiß jeder, der sich im Geschäftsalltag der Wohlfahrt auskennt. Nach Recht und Gesetz verlangen die Verwaltungen von Bund, Ländern und Gemeinden zwar eine ausführliche Kostenaufstellung, bevor aus öffentlichen Mitteln Gelder bewilligt werden. Die Entscheidung aber, wer wieviel wann bekommt, wird in aller Regel von Ausschüssen getroffen, in denen die Lobby der Wohlfahrt wiederum präsent ist und mitredet.

Ohne Konsequenzen bleiben zumeist die Berichte der staatlichen Rechnungsprüfer, wenn sie offensichtlichen Schummeleien auf die Spur gekommen sind. In Hamburg beispielsweise — so berichtete mir mein Kollege Hupert Seipel aus Hamburg — erhielt die Sozialbehörde vom Landesrechnungshof einen Tadel, weil festgestellt wurde, „daß in vielen Fällen Pflegesätze vereinbart oder gezahlt wurden, die zu hoch sind oder bei denen zumindest zu bezweifeln ist, daß sie von den Trägern erbrachten Leistungen entsprechen". So wurde festgestellt, daß alle freien Wohl-

Werbeanzeige des Deutschen Roten Kreuzes

fahrtsverbände in Hamburg über Jahre hinweg alles in allem über 2 Millionen Mark zu Unrecht kassiert hatten. Das waren Stichproben des Rechnungshofes nur in Hamburg. Und der Bericht schließt deswegen nicht aus, „daß auch in anderen Fällen Zahlungen an freie Träger nicht gerechtfertigt waren."

Das gesamte Deutsche Rote Kreuz ist eine Wirtschaftsgesellschaft mit gemeinnützig beschränkter Haftung. Gewiß, eine respektlose Feststellung. Aber auch die folgenden kleinen Beispiele von der Front der Geschäftigkeit helfen vielleicht, dies weiter zu verdeutlichen.

Die kleine Geschichte einer kleinen Erbschaft

Wenn es ums Geld geht, dann gilt auch beim Deutschen Roten Kreuz die oft beschworene Brüderlichkeit und Kameradschaft nicht mehr viel. Und wenn es um eine Erbschaft geht, dann gibt es, wie in fast jeder Familie, auch beim DRK schon mal handfesten Krach.

Das Deutsche Rote Kreuz erbt viel und es erbt gern. Wieviel genau, darüber schweigen die Statistiken. Aber noch immer kann sich der gemeinnützige Verein darauf verlassen, daß alten alleinstehenden und kranken Menschen das Rote Kreuz einfällt, wenn sie in ihrem Testament bestimmen wollen, wer denn die glücklichen Erben sein sollen. Das Markenzeichen für Barmherzigkeit und Nächstenliebe wird Erbe. Oft denken alte Menschen natürlich und mit vollem Recht auch an ihr eigenes Schicksal, daß sie, wenn sie alleinstehend sind, auch vorsorgen müssen für den Fall, daß sie pflegebedürftig werden. In Unkenntnis der sozialen Absicherung in unserer Gesellschaft, haben sie Angst, in Elend, Armut und Abhängigkeit sterben zu müssen. Und so versichern sich nicht wenige beim Deutschen Roten Kreuz der Unterstützung für den Fall, daß sie im Alter Hilfe und Pflege brauchen. Versprochen wird die Erbschaft, und das Rote Kreuz läßt sich gerne darauf ein und klärt nicht sachgemäß auf, daß bei Bedürftigkeit ein Rechtsanspruch auf Unterstützung besteht. Natürlich wird das Rote Kreuz die Alten pflegen, keine Frage, aber es wird die Pflege auch ordentlich abrechnen.

1980 starb in Frankfurt Frau Anna K.. In ihrem handschriftlichen Testament hatte sie bestimmt, daß nach Zahlungen von mehreren tausend Mark an nahe Verwandte das übrige Geld und die Wohnungseinrichtung dem Deutschen Roten Kreuz zur Verfügung stehen soll. Das Vermögen der Frau K. bestand aus 1/3 Anteil an einem kleinen Mietshaus. Und mit diesem Testament begann nach dem Tod der Frau ein jahrelanger, erbitterter juristischer Streit. Die anderen Eigentümer des Hauses, ebenfalls Verwandte der Erblasserin, äußerten sofort ihr Interesse, das

Erbe dem Deutschen Roten Kreuz abzukaufen. Ordnungsgemäß schätzte das zuständige Ortsgericht den Wert des Anteils auf 60.000,— Mark. Der Frankfurter Kreisverband des Roten Kreuzes ließ zwei Vorstandsmitglieder eine eidesstattliche Versicherung unterschreiben, in der sich das DRK Frankfurt eindeutig als berechtigter Erbe ausgibt. Keine Probleme gab es, der Erbschein wurde ausgestellt vom zuständigen Nachlaßgericht. War die Entscheidung über die Ausstellung des Erbscheines aber nun wirklich so einwandfrei und ohne jeden Zweifel? Welches Rote Kreuz war glücklicher Erbe? Wenn im Testament nur steht „Rotes Kreuz", dann, so die Rechtsauffassung des Bonner Generalsekretariats, ist die Zentrale des Deutschen Roten Kreuzes der Erbe. Nur wenn ausdrücklich im Testament vermerkt ist, welcher Kreis- oder Ortsverband erben soll, dann sei dies auch ebenso klar geregelt.

Das Frankfurter Rote Kreuz ließ sich nicht weiter beirren und machte den anderen Miteigentümern des Mietshauses, alten und kranken Leuten, das Leben schwer. Die Schätzung des Ortsgerichts, die den Wert auf 60.000,— Mark festlegte, wurde nicht akzeptiert, man wollte mehr. Der Anteil aus dem Erlös der Mieteinnahmen wurde schriftlich angemahnt, und es wurde reklamiert, daß die Mieten in dem Haus doch viel zu billig und zu preiswert seien. Das Rote Kreuz Frankfurt ließ auf eigene Kosten ein neues Wertgutachten anfertigen und errechnete daraus schnell eine Forderung von 85.000,— Mark. Der Schatzmeister des Vereins wollte noch höher pokern und forderte telefonisch 100.000,— Mark für das Erbe. An den dringend notwendigen Reparaturarbeiten an dem Haus dagegen wollte sich der geschäftstüchtige Verein nicht beteiligen. Massiv wurde gedroht. Werde den Forderungen nicht entsprochen, dann sollten Grundstücksmakler den Verkauf der Liegenschaft übernehmen.

Die im Testament vermachte Wohnungseinrichtung schien den Wohltätern wertlos. Man kümmerte sich nicht darum. Es ging ums Geld und ausschließlich darum, möglichst viel aus einer Erbschaft herauszuholen, ohne Rücksicht auf die soziale Lage der anderen Beteiligten. Die anderen Miteigentümer waren keine reichen Bürger, sondern schlichte arme Zeitgenossen ohne viel Geld auf der Bank. Für sie ging es darum, entweder in dem Haus wohnen bleiben zu können oder mit dem gewaltigen Druck des Roten Kreuzes das Haus verkaufen und sich dann im Alter von über 70 Jahren eine neue Bleibe suchen zu müssen. Die DRK-Manager waren rücksichtslos. Nur der Streit mit dem Bonner Generalsekretariat brachte sie aus dem Konzept. Aus Bonn wurde gedroht, sich das Erbe mit rechtlichen Mitteln zuschreiben zu lassen. Ein öffentlicher Skandal wäre die Folge gewesen. Und nur weil Presse und Fernsehen über die Raubritter der Humanität schonungslos berichteten, mußte das Frankfurter Rote Kreuz klein beigeben: Nach jahrelangem Streit wurde plötzlich ganz rasch das unglückliche Erbe verkauft, für 70.000,— Mark, ein Kompromiß war gefunden.

Warum diese Geschichte hier erzählt wird? Auch so etwas gehört zum humanitären Alltag in einer großen deutschen Hilfsorganisation. Entgleisungen? Ausnahmen? Fehlentwicklungen, die auf persönliche Schwächen einzelner zurückzuführen und zu entschuldigen sind?

Nein. Es sind die Konsequenzen, vielleicht die logischen Konsequenzen einer Entwicklung, die soziales, menschliches Engagement einfach, still und heimlich verschwinden läßt hinter nüchternem, kalten, wirtschaftlichen Kalkül. Da zählt eben nicht mehr der Mensch, sein Schicksal, seine Erfahrungen, da zählt nur noch der Kassenerfolg des Apparates.

Etwa zur gleichen Zeit, als das Frankfurter Rote Kreuz um die Erbschaft pokerte, kaufte der gemeinnützige Verein für 1,8 Millionen Mark ein Mehrfamilienhaus mit großzügiger Garagenanlage. Und da ja nichts mehr unternommen wird, ohne auf staatliche Zuschüsse zu schielen, dachte man sich etwas ganz besonderes aus. Ein Katastrophenschutzzentrum mit Altenwohnungen sollte entstehen. Ein guter Zweck also wurde ausgewiesen. Bei der Stadt wurde prompt ein Zuschußantrag gestellt, über 900.000,— Mark wollte das Deutsche Rote Kreuz kassieren. Über die genauen Pläne allerdings, wie das Katastrophenschutzzentrum funktionieren sollte, waren weder die Stadt, noch der für den Katastrophenfall zuständige Oberbürgermeister bzw. sein Dezernent informiert.

Auch die anderen, im Falle des Falles wichtigen Hilfsorganisationen wurden zuvor nicht konsultiert. Als diese davon erfuhren, schüttelten sie verzweifelt mit dem Kopf. Ein Katastrophenschutzzentrum in dieser Lage, in unmittelbarer Nähe des wichtigsten Feuerwehrstützpunktes sei blanker Unsinn, meinten sie.

Den Mietern im Haus wurde von den mildtätigen Samaritern gekündigt, es waren angeblich ja Altenwohnungen geplant — an einer der lautesten und verkehrsreichsten Straßen in Frankfurt. Nach Protesten der für den Katastrophenschutz wirklich zuständigen Organisationen wie Feuerwehr und Technisches Hilfswerk, sowie der Mieter und Anwohner, wurden die Rot-Kreuz-Pläne erst einmal zur Ruhe gebettet. Die Mieter haben sich geweigert, die Kündigung anzuerkennen, das Rote Kreuz besitzt nun für 1,8 Millionen Mark eine recht teure Garagenanlage. Es ist im übrigen dasselbe Rote Kreuz, das über Jahre hinweg bei der Stadt stets riesige Verluste angemeldet hat, es ist dasselbe Rote Kreuz, das über ein Wertpapiervermögen in Millionenhöhe verfügt und auch heute noch runde 100.000,— Mark jährlich ausschließlich als Subvention von der Stadt Frankfurt erhält.

Wie das funktioniert, ist erfrischend offen in dem Protokoll einer DRK-Vorstandssitzung niedergeschrieben. Dort heißt es, daß sich die Schirmherrschaft des Oberbürgermeisters über das DRK „bereits auf finanziellem Gebiet bemerkbar gemacht hat, wie z.B. durch die in Aussicht gestellten erhöhten Globalzuschüsse der Stadt." Die aufmerksame Lektüre der Rechenschaftsberichte des Deutschen Roten Kreuzes scheint nicht die Stärke derjenigen zu sein, die alljährlich großzügig die Stadtkassen öffnen für das Rote Kreuz. Sie hätten dann nämlich feststellen müssen, daß ausweislich der vorgelegten Zahlen in der Bilanz 1981 das Deutsche Rote Kreuz allein bei der „Altenpflege" einen Überschuß von rund 133.000,— Mark erwirtschaftet hat.

Recht verloren wirken dann die DM 10.000,— Spenden für Alte und Behinderte, die das Rote Kreuz auf der Einnahmeseite verbuchen konnte. Wen wundert es noch, daß der Vorstand einst beschlossen hatte, der Mitgliederversammlung kein Vermögensverzeichnis des Roten Kreuzes vorzulegen? Möglicherweise war es das schlechte Gewissen über den hervorragenden Umsatz mit guten Taten, oder es war schlicht die Furcht, daß herauskommen könnte, wie teuer so manche Leistung der Samariter berechnet wird. Auf die Idee, einige Dienstleistungen preiswerter, billiger zu machen, ist jedenfalls niemand gekommen. Es muß die Frage erlaubt sein, ob in vielen Fällen nicht mit öffentlichen Geldern Schindluder getrieben wird, mit Geldern aus dem Sozialetats, die an anderer Stelle wirklich dringend benötigt werden und es muß weiter gefragt werden, ob nicht gegen behördliche Vorschriften verstoßen wird, denn die schreiben vor, daß sämtliche Leistungen von Wohlfahrtsverbänden „kostendeckend" abgerechnet werden müssen. Für die Gewährung der sogenannten Pauschal- oder Globalzuschüsse ist die Prüfung empfohlen, wie Subventionen beantragt, gewährt und berechnet werden.

Paragraph 264 des Strafgesetzbuches (StGB) stellt „Subventionsbetrug" unter Strafe. Das Gesetz bestimmt, daß sich strafbar macht, wer „einer für die Bewilligung einer Subvention zuständigen Behörde oder einer anderen in der Subventionsverfahren eingeschalteten Stelle oder Person über subventionserhebliche Tatsachen für sich oder einen anderen unrichtige oder unvollständige Angaben macht, die für ihn oder den anderen vorteilhaft sind".

Als Subvention im Sinne des Gesetzes gilt eine Leistung, die wenigstens zum Teil ohne „marktgemäße Gegenleistung gewährt" wird.

In aller Regel aber werden die kommunalen Geldgaben nicht als Subventionen, sondern als freiwillige Zuschüsse zur Unterstützung sozialer mildtätiger Arbeit des Wohlfahrtsverbandes ausgewiesen.

„Behindertentransport" — eine Marktlücke

Spätestens seit dem Jahr der Behinderten (1981) haben die Wohlfahrtsverbände die Arbeit für Behinderte als steigerungsfähige, umsatzträchtige Marktlücke entdeckt. Natürlich gab es auch schon vorher spezielle Einrichtungen, Heime zumeist, in denen behinderte Menschen versorgt und gepflegt wurden. Als aber alle Welt das besondere soziale Gewissen für Behinderte entdeckte, als offensichtlich wurde, daß für diese benachteiligte „Randgruppe" viel zu wenig getan wurde, starteten just im Jahr der Behinderten zahlreiche neue Programme und Projekte. Die Idee war hervorragend. Nicht in Heime sollten sie abgeschoben werden, sondern auch zu Hause die Möglichkeit erhalten, Hilfe und Unterstützung zu bekommen. „Behindertentransportdienst" — so geschäftsmäßig lautet in vielen Orten seitdem die marktwirtschaftliche Zauberformel. Gemeint ist ein organisierter Fahrdienst für Behinderte, damit diese von zu Hause aus möglichst unbeschwert beispielsweise ihren Weg zum Arzt antreten können. Vorbildlich ist die Stadt Frankfurt. Jeder Behinderte hat 16 Fahrten pro Monat frei, die Männer und Frauen können selbst bestimmen, wie sie den Fahrdienst nutzen wollen. Egal, ob sie Freunde besuchen möchten, ins Theater oder Kino wollen oder eben zur medizinischen Behandlung, ihnen selbst entstehen keine Kosten. Die Stadt zahlt. An zahlreiche gemeinnützige Vereine und vor allem an das Deutsche Rote Kreuz. 60 Mark für eine Strecke, ob für 2 oder 12 Kilometer, das ist egal. Im Preis inbegriffen sind 9 Mark Funkvermittlungsgebühr.

Auf diese segensreiche Idee ist das Deutsche Rote Kreuz nicht etwa gekommen, als es sich fragte, was denn Sinnvolles mit Überschüssen, Zinserträgen und Mitgliederbeiträgen und Vermögen geschehen könnte. Zur hilfreichen Tat wurde erst geschritten, als feststand, daß die kommunale Sozialverwaltung alles finanziert. Etwa 4 Millionen Mark jährlich läßt sich allein die Stadt Frankfurt das Gesamtprogramm kosten. Die ersten beiden Fahrzeuge wurden dem Deutschen Roten Kreuz geschenkt und seitdem wird versucht, den Rot-Kreuz-Anteil an den möglichen Gesamteinnahmen ständig zu erhöhen.

Interessant ist, daß im Fahrdienst ausschließlich Zivildienstleistende eingesetzt werden, deren Sold vollständig vom Bundesamt für Zivildienst finanziert wird. Interessant ist zudem, daß die Frankfurter Selbsthilfe-Initiative der Behinderten „Fraternité", die ebenfalls Behindertenfahrten durchführt, nicht an die zentrale Funkleitstelle des Roten Kreuzes angeschlossen ist. „Fraternité" fährt billiger und qualifizierter. Statt 60 Mark werden hier nur 48 Mark pro Strecke verlangt, obwohl die Gruppe über die besseren Fahrzeuge und über die besseren fachlichen, d.h. pflegerischen Kenntnisse verfügt, denn wer ist in dieser Frage schon kompetenter als die Behinderten selbst, die sich eigenständig organisieren.

Nicht nur das Deutsche Rote Kreuz, sondern auch das private Taxi-Gewerbe hat die Marktlücke entdeckt. Da wird massiv gedrängelt und abgedrängt, um etwas abzubekommen vom großen sozialen Verteilungskuchen. Während für Privatunternehmer, wie zum Beispiel Taxifahrer, das marktwirtschaftliche Prinzip von Angebot und Nachfrage gilt, scheinen das Deutsche Rote Kreuz und die anderen großen Verbände ohne jede Beanstandung einen humanitären Zuschlag kassieren zu dürfen.

Im niedersächsischen Landkreis Schaumburg kam es zu einem langjährigen konfliktträchtigen Gerangel, als es darum ging, zu entscheiden, wer einen Auftrag der Kreisverwaltung erhält, den Fahrdienst zu einer Tagesstätte für behinderte Kinder zu übernehmen. Eine öffentliche Ausschreibung des Auftrages hat es nicht gegeben. Ein Taxi-Unternehmer vor Ort unterbreitete ein Angebot, das Deutsche Rote Kreuz auch. Beide wollten pro Kilometer 1,05 Mark haben. Den Zuschlag erhielt das Rote Kreuz.

Kein Verantwortlicher in der Kreisverwaltung hat gefragt, wie es denn möglich ist, daß diese Kalkulationen so identisch sind. Denn schließlich könnte theoretisch das Deutsche Rote Kreuz billiger sein. Während der Privatunternehmer für sein Geschäft voll steuerpflichtig ist, d.h. sowohl Kraftfahrzeug- als auch Umsatz- und Gewerbesteuer sowie hauptamtliches Personal bezahlen muß, ist das Rote Kreuz von all diesen Kosten befreit und kann zudem noch Zivildienstleistende und Ehrenamtliche einsetzen. Das Angebot des Taxi-Unternehmers ging bei der Kreisverwaltung im übrigen zwei Tage vor dem des Deutschen Roten Kreuzes ein. Nur ein Tip aus der Bürokratie, die im Kreis eng mit dem Roten Kreuz verfilzt ist, so vermutet der Privatunternehmer, hat zu dieser Identität des Preises geführt.

Die Bezirksregierung Hannover rügte später die freihändige Vergabe des Auftrages. Der Landkreis wurde getadelt, weil er offen zugab, daß er eine öffentliche Ausschreibung deswegen ablehnte, weil dann der billigste Anbieter hätte beauftragt werden müssen. Genau das aber — so stellte die Bezirksregierung fest — ist gesetzliche Vorschrift. Das wirtschaftlichste Angebot hätte akzeptiert werden müssen, zumindest wäre der Kreis verpflichtet gewesen, über die genauen Bedingungen nach dem Konkurrenzprinzip zu verhandeln.

Eine Prüfung der Frage, ob das Deutsche Rote Kreuz durch die Transporte gegen die Bestimmungen der Abgabenordnungen verstößt, lehnte die Bezirksregierung ab. Das Deutsche Rote Kreuz, so wird lapidar festgestellt, „unterliegt als privat-rechtlicher Verein nicht der Aufsicht der Bezirksregierung". So einfach ist das. Die Geschichte aber hat eine Fortsetzung. Nachdem der Vertrag zwischen Landkreis und DRK unter Dach und Fach war, stellte das Rote Kreuz offensichtlich fest, daß es überhaupt nicht in der Lage war, den Fahrdienst allein zu organisieren. Die Manager reagierten clever und bauernschlau. Flugs wurde ein anderer privater Betrieb als „Subunternehmen" verpflichtet. Das Deutsche Kreuz zahlte diesem aber nicht die kalkulierten 1,05 Mark, sondern nur

Eine Straßenkarte vom Deutschen Roten Kreuz…

90 Pfennig pro Kilometer. 15 Pfennig also pro Kilometer verschwanden in den Rot-Kreuz-Kassen. Das fragwürdige Geschäft platzte erst, als die Kreisverwaltung mit massiven Protesten des privaten Verkehrsgewerbes eingedeckt und das Rote Kreuz auf den Vertragsbruch hingewiesen wurde.

Heute fährt das Rote Kreuz im Landkreis Schaumburg unter anderem auch mit zwei Kleinbussen für Behinderte, die von der „Aktion Sorgenkind" gestiftet wurden.

Die „Aktion Sorgenkind" ist übrigens ein gemeinnütziger Verein. Mitglieder sind neben dem Zweiten Deutschen Fernsehen ausschließlich die sechs großen Verbände der Freien Wohlfahrt, also auch das Deutsche Rote Kreuz. Es stehen also nicht nur in voller Vielfalt öffentliche Zuschüsse zur Verfügung, sondern auch die Spendentöpfe anderer Organisationen, an denen die Wohlfahrtsriesen sozusagen als stille Gesellschafter beteiligt sind.

Die Spezialfahrzeuge für Behinderte, die von der „Aktion Sorgenkind" finanziert werden, bleiben vier Jahre lang in ihrem Eigentum. Dennoch werden sie rein finanztechnisch wie Rot-Kreuz-Eigentum behandelt, denn das Rote Kreuz schreibt die Wagen in voller Höhe ab, was sich angenehm bemerkbar macht auf der Kostenseite der Bilanz. Dies verfolgt den ordnungsgemäßen und völlig legalen Zweck, daß die so zusammengeschriebenen Summen für die Anschaffung von Ersatzfahrzeugen verwendet werden. Wer dafür allerdings dann wiederum Zuschüsse auszahlt oder Rabatte gewährt, danach wird nicht gefragt.

Zum besseren Verständnis: Die „Aktion Sorgenkind" hat jährlich rund 150 Millionen Mark zu verteilen!

Eine Straßenkarte für eine Spende

Der Spendenmarkt in der Bundesrepublik Deutschland ist heftig umkämpft. Zahlreiche Organisationen streiten zum Teil erbittert um einen Markt, der mittlerweile immerhin einen Umfang von schätzungsweise 3,5 Milliarden Mark erreicht hat. Aber der Spendenumsatz steigt nicht in dem Maße, wie sich immer und immer wieder neue gemeinnützige Vereine am Geschäft beteiligen, am Geschäft mit dem Markt der offenen Herzen. Wer Spenden kassieren will, der muß Werbung machen, der muß sich immer etwas Neues einfallen lassen, um aufzufallen, um Erfolg zu haben.

Vor allem amerikanische Spendenkonzerne sind es, die mehr und mehr auf der deutschen Spendenweide grasen und den großen traditionellen deutschen Hilfswerken das Leben schwer machen. Der Phantasie sind keine Grenzen gesetzt. Schon sind die ersten Bettelbriefe unterwegs, mit denen die Bürger zu einer milden Gabe aufgefordert werden und gleichzeitig aber an einem Preisausschreiben teilnehmen können, wenn sie denn ein paar Mark locker machen. Eine Gegenleistung, ein Preis wird versprochen, wenn man sich an dem Spendengetümmel beteiligt. Bislang galt genau dies, die Gegenleistung für eine Spende, als ein berechtigtes Tabu. Das war stillschweigender Konsens, ein Ehrenkodex sozusagen zwischen den konkurrierenden Hilfsorganisationen auf dem Markt.

Es war allerdings das Deutsche Rote Kreuz, das mit diesem Tabu gebrochen hat. Die Folgen, man betrachte das Beispiel mit dem Preisausschreiben, sind jetzt spürbar.

Der Konsens wurde vom Roten Kreuz durchbrochen, als den Managern die Idee mit der „Sicherheits-Straßenkarte" kam. Genauer gesagt, die Idee wurde nicht beim Deutschen Roten Kreuz geboren, sondern bei einem kommerziellen, selbstverständlich geschäftstüchtigen Verlag in Süddeutschland. Ursprünglich wollte dieser Verlag mit dem ADAC zusammenarbeiten. Das wäre ja auch logisch gewesen, denn was paßt besser zusammen, als Straßenkarte und ADAC. Der Automobil-Club aber sah sehr realistisch die Probleme mit der Finanzierung des Mammutprojekts. Der ADAC ist nämlich nicht ohne weiteres berechtigt, Spenden entgegenzunehmen. Das Deutsche Rote Kreuz griff also zu und hatte sich damit die teuerste Werbeaktion seiner Geschichte eingekauft.

Die Idee kostete schätzungsweise 25 Millionen Mark. Alles war, wie bei einem Großunternehmen, nüchtern kalkuliert und berechnet.

Das Deutsche Rote Kreuz kaufte 16 Millionen (!) Adressen von der Deutschen Postreklame, einer posteigenen Firma, die schon seit Jahren einen schwunghaften Handel mit den Anschriften der Postkunden, d.h. hier der Telefonbesitzer, betreibt. Der Verlag druckte 16 Millionen Straßenkarten, auf denen die Rot-Kreuz-Stationen an den Straßen gekennzeichnet waren. Ein paar Tips über erste Maßnahmen am Unfallort kamen gratis dazu. Gratis? Unaufgefordert erhielten also 16 Millionen Haushalte in der Bundesrepublik Deutschland Post vom Deutschen Roten Kreuz. Im dicken Briefumschlag war aber nicht nur die Straßenkarte, sondern auch ein Überweisungsschein und ein Brief des DRK-Präsidenten persönlich. Die moderne Technik nämlich macht es möglich, daß jeder Empfänger das Gefühl vermittelt bekommt, er habe direkt und unmittelbar die Ehre, einen Brief vom Rot-Kreuz-Prinzen Wittgenstein zu erhalten. Und der Präsident kam auch gleich zur Sache. Er berichtete von den vielfältigen Aufgaben des Deutschen Roten Kreuzes und wie dringend dafür Geld benötigt wird. Er erzählte von Krankentransport und Rettungsdienst und davon, daß das Rote Kreuz doch für jeden da sei. Eine Spende für die hübsche Straßenkarte wäre bestimmt angemessen, meinte er.

Folgende Rechnung hatten die DRK-Manager aufgemacht: Wenn nur 10% oder 12% von 16 Millionen Menschen 10, 15, 20 oder gar 50 Mark spenden als Reaktion auf den freundlichen Brief des Präsidenten, dann hätte die Aktion Erfolg gehabt. Unter Erfolg verstanden die Manager einen Reingewinn von 10 Millionen Mark oder mehr. Übereifrige im Generalsekretariat waren bereits mitten in der Aktion dabei, diese Millionen intern zu verteilen. Aber nur verhältnismäßig knapp konnten die Kosten wieder eingespielt werden. Es wurden zwar 25 Millionen Mark gespendet als Reaktion auf die Kampagne. Aber diese 25 Millionen Mark kamen nicht den versprochenen mildtätigen Zwecken zugute, sondern wurden verpulvert für ein gigantisches Werbeabenteuer.

Aber für zwei kleine, für das Rote Kreuz positive Nebeneffekte war dennoch gesorgt. Zum einen verfügt der Verein jetzt über eine stattliche Anzahl von Anschriften der Personen, die offensichtlich spendenbereit sind und die ab sofort jederzeit wieder mit Spendenaufrufen „beschickt" werden können. Und Spenderadressen sind wertvoll, im Zweifelsfall könnte das Deutsche Rote Kreuz diese Adressenlisten für viel Geld auf dem grauen Spendenmarkt wieder verkaufen.

Es wird nur wenigen aufgefallen sein, daß die Post vom Roten Kreuz mit der Straßenkarte ordentlich frankiert war, mit Wohlfahrtsmarken. Und dies verfolgte einen ganz bestimmten Zweck. Die Benefiz-Aktion der Deutschen Bundespost für die großen Wohlfahrtsverbände der Republik bringt ebenfalls Millionen in die Kassen. Um den Verteilungskampf zwischen den Verbänden so wenig wie möglich heikel und umstritten zu halten, gilt folgende Regel: Derjenige Spitzenverband, der der Post zum Nominalwert die meisten Wohlfahrtsmarken abkauft, erhält auch den größten Anteil am freien Verkauf der Marken. Deshalb wird von allen Verbänden eifrig geklebt. Bislang machte die Caritas in jedem Jahr das Rennen. Die katholischen Wohltäter, so erzählt man sich, beschäftigen ausschließlich zum Frankieren zwei Rentner in der Freiburger Zentrale. Die Konkurrenz ist eben groß, und in jenem Jahr der Straßenkarten-Aktion hat das Rote Kreuz zugeschlagen und aufgekauft, was es an Wohlfahrtsmarken noch gab.

Es soll, so wird berichtet, deswegen unter den Brüdern im Geiste der Wohlfahrt zu einem handfesten Krach gekommen sein. Kurzfristig nur, hört man, brüderlich, freundschaftlich ist das bereinigt, unter den Teppich gekehrt worden. Wohlfahrts-Händel.

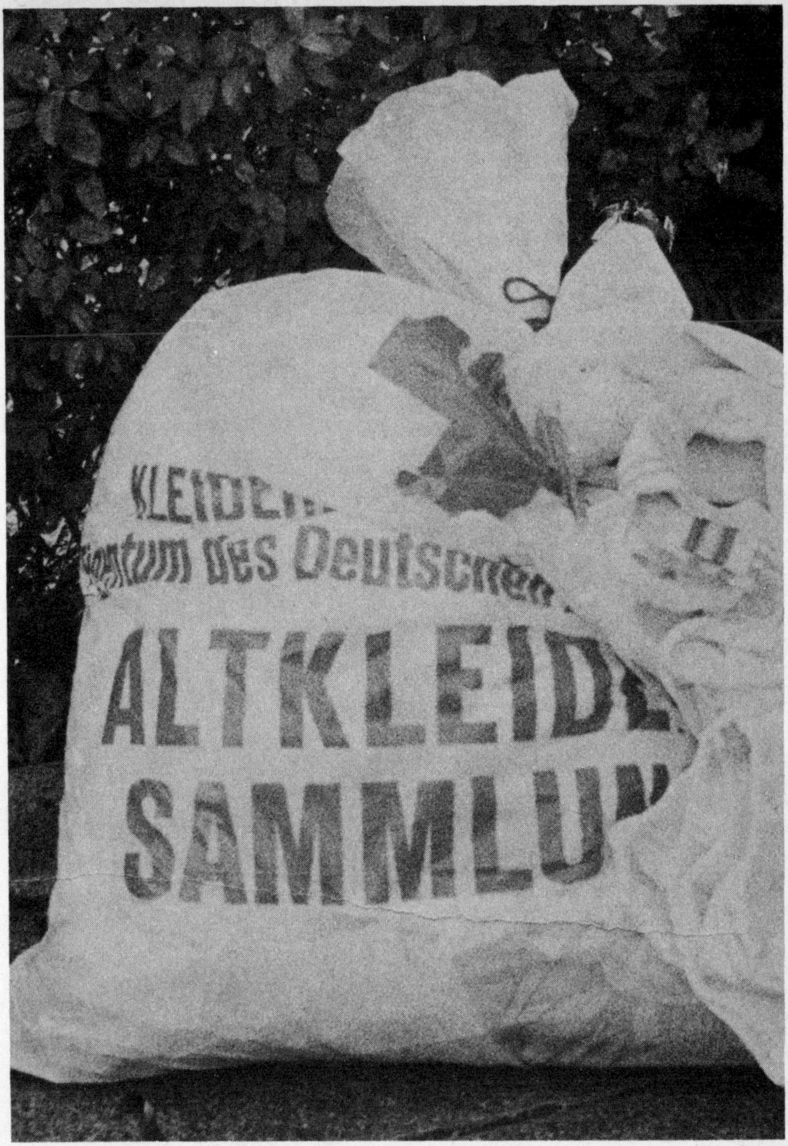

DRK-Altkleidersammlung

Von Lumpen und alten Kleidern

Fast jeder Kreisverband des Deutschen Roten Kreuzes verfügt auch heute noch über Kleiderkammern, in denen sauber sortiert vom Oberhemd bis zur Blue Jeans, vom warmen Wintermantel bis zum bunten Sommerkleid alles zu finden ist, was armen Menschen weiterhilft, wenn sie kein eigenes Geld besitzen, oder das Kleidergeld des Sozialamtes nicht ausreicht, um sich ein paar „neue" Kleidungsstücke zu besorgen.

Es ist Alltag beim Deutschen Roten Kreuz, daß sich manchmal Schlangen bilden vor den Kleiderkammern. Es kommen die ganz Armen, es kommen die Stadtstreicher, die alleingelassenen Aussiedler und Asylanten, es kommen all diejenigen, die heute nicht wissen, von was sie morgen leben sollen. Die Rot-Kreuz-Helfer, die den Betrieb der Kleiderkammern aufrechterhalten, können Geschichten erzählen, tragische und traurige Geschichten von Menschen und ihren Schicksalen. Nur für wenige ist es einfach und selbstverständlich, beim Roten Kreuz betteln zu gehen. Die meisten kommen eher verschämt ins Warenhaus für Arme, um sich eine neue Hose zu holen, weil die alte schon zehnmal geflickt und verschlissen ist.

Frau B., 38 Jahre alt, kommt regelmäßig mit ihren drei kleinen Kindern, um sich „Klamotten" zu holen, wie sie sagt. Sie ist „alleinerziehend", wie es im Amts-Jargon vornehm heißt. Ihr Mann hat sie sitzenlassen, hat sich abgesetzt, ist verschwunden. Die „Stütze" vom Sozialamt reicht nicht. Ein Paar Kinderschuhe kosten heute auch schon zwischen 70 und 90 Mark. Das ist zuviel, sagt sie. Am Anfang mußte sie sich einen Ruck geben, um in die Kleiderkammer des Roten Kreuzes zu gehen und um Hilfe zu bitten. Mittlerweile kommt sie gerne, fast gerne in die Kammer, nicht nur wegen der Kleider. Wenn der Betrieb nicht allzu groß und hektisch ist, dann hilft ihr auch das Gespräch mit der Rot-Kreuz-Helferin, die so manchen Rat geben kann. Aber auch nur das Reden über Probleme und Sorgen, das erleichtert manchmal, auch wenn es keine Lösung bringt. Und für die kleine Tochter Melanie ist in der Kleiderkammer oft ein besonders schönes Stück zurückgelegt. Kleine Freuden für die Armen.

Diese Geschichte könnte so auch in einer Werbebroschüre des Deutschen Roten Kreuzes stehen.

Sie ist wahr. Aber sie erzählt nicht die ganze Wahrheit über das Geschäft mit Altkleidern. Die örtlichen Kleiderkammern des Roten Kreuzes werden gefüllt, weil Bürger ihre „abgetragenen" Sachen persönlich dort abliefern und einem unmittelbaren guten Zweck zur Verfügung stellen wollen. Nur noch selten organisieren Orts- und Kreisverbände in eigener Regie Altkleider-Sammlungen, um den größten Teil davon wirklich selbst weiter zu verteilen.

Den größten Anteil am Lumpen-Umsatz verdankt das Deutsche Rote

Kleidersäcke für die DRK-Altkleider-Sammlung

Kreuz allerdings einem kommerziellen Rohstoff-Händler in Norddeutschland. Mit diesem hat das DRK Rahmenverträge abgeschlossen, die es dem Unternehmen ermöglichen, bundesweit im Auftrag des Deutschen Roten Kreuzes Altkleider zu sammeln. In aller Regel steckt also diese Firma dahinter, wenn die Bürger in ihren Briefkästen Werbezettel vom Roten Kreuz finden, mit denen sie aufgefordert werden, ihre alten Kleider an einem bestimmten Tag in einem mitgelieferten Plastiksack vor die Haustür bzw. an die Straße zu stellen. Die Hinweise auf den Werbedrucken sind in den letzten Jahren ehrlicher geworden. Früher wurde ganz bewußt gelogen, als den Bürgern Glauben gemacht werden sollte, daß die Kleiderspenden unmittelbar und direkt an die armen, nackten Schwarzen in Afrika weitergeschickt werden. Heute wird zumindestens zugegeben, daß ein Teil der Kleider verwertet wird und der Erlös der Rot-Kreuz-Arbeit zugute kommt. In den Vordergrund der Werbung wird allerdings auch heute noch die Information gestellt, daß ein Großteil der Alttextilien in Lagern für den Katastrophenfall aufbewahrt werden. In den Verträgen zwischen dem Unternehmen und dem Deutschen Roten Kreuz ist allerdings nur von etwa 5 % die Rede, die als Reserve für Katastrophen vorhanden sein müssen.[18] Diese Katastrophenlager des Roten Kreuzes gibt es wirklich. Daß es sie gibt, hat aber nicht nur einen humanitären, sondern auch einen steuerlichen Hintergrund. Gäbe es sie nämlich nicht, dann müßte das Deutsche Rote Kreuz seinen gesamten finanziellen Erlös aus diesen Altkleidersammlungen wie ein Gewerbebetrieb versteuern.

Immer noch lassen viele Leute die Kleider, die sie vor die Haustür stellen, zuvor gründlich waschen und reinigen, manchmal wird die alte Hose auch noch geflickt, oder der fehlende Knopf wird angenäht. Was die meisten nicht wissen: Es ist die Regel, daß die Spende auf einen Lastwagen geladen wird, der an den Kleiderkammern des Roten Kreuzes vorbei zum Bahnhof fährt, wo alles in riesige Waggons verladen wird. Der weitaus größte Teil geht unsortiert an Unternehmen in Belgien, in Italien, in Holland, in der Schweiz und in Dänemark. Nur ein Teil der Ware wird nach der Sortierung wieder in die Bundesrepublik Deutschland importiert und von anderen Verwertungsunternehmen nach einem Durchgang im Reißwolf zum Beispiel zu Putzlumpen verarbeitet.

Für das Deutsche Rote Kreuz ist an dieser Stelle das Geschäft schon längst abgeschlossen. Das norddeutsche Unternehmen hat seinen vertraglich festgelegten Anteil an das DRK ausgezahlt und kann mit dem wertvollen Rohstoff machen, was es will. Streng juristisch betrachtet, kann das Rote Kreuz seine Unternehmenshände in Unschuld waschen, denn mit allen anderen Geschäften des Privatunternehmens hat es nichts zu tun und will es auch offensichtlich nicht wissen, was mit den Textilspenden, die ja für das Rote Kreuz gegeben wurden, weiter geschieht.

Es ist ein sehr grauer, ein dunkelgrauer Markt, der sich weltweit mit den Textilspenden, die nun keine Spenden mehr sind, sondern nur noch Rohstoff und Ware, abspielt. Das Deutsche Rote Kreuz kann nicht mehr zur Verantwortung gezogen werden. Aber die Spender sollten es wissen, daß nicht auszuschließen ist, daß ihre milde Gabe für das Rote Kreuz folgenden Weg gehen kann.

In Belgien und vor allem in der Schweiz haben professionelle Handelsvertreter in Sachen Lumpen ihren Sitz. Sie arbeiten im Auftrag von den Firmen, die in großem Stil Textilien aus Sammlungen, gewerblichen wie karitativen, aufkaufen.

Peter K. aus der Schweiz war einer von ihnen. Sein Job: Im dunklen Anzug mit Krawatte und schwarzem Aktenkoffer reiste er durch die Welt, durch die Dritte Welt, in Entwicklungsländer und machte mit Unternehmen dort Verträge über den Ankauf von Kleidern aus Europa. Mit Ländern in Südamerika und Nordafrika läuft auch heute noch das Geschäft hervorragend. Und wer aufmerksam über die Märkte zum Beispiel in Tunesien geht, der kann feststellen, welchen Umfang der Transfer europäischer Kleidung nach Afrika hat. Die Kleidung wird dort verkauft. Eine besonders große Nachfrage besteht in jenen Ländern, die sich in einer Zerreißprobe befinden zwischen der Bewahrung ihrer eigenen, kulturellen Identität und der Anpassung an den bewunderten westlichen, sprich: europäischen Standard, auch, was Mode und Kleidung betrifft. Europäische Textilien erobern die afrikanischen Märkte, aber anders, als es sich die Spender gedacht haben. Der Westdeutsche Rundfunk berichtete 1983: „Im Senegal, wie in anderen westafrikanischen Ländern, importieren inzwischen große nationale Handelsorganisationen Altkleider direkt aus Europa und verwerten sie industriell. Mit einem gut organisierten Netz von Wiederverkäufern werden selbst entlegene Winkel des Landes abgedeckt. SOMAFRI, in der Hauptstadt Malis, in Bamako ist eine solche private Handelsorganisation, die seit Jahren Altkleiderballen importiert und vermarktet. Als Speditionsbetrieb bekam die Firma 1973 zum ersten Mal den Auftrag, Altkleiderspenden aus dem Hafen von Abidjan nach Bamako zu transportieren. Daß ein Teil der Hilfsgüter zur lukrativen Handelsware wurde, störte die karitativen Organisationen nicht."

Heute bezieht der Betrieb die gepreßten Altkleider direkt von den internationalen Händlern. Etwa 200 Tonnen verkauft die Firma in einem Monat. Im Jahr 2.400 Tonnen, allein in Mali. Das ist das Doppelte der Menge, die das Deutsche Rote Kreuz zum Beispiel seit 1980 als Katastrophenhilfe weltweit verschenkt hat. Aus den großen Ballen werden handliche Formate für den Wiederverkäufer im Hinterland. Das Gewicht bestimmt den Preis. Garantiert werden dem Abnehmer 150 Pullover oder 150 Hosen oder 200 Hemden pro Paket. Der Firmenerlös, pro Tonne, ist Betriebsgeheimnis; die moderne Hydraulikpresse jedoch macht deutlich, daß sich das Geschäft mit den alten Textilien auch aus

Anteil an den Kosten der Sammelaktion zu übernehmen. Das Privatunternehmen, der Rohstoffhändler, wird dadurch entlastet, daß es in vielen schritt. Die ältere Generation rümpft die Nase über die ‚Sachen der Weißen'.

Das traditionelle Textilhandwerk wird immer weiter verdrängt. Viele Weber klagen über Einkommensverluste oder werden arbeitslos. Ihre Streifen aus Baumwolle, zu Decken, Tüchern und Gewändern zusammengenäht, lassen sich nur noch schwer verkaufen. Auch die Färberinnen spüren die billige Konkurrenz aus den europäischen Kleiderschränken. Die hohe Kunst der Stempeltechnik oder Binde-Batik droht zu verschwinden. Bald wird es für die Frauen keine Aufträge mehr geben."

Eine sehr schlimme Auswirkung also hat dieser Handel zum Nutzen der europäischen „Lumpen"-Händler, wenn davon ausgegangen wird — und das belegen zahlreiche Untersuchungen —, daß durch den Import europäischer Kleidung die heimische, traditionelle Textilindustrie in diesen Entwicklungsländern Stück für Stück zerstört wird. Einer Entwicklung, einer Hilfe zur Selbsthilfe wird hier entgegengearbeitet.

Durch die Vermischung von gewerblichen und karitativen Altkleidersammlungen zunächst im europäischen Ausland und durch die vertraglichen Absicherungen des DRK, ist im Einzelfall niemals konkret nachzuweisen, ob nun gerade der Hosenanzug, der für eine Sammlung des Roten Kreuzes gespendet wurde, ein paar Monate später gegen bares Geld auf einem tunesischen Markt angeboten wird.

Der allergrößte Teil des Geschäfts mit Alttextilien auf dem Weltmarkt besteht aber aus dem Sammelgut wohltätiger Organisationen. Die rein gewerblichen Händler haben bei ihren Fahrten übers Land kaum eine Chance. Die Deutschen geben eben gerne, wenn damit ein guter Zweck verbunden ist! Da kann es nicht wundern, wenn es zum erfolgreichen Geschäftstrick dieser kleinen Händler geworden ist, daß sie einen eigenen, natürlich gemeinnützigen Verein gründen und über diesen dann die Altkleidersammlungen abwickeln, steuerfrei. Auf den Werbezetteln muß nur eine gute Idee, beispielsweise „Kinderhilfe" oder „Lebenshilfe Afrika" stehen und schon hat eine Sammlungswoche richtigen Erfolg.

Die Vertragspartner des Deutschen Roten Kreuzes sind dank ihrer guten Bindungen an den bekanntesten Wohlfahrtsverein mittlerweile zu dem bedeutendsten Unternehmen der Rohstoffbranche in der Bundesrepublik Deutschland aufgestiegen.

Eine Tonne Altkleider hat auf dem Markt einen Wert von etwa 800 DM. Offiziell verweist das Deutsche Rote Kreuz darauf, daß es selbst für wohltätige Zwecke davon einen Anteil von rund 450 Mark erhält. Das klingt gut, und wenn es so wäre, dann könnte das DRK sich rühmen, Spitzenprovisionen zu kassieren. Ein anderes Bild ergibt sich, wenn die Frage nach den Nettoerträgen gestellt wird. Denn das Deutsche Rote Kreuz hat sich häufig vertraglich verpflichtet, einen nicht unbedeutenden

Werbeanzeige des Deutschen Roten Kreuzes

Europa für den Unternehmer lohnt. Die Nachfrage steigt. Bei vielen jungen Leuten ist das Tragen europäischer Kleidung ein Zeichen für Fort-Rot-Kreuz-Kreisverbänden üblich ist, die Werbezettel und die Plastiksäcke zu bezahlen und dafür zur sorgen, daß am Sammeltag genügend Lastwagen zur Verfügung stehen. Die werden angemietet oder bei einem örtlichen Unternehmen ausgeliehen, gegen Spendenquittungen. Aber auch die müssen richtig verbucht werden. Nach Berechnung aller Kosten, bleibt vom offiziell ausgewiesenen Nutzen nicht mehr allzu viel übrig. Ein Beispiel: In der Bilanz eines DRK-Kreisverbandes stehen unter der Rubrik „Einnahmen Altkleidersammlung": 60.000,— DM, unter der Rubrik „Ausgaben Altkleidersammlung" 30.000,— DM.

Gewiß, das ist ein krasses Beispiel, aber bei ehrlicher Betrachtung steht eines fest: Gewinner beim Handel mit alten Kleidern ist immer der Privatunternehmer, er fährt hervorragend mit dem Markenzeichen des Deutschen Roten Kreuzes.

Wie auch immer: Es bleibt etwas übrig, zusammengerechnet bleibt eine Menge übrig bei den vielfältigen Werbemaßnahmen für das Rote Kreuz. Ist im Rahmen der Geldbeschaffung aber jedes Mittel recht? Legal sind sie alle, die Methoden. Aber sind sie nicht sämtlich moralisch angeifbar, wenn man an die hehren Grundsätze des DRK denkt?

Entschuldigen die mildtätigen Ziele des Deutschen Roten Kreuzes die fragwürdigen Absichten der privaten Werbefirmen, die den Bürgern bewußt verschweigen, daß sie kräftig mitkassieren?

Ist es zu akzeptieren, daß alle Menschen, um deren Geld gebettelt wird, nicht informiert werden über die gigantischen Kosten der Straßenkarten-Aktion?

Was bleibt übrig von der Glaubwürdigkeit, wenn um Spenden gebeten wird, aber mit den Überweisungen von Rentnern beispielsweise gerade eben das Papier, der Verlag und das Porto bezahlt werden können?

Welcher Eindruck muß sich festsetzen, wenn öffentlich durchdringt, daß einzelne Teile der Wohlfahrtsorganisation mit dem Samariter-Image um Erbschaften streiten, Vermögen horten und gleichzeitig wegen „Liquiditätsmangel" Sonderzahlungen aus Steuergeldern kassieren?

Wie ernst kann ein Hilfsverein genommen werden, der sich sowohl dem Staat als auch den privat engagierten Bürgern als anspruchsvoller und kompetenter Vermittler von Entwicklungshilfe anbietet und präsentiert, der aber gleichzeitig über Hintergründe und Folgen des Altkleider-Handels in der Dritten Welt wissen muß?

Wo bleibt das Ideal, das in der Öffentlichkeit vom hilfswilligen Menschen aufgebaut wird, wenn bekannt wird, daß das Rote Kreuz Hilfeleistungen als Dienstleistungen berechnet und abrechnet?

Wie zerbrechlich wird der Glaube an das unabhängige, politisch neutrale und international dem Frieden verantwortliche Hilfswerk, wenn herauskommt, daß es sich als Partner des parteiischen, nicht-neutralen

Staates und der Militärs auf den Krieg vorbereitet, in dem es mithilft, Frauen „freiwillig" für den Notstand zu verpflichten?

Vielleicht stimmt aber auch der Grundsatz, daß nach Moral nicht gefragt werden darf, wenn es ums Geld geht. Dabei ist es nicht unmoralisch, darauf hinzuweisen, daß Wohlfahrt und Sozialstaat heute nur noch machbar sind, wenn die nötigen finanziellen Mittel zur Verfügung stehen.

Die Hauptfrage stellt sich nach der Offenheit und der Ehrlichkeit des Deutschen Roten Kreuzes gegenüber den Bürgern, um deren Unterstützung es wirbt. Es bleibt der Eindruck, daß das DRK die Bürger dieses Staates entweder für nicht intelligent genug hält, daß diese sich selbst mit dem notwendigen Aufwand für die Kosten der Wohlfahrt auseinandersetzen können oder ob das DRK eben die gründliche Information der Öffentlichkeit deswegen zurückhält, weil kritische Fragen zum praktizierten System der Wohlfahrtsfinanzierung unerwünscht sind. Mit Recht hätte das DRK zu befürchten, daß das ewig gepflegte Image wie eine Seifenblase zerplatzt. Der Schleier muß gelüftet werden, damit neu angefangen werden kann, über die dringend notwendigen anderen Perspektiven und Dimensionen von Sozialpolitik zu diskutieren. Genau dies aber scheint das Deutsche Rote Kreuz verhindern zu wollen.

Prospekt für die Ausbildung von Schwesternhelferinnen

Die Schwestern-helferinnen – bereit für den Einsatz im Krieg

In 28 Tagen „Schwesternhelferin". Eine kostenlose Ausbildung wird versprochen. Frauen sollen sich auf die massenhaft gestreuten Anzeigen melden, die von den deutschen Zeitungen regelmäßig kostenlos abgedruckt werden. Nette Schwestern sind da zu sehen, mit Häubchen und mit weißer Schürze. Sie messen den Blutdruck, ziehen Spritzen auf, betten Alte und Kranke um, messen Fieber. Harmlos und lieb anzuschauen. Die Anzeigen brauchen den Vergleich mit den Edelkitschfotos aus dem Reichspropagandaministerium der früheren Jahre nicht zu scheuen. Auch schon damals waren Schwestern niedliche Wesen.

Nicht selten wird den Frauen, die sich auf eine solche Anzeige melden, vom Deutschen Roten Kreuz versprochen, mit dieser Ausbildung erhöhten sich ihre Berufschancen. Wer möchte das nicht, ganz besonders die Frauen sind damit immer noch sehr leicht zu ködern.

In 28 Tagen eine Ausbildung? Wird damit wirklich eine Frau fähig gemacht, unter den heutigen komplizierten Bedingungen in einer Klinik oder in einem Pflegeheim zu arbeiten? Nicht nur das Rote Kreuz, auch andere Hilfsorganisationen dürfen diese „Ausbildung" durchführen, sie sind vom Staat damit beauftragt und er finanziert das Programm mit zuletzt 5,6 Millionen Mark pro Jahr. Selbstlos geschieht dies nicht, und es geht auch nicht um die berufliche Qualifikation von Frauen.

Die Schnell-Kurse für die Frauen sind natürlich freiwillig, und freiwillig sollen sie auch sogenannte Verpflichtungserklärungen unterschreiben, freiwillig sollen sie damit einverstanden sein, daß sie bei den Arbeitsämtern in einer gesonderten Kartei geführt werden. Wozu dies gut sein soll, wird erst verständlich, wenn man weiß, daß jede Frau, die eine solche Ausbildung absolviert, folgende Erklärung mit ihrer Unterschrift bestätigen muß:

„Ich erkläre mich hiermit bereit, ... mich bei öffentlichen Notständen zur Verfügung zu stellen ... Ich wurde darüber unterrichtet, daß mein freiwilliger Einsatz in einem etwaigen Verteidigungsfall im Einvernehmen mit dem Arbeitsamt ... geregelt wird. Ferner wurde ich davon in Kenntnis gesetzt, daß alle Frauen vom vollendeten 18. bis zum vollendeten 55. Lebensjahr im Verteidigungsfall in ein Arbeitsverhältnis im zivilen Sanitäts- oder Heilwesen oder in der ortsfesten militärischen Lazarettorganisation verpflichtet werden können ..."

Mehr als 230.000 Schwesternhelferinnen sind bis heute mit all ihren persönlichen Daten erfaßt. Die meisten davon wurden vom Deutschen Roten Kreuz rekrutiert. Jährlich werden die Anschriften der Frauen auf den neuesten Stand gebracht, schließlich müssen sie ja jederzeit verfügbar sein. Die Unterschrift unter die Verpflichtungserklärung ist zwingend notwendig, um eine Bestätigung zu bekommen, daß der 28-Tage-Kurs erfolgreich absolviert wurde. Von der Freiwilligkeit ist oft die Rede beim Roten Kreuz und auf sie wird sich immer berufen, wenn es darum geht, diesen staatlichen Hilfsdienst zu rechtfertigen.

3.600 Rote-Kreuz-Helfer werden in einer Großkundgebung im Berliner Sportpalast vereidigt

Werbeanzeige des Deutschen Roten Kreuzes für das Schwesternhelferinnen-Programm

Der eigentliche Skandal beginnt damit, daß das Deutsche Rote Kreuz den Kursteilnehmerinnen verschweigt, wer die Ausbildung bezahlt. 3/10 kommen aus dem Verteidigungsministerium, 7/10 aus dem für den Zivilschutz zuständigen Innenministerium.

Auch im zynischen Spiel der Verharmlosung macht das Rote Kreuz mit. Krieg wird immer noch einfach mit Katastrophe, Ernstfall oder Verteidigungsfall oder öffentlicher Notstand übersetzt. Das Deutsche Rote Kreuz verkauft sich und sein Markenzeichen an die Militär- und Notstandsstrategen. Wem fällt es denn heute noch auf, daß die Bezeichnung „Schwesternhelferin" zum ersten Mal in einer nicht nur für das Rote Kreuz traurigen Zeit erscheint, in einer Dienstvorschrift des Roten Kreuzes im Jahr 1938?

Von jeher war das Deutsche Rote Kreuz der private Rekrutierungsverein für das Militär. Heute wird dies alles vornehmer umschrieben, aber geändert hat sich nicht viel. Die Frauen als Dienerinnen hinter der Front, war dies nicht schon immer so, wenn man einen Blick in die Geschichte wirft? Das Deutsche Rote Kreuz hat sofort nach dem Zweiten Weltkrieg und den eigenen bösen Erfahrungen mit einer zu engen Bindung an den Staat wiederum die Ausbildung von Schwesternhelferinnen als Aufgabe des Vereins in der Satzung festgeschrieben.

Was der Rot-Kreuz-Konzern von sich aus nicht gern zugibt, die Bundesregierung sagt es offen: „Aus finanzverfassungsrechtlichen Gründen kann die Bundesregierung die Ausbildung von freiwilligen Schwesternhelferinnen nur im Rahmen der Vorsorge für den Spannungs- und Verteidigungsfall fördern."[19]

Dem Roten Kreuz fehlt offensichtlich jedes Konfliktbewußtsein, jedes Gefühl, auf was es sich da eingelassen hat. Aber die Verbandsinteressen sind auch hier nicht zu unterschätzen. Schließlich ist das Rote Kreuz gerne der organisierte, humanitäre Staatsdiener. Gegen den Krieg haben wir doch alle etwas, und wer kann schon etwas dagegen haben, daß geholfen wird?

Wo bleiben die Grundsätze des Roten Kreuzes, die den Verein zur Unabhängigkeit verpflichten, und wo bleibt der Auftrag, friedensstiftend zu wirken? Eine wirkliche Friedenstat wäre es gewesen, wenn das Deutsche Rote Kreuz die Übernahme dieser Ausbildung auch für militärische Planungen verweigert hätte. Aber wenn es Geld aus der Staatskasse gibt, sagt keiner beim Roten Kreuz nein.

Dieses Nein aber wäre spätestens bei der Verabschiedung der Notstandsgesetze fällig gewesen. In Artikel 12, Abs. 3, hieß es ursprünglich: „Frauen dürfen nicht zu einer Dienstleistung im Verband der Streitkräfte verpflichtet werden." Das gilt heute nicht mehr, im Gegenteil. Die Notstandsplaner haben verfügt, daß Frauen zu derartigen Dienstleistungen zwangsweise verpflichtet werden können, aber zum Glück gibt es ja die Frauen, die sich schon heute „freiwillig" zur Verfügung stellen. Und

Der Reichsfrauenbund des Deutschen Roten Kreuzes feiert 70 Jahre im Dienst des „stillen Helfens“

die Schwesternhelferinnen des Deutschen Roten Kreuzes sind es, die mehr oder weniger regelmäßig den „Ernstfall“ üben. In Hamburg beispielsweise wurde in enger Zusammenarbeit mit dem zuständigen Senator ein „Fortbildungskurs“ veranstaltet, in dem geprobt wurde, wie es denn funktioniert im Krieg, wenn ein riesiger ABC-Bunker zum Lazarett umgerüstet werden muß.

Es darf kaum noch laut gesagt werden, daß alle zivilen Planungen für den Krieg natürlich den militärischen untergeordnet sind. Die zivile „Verteidigung“ muß sichergestellt sein, damit die militärische „Abschreckung“ voll funktioniert.

Das Deutsche Rote Kreuz ist von dieser Wirklichkeit nicht überrumpelt worden. Es hat das so gewollt, es hat sich im Rahmen des Internationalen Komitees verpflichtet, auf den Krieg vorbereitet zu sein, es hat sich auch dem Staat hier angedient, als „helfende Instanz“ zur Verfügung zu stehen. Kein Wort des Widerspruchs kam aus den Chefetagen des Roten Kreuzes, als sich die Gesetzgeber an die Arbeit machten, sich den totalen Krieg vorstellten und Pläne festschrieben, wie die Zivilisten, Frauen vor allem, auch noch dienstbar gemacht werden können. Der Menscheneinsatz im Fall des Falles ist geregelt, Schutzräume für die Menschen fehlen allerdings weitgehend.

Das Deutsche Rote Kreuz hat nicht gelernt aus der Geschichte, aus seiner Geschichte. Glaubt das Rote Kreuz heute immer noch an einen Krieg, der so abläuft wie im 19. Jahrhundert? Glaubt das Rote Kreuz immer noch, den Krieg und seine Folgen durch aufopferungsvolle Pflege und Hilfsdienste menschlicher zu machen?

Jedenfalls scheint es offensichtlich für das DRK keine Probleme zu geben, wenn Militärstrategen offen davon sprechen, daß der „gezielte Einsatz von Reserven“ organisiert werden muß und daß „wir Krankenschwestern brauchen, wenn mit größeren Verlusten gerechnet werden muß. Das sind vor allem die ersten Tage eines möglichen Krieges“.[20]

Jede Planung für den Krieg ist makaber. Zynisch wird sie, wenn so getan wird, als gäbe es noch Hilfe in einer Schlacht, die nach übereinstimmender Meinung aller Militärexperten nur noch mit Atombomben entschieden werden kann.

Warum also beteiligt sich das Deutsche Rote Kreuz an der Planbarkeit von militärischen Auseinandersetzungen, warum verweigert es sich nicht unter Berufung auf den Friedensauftrag, der in den Grundsätzen verankert ist?

Und die politische Neutralität — ebenfalls ein wichtiger Grundsatz des Vereins — ist doch mit der unkritischen Anerkennung aller staatspolitischen Entscheidungen auch keine Spende mehr wert.

Um die unverständliche Haltung des Roten Kreuzes in Zusammenhang mit der Rekrutierung von Frauen als Schwesternhelferinnen nur andeutungsweise zu erklären, ist vielleicht noch einmal an dieser Stelle ein Rückblick auf die nicht allzu ferne Geschichte hilfreich. Bis in die späten 60er Jahre hinein hat das Deutsche Rote Kreuz mit Vorliebe ein Buch seinen verdienten Mitgliedern als Ehrengabe überreicht, besonders die alten Schwesternhelferinnen wurden mit dem Präsent bedacht.

„Sieger ohne Waffen" heißt das Buch von Friedrich Forrer, der über das DRK im Zweiten Weltkrieg schreibt. Schnell sind seine Pflichtformeln über die Sinnlosigkeit des Krieges vergessen. Forrer widmet sich rasch der Idealisierung der helfenden Hände, erklärt ohne Umschweife den Krieg zur „Sternstunde der Helfenden". Ihr Einsatz war seiner Meinung nach der einzige, der bis zum letzten Tag sinnvoll blieb.

Auch im letzten großen Krieg, der in Europa tobte, sollten die Frauen unmittelbar an der Front grundsätzlich nichts zu suchen haben.

Friedrich Forrer schreibt: „Hauptverbandsplatz und Feldlazarett sollten Domäne der Wehrmachtssanitätseinrichtungen bleiben, lediglich im Afrika-Feldzug mit seinen im Wüstensand hin und herfließenden Fronten war die Schwester im Zelt der Hauptverbandsplätze ein gewohntes Bild. Der Krieg schwemmte jedoch überall Planungen, Bestimmungen und Vorschriften hinweg. Wie Schwester Ursula, gerieten bei den stürmischen Vormärschen zahlreiche Schwestern vorübergehend unmittelbar ins Feuer. So sind Schwestern und Helferinnen gefallen, in Gefangenschaft geraten. Sie gingen mit Lazarettschiffen unter, wurden das Opfer von Bomben und Tieffliegerangriffen". Diese Zeilen sind den heutigen DRK-Funktionären und Managern zur Lektüre empfohlen, immer und immer wieder. Es ist kaum anzunehmen, daß die versierten Humanitäter selbst davon überzeugt sind, was sie der Öffentlichkeit predigen: daß es die Gesetze und Erlasse sind, die im „Ernstfall" schon alles im Interesse der helfenden Zivilisten regeln.

Die Lektüre ist aber auch wichtig, um die Ideologie des Frauenbildes im Deutschen Roten Kreuz zu erklären, die bis heute nicht völlig aus den Köpfen verschwunden zu sein scheint. Eine kleine Zitatensammlung soll dies verdeutlichen:

„Das sind große körperliche und seelische Anstrengungen, nicht einfach durchzustehen, auch für die älteren Schwestern, die nun schon 3 Jahre Krieg mitmachen. Aber immer wieder empfangen sie den schönsten Lohn. Das muß man erlebt haben, wenn so ein Verwandter, der aus Stalingrad kommt, sagt: ‚Schwester, ich muß Ihnen mal die Hand geben — der ersten deutschen Frau seit Monaten...'"

„Und die Schwestern hielten alles in Schuß, kümmerten sich nicht um den Iwan, der jeden Tag pünktlich nach der Uhr über sie wegschoß."

„Ein kleines Mädchen mit einem weißen Häubchen, eine einzige schmucke DRK-Helferin."

„Die Schwestern, taufrische Junge und Muttis, waren unsere besten Kameraden."

„Wie sie jetzt wohl aussehen mögen, die Helfer von einst. Blieb ein

Schwestern und Helferinnen des Roten Kreuzes im Zug, der zur Kundgebung im Lustgarten marschiert

Abglanz auf ihren Gesichtern, tragen sie noch einen Orden, eine unsichtbare Medaille, wahrnehmbar nur für den Eingeweihten? Ja, sie bleiben unsichtbar — ausgezeichnet für ihr Leben."

„Wenn Frontschwestern Helden waren, dann auch, weil sie zu allem auch dies ertrugen."

„Ein halbes Jahr Rußland hat die jungen Schwestern reifer gemacht, ohne daß sie dabei an Heiterkeit, an Frische eingebüßt hätten, und das sind Eigenschaften, mit denen sie, ohne es zu ahnen, manchen Kranken und Verwundeten wieder auf die Beine bringen."

„Frauen des Deutschen Roten Kreuzes gaben anderen Kraft — und waren doch auch nur Menschen, gingen nicht etwa abgeklärt und persönlich unberührt durch das Grauen. Verzagt waren sie, niedergeschlagen, entsetzt und oft, wie alle anderen, völlig am Ende, ausgepumpt, ohne Hoffnung. Woran richteten sie sich immer wieder auf? Am Helfen selbst. Das hatten sie den anderen voraus."[21]

Die Pflichten der Frauen werden festgeschrieben, wenn schon nicht durch Gesetze, dann aber auf jeden Fall mit moralischen Aufforderungen. Gegenwärtig muß das Deutsche Rote Kreuz gemeinsam mit den anderen Hilfsorganisationen sowie dem amtlichen Zivilschutz und dem Verteidigungsministerium alle Anstrengungen unternehmen, um den in den Plänen festgeschriebenen Bedarf an ausgebildeten Schwesternhelferinnen befriedigen zu können. Es ist die absinkende Geburtenrate, die ihnen zu schaffen macht. „Horrorkurve" heißt der Pillenknick im Militärjargon. Aber das ist nicht der einzige Grund, warum immer häufiger Schwesternhelferinnen-Kurse nicht voll belegt sind oder auch schon mal ganz abgesagt werden müssen. Ganz allmählich, ganz langsam fangen Frauen an, sich der Dienstverpflichtung zu entziehen, sie melden sich ab beim Roten Kreuz, sie verweigern ihre Mitwirkung bei der zivilen Vorbereitung des Krieges. Noch aber ist das Kalkül der Militärs ganz anders ausgerichtet. Sie spekulieren nämlich mit dem schlechten Gewissen der Frauen. Sie spekulieren darauf, daß reine Hilfe nicht verweigert werden kann.

Der Militär-Wissenschaftler Franz W. Seidler von der Bundeswehrhochschule in München formuliert dies erfrischend offen: „Ein markanter Unterschied zwischen der Wehrpflicht der Männer und der Dienstverpflichtung der Frauen im Verteidigungsfall besteht darin, daß die Frauen den Dienst nicht verweigern können. Die Situation der Kriegsdienstverweigerer, die den Waffengebrauch ablehnen, und der Frauen, von denen Hilfe für Kranke und Verwundete erwartet wird, ist grundverschieden. Töten kann man aus Gewissensgründen ablehnen, den Leidenden zu helfen nicht. Diese Aufgabe erscheint im Krieg als die gebotene besondere Pflicht der Frau."[22]

Das Deutsche Rote Kreuz läßt sich in der „Zeitschrift für Europäische Wehrkunde" auch noch Ratschläge geben, in welchen Kreisen noch

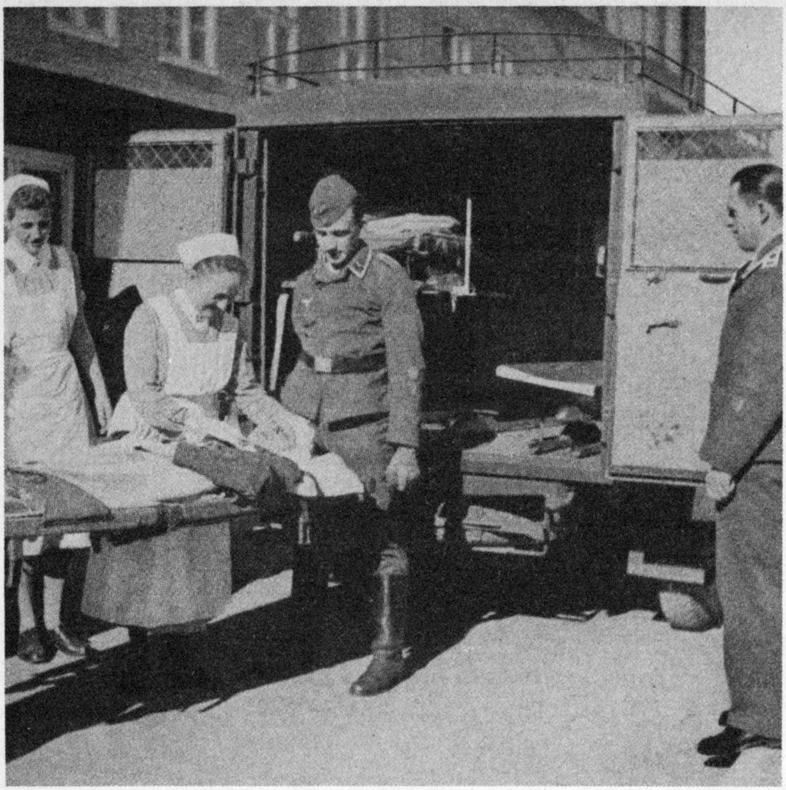

DRK-Krankentransport im Dritten Reich

etwas zu holen ist, d.h. in welchen Kreisen eine Werbung für die Schwesternausbildung erfolgreich sein könnte. Heinz Rullkötter schreibt dazu: „Besonders bei den weiblichen Angehörigen von Soldaten und Beamten wird der Wunsch bestehen, im Falle eines Krieges die Arbeitskraft zur Versorgung der Verwundeten zur Verfügung zu stellen. Auch wenn ein gesetzlicher Zwang nach vorhergegangener freiwilliger Verpflichtung im Falle des Einsatzes nicht ausgeübt werden könnte, wäre die Verpflichtung von Seiten der Angehörigen von Soldaten so stark, daß darauf eine Mobilisierung aufgebaut werden kann".

Und er fährt fort: „Die weiblichen Angehörigen von Soldaten würden mit großer Wahrscheinlichkeit auch im Frieden bereit sein, sich auf einen möglichen Einsatz im Krieg ausbilden zu lassen, wenn damit im Kriegsfall eine Verwendung in einem Lazarett sichergestellt würde. Für den Soldaten, der seine Familie verlassen muß, wäre es beruhigend zu wissen, daß seine Angehörigen in eine Gemeinschaft aufgenommen werden, die ihnen seelische Stütze sein kann und ihr leibliches Wohl garantiert. Die Soldaten werden dann leichter die Trennung von ihrer Familie überwinden und daher unter einer geringeren psychologischen Belastung in den Einsatz gehen. Die Tatsache, daß die Frauen von Soldaten und Beamten im Falle eines Krieges unter dem Schutz des Roten Kreuzes stehen, würde neben den vorstehend aufgeführten Gründen sowohl für die Angehörigen als auch für den Soldaten selbst eine so starke Bindung an die einmal eingegangene Verpflichtung hervorrufen, daß sie fast einer gesetzlichen Verpflichtung gleichkommt..."[23]

Freiwilligkeit, so betont das Deutsche Rote Kreuz, sei oberstes Prinzip der Arbeit an jeder Stelle im Verein. Wie sollte es denn dann auch möglich sein, daß es Menschen gibt, die nein sagen zu humanitärer Hilfe? Wäre das nicht unterlassene Hilfeleistung? Die Grenzen zwischen Freiwilligkeit und Dienstverpflichtung jedenfalls sind längst verwischt. Die Frauen bleiben nicht mehr länger nur die soziale, die zivile Reservearmee. Über ihren unmittelbaren Einsatz in Kasernen, bei der Bundeswehr, wird in immer kürzeren Abständen in der Öffentlichkeit diskutiert und gestritten. Aber es gibt sie wirklich, die Frauen, die seit etwa 3 Jahren mehr und mehr ihre Verweigerung anmelden. Es waren Schwesternhelferinnen vom Deutschen Roten Kreuz und anderen Hilfsorganisationen, die sich entweder direkt an das Rote Kreuz, an das staatliche Gesundheitsamt, an das Bundesamt für Zivilschutz oder auch an das Verteidigungsministerium in Bonn gewendet haben. Sie haben darauf beharrt, daß ihre individuellen, persönlichen Kriegsdienstverweigerungserklärungen akzeptiert wurden. Sie haben öffentlich gemacht, was sie in Erfahrung gebracht haben, nämlich, daß sie verplant waren für den sogenannten Ernstfall.

Werbeanzeige des Deutschen Roten Kreuzes

Erklärung

Ich habe einen Schwesternhelferinnenlehrgang des Deutschen Roten Kreuzes besucht und sehe mich heute gezwungen, meine damals gegebene Unterschrift, im Verteidigungsfall zur Verfügung zu stehen, zu widerrufen.

Begründung:

1. *Der Zweck des Lehrganges, als Arbeitskraft dem militärischen Sanitätsdienst verpflichtet zu werden, wurde uns nicht von Anfang an klar mitgeteilt. Es wurde unter ganz anderen Vorzeichen dafür geworben. Die „freiwillige" Unterschrift mußte am Ende des Lehrganges geleistet werden, um die Bescheinigung zu erhalten.*

2. *Die Bundesrepublik Deutschland „ist nur um den Preis ihrer totalen Zerstörung zu verteidigen" (Helmut Schmidt). Die derzeitige Bereitschaftserklärung für den Verteidigungsfall kann angesichts dieser Tatsache nur bedeuten, die tödliche Illusion eines führbaren Krieges zu nähren und damit zur Ermöglichung eines Krieges beizutragen. Dazu bin ich nicht bereit.*

3. *Durch die Einbeziehung in die Gesamtverteidigungsstrategie verliert eine pflegerische Tätigkeit auch im sogenannten „zivilen" Bereich ihren humanitären Charakter und wird zum Kriegsdienst. Die Ausbildung und systematische Erfassung von Helfern im zivilen und medizinischen Bereich dient der Kriegsvorbereitung, und dafür will ich mich nicht zur Verfügung stellen.*

4. *Der Widerruf meiner Unterschrift bezieht sich nicht auf Naturkatastrophen oder Unfälle, sondern ausdrücklich auf den Kriegsfall. Kriege werden von Menschen gemacht und sind durch eine geeignete Politik zu verhindern. Die gegenwärtige Verteidigungspolitik, die sich auf die Drohung mit einem kaum mehr vorstellbaren Zerstörungspotential stützt, ist nach meiner Erkenntnis nicht dazu geeignet.*

   Angesichts der Hunger- und Kriegstoten (in Stellvertreterkriegen in der Dritten Welt) basiert auch schon im „Frieden" die Rüstungspolitik auf millionenfachen Mord, die Geld, Rohstoffe und menschliche Kraft verschleißt. Mord an den Armen und Mord an der Natur zur Sicherung unseres Wohlstandes, d.h. für mich nicht, den Frieden zu verteidigen.

Ich fordere Sie auf, diese meine Verweigerung zu bestätigen!

Werbeanzeige für Spenden für die DRK-Soforthilfe

Frauen, die solche oder ähnliche Erklärungen abgegeben haben, müssen die Erfahrung machen, daß die Behörden, mit denen sie es zu tun haben, schlicht überfordert sind. Sie bekommen zum Beispiel zur Antwort, daß Kriegsdienstverweigerung nur für den Dienst mit der Waffe gilt. Und sie bekommen die Belehrung, daß für Frauen ein Dienst mit der Waffe ohnehin nicht vorgesehen ist. Es gilt immer noch der kleine Satz im Grundgesetz, daß Frauen nicht zum Dienst mit Waffen herangezogen werden dürfen. Doch selbst diese Vorschrift des Grundgesetzes ist nicht mehr eindeutig zu fassen. Schon 1975 hat das Bundesverwaltungsgericht am 18. Juli ein beachtliches Urteil gesprochen. Nach dem heutigen Stand der Waffentechnik, heißt es dort, sind alle Hilfsdienste im Krieg Waffendienste, auch Beobachtungstätigkeit, Zulieferung von Munition, Nachrichtenübermittlung etc.

Alle Hilfsdienste im Krieg sind Waffendienste! Mit dieser Erklärung wurde die Anerkennung eines Kriegsdienstverweigerers abgelehnt. Alle Hilfsdienste im Krieg sind Waffendienste! Die zuständigen Männer in den Behörden haben nachweislich Probleme, plötzlich mit Frauen Umgang zu pflegen, die nicht mehr mitmachen wollen. Und so fällt manche Antwort auch schon mal recht unfreundlich aus. Claudia S. erhielt vom staatlichen Gesundheitsamt in Karlsruhe auf ihre „Kündigung" als Schwesternhelferin folgende Antwort: „Ihr ideologisch gefärbtes Schreiben wurde mir vom Amt für Zivilschutz zugeleitet. Ich bin entsetzt darüber, daß eine als Schwesternhelferin ausgebildete Mitbürgerin sich schon jetzt weigert, durch eventuelle Katastrophen und Seuchen in Not geratene oder verletzte Bürger, z.B. Frauen und Kinder, zu pflegen und zu behandeln, wie es das allgemeine Gesetz der Menschlichkeit von jedem vollsinnigen Menschen als selbstverständlich voraussetzt. Es wäre schlecht um die Menschheit und um die Menschlichkeit bestellt, wenn es lauter Claudia S. gäbe, die sich weigern, Brüdern und Schwestern in Lebensgefahr beizustehen. Sowohl das Amt für Zivilschutz als auch das staatliche Gesundheitsamt verzichten gerne auf die Mitarbeit hartherziger Personen."[24]

Und die Gesellschaft für den Zivilschutz in Berlin schreibt an die Schwesternhelferin Ursula H.: „Die Rückziehung Ihrer Unterschrift in einem Katastrophen- oder Konfliktfall, als Schwesternhelferin sich einsetzen zu lassen, steht Ihnen frei. Ich vermute, daß für diese Rückziehung ausschließlich politische Gründe maßgebend waren, die ich nicht zu teilen vermag. Nach Auffassung der Gesellschaft ist es selbstverständlich, Menschen, deren Leben und Gesundheit bedroht sind, jede erdenkliche Hilfe angedeihen zu lassen. Diese selbstverständliche Pflicht gilt für jeden, erfaßt aber insbesondere in der Hilfeleistung Ausgebildete. Für uns, die Gesellschaft, die insbesondere in Hilfeleistung aller Art täglich informiert und ausbildet, dokumentieren Sie mit Ihren Zeilen aber eine rücksichtslose, egoistische und inhumane Grundhaltung, der wir uns weder anschließen können noch wollen."

So einfach ist es also, Frauen, die sich über ihre Verplanung Gedanken gemacht haben, in eine mißliebige politische Ecke zu drängen.

Das Deutsche Rote Kreuz scheint einer breiten und öffentlichen Diskussion über die Problematik der Schwesternhelferinnen auszuweichen. Jedenfalls gibt es bisher kein Zeichen dafür, daß sich der DRK-Spitzenverband der Diskussion stellen möchte.[25] Das hieße ja auch, eingefahrene und abgeschmackte Floskeln für wenigstens einen Moment zu vergessen und die eigene Praxis in Frage zu stellen. Aber Selbstkritik, das war noch nie die Stärke des Konzerns der Menschlichkeit. Stets wurde der einfacherere Weg gewählt, auf kritische Argumente reagiert das Deutsche Rote Kreuz, wenn überhaupt, mit humanitären Floskeln, die den Zweck verfolgen, das Tabu weiter hochzumauern. Dabei wäre es höchste Zeit, das Tabu anzukratzen. Es ist höchste Zeit, die ehrenhaften Grundsätze des Deutschen Roten Kreuzes inhaltlich neu zu bestimmen.

Was ist denn aus der politischen Unabhängigkeit, aus der Neutralität, aus dem Friedensauftrag geworden? Welche Freiheit ist dem Deutschen Roten Kreuz noch geblieben? Oder ist diese ursprünglich gut gemeinte Freiheit der unabhängigen und neutralen Rot-Kreuz-Gesellschaft nicht schon längst durch staatliche Umarmungen und vor allem durch finanzielle Subventionen und politischen Filz bis aufs letzte korrumpiert?

Man stelle sich vor, das Deutsche Rote Kreuz betrachtet einmal seine fast 4 Millionen Mitglieder nicht nur als schlichte Zahlmeister, sondern als denkende Menschen. Man stelle sich vor, das Deutsche Rote Kreuz informiert diese Mitglieder über die wahren Hintergründe von Kriegs- bzw. Verteidigungsstrategien. Das Deutsche Rote Kreuz erklärt öffentlich, daß Hilfe im Krieg, im kommenden Krieg, nicht mehr möglich sein wird. Ein schöner Traum vom Roten Kreuz als Friedensbewegung. Doch die Mitglieder haben einen Minimalkonsens verordnet bekommen. Den monatlichen Mitgliedsbeitrag für die große humanitäre Idee und das Geld wird ja schließlich nicht bezahlt für die Austragung politischer Konflikte, sondern für die Bereinigung des eigenen Gewissens.

Die Profi-Schwestern

Es gibt nicht nur die schmucken Schwesternhelferinnen in netter Ausstattung, die sich für den Fall des Falles bereithalten. Das Deutsche Rote Kreuz verfügt zudem über ein Heer von hauptamtlichen, komplett ausgebildeten Krankenschwestern. Eigene Ausbildungsstätten sorgen dafür, daß nicht nur Rot-Kreuz-Krankenhäuser mit qualifiziertem Personal versorgt sind. Dem Deutschen Roten Kreuz selbst gehören 64 Kliniken mit weit mehr als 10.000 Betten. Jedes Krankenhaus ist für sich ein eigener Wirtschaftsbetrieb, das DRK zeichnet als Träger mit seinem Zeichen und seinem Image.

Jeder Kreisverband hat zudem nochmals eigene Krankenschwestern unter Vertrag. Viele sind Tag für Tag unterwegs im sogenannten mobilen Hauspflegedienst. Helfen ist ihr Beruf. Und die Hilfe geschieht natürlich nicht kostenlos. Nur tut das Rote Kreuz so, als wären hier die barmherzigen Schwestern im Dienst. Wenn vom Arzt die Notwendigkeit der Pflege empfohlen wurde — und sei es auch nur stundenweise —, dann zahlen die Krankenkassen nach fest ausgehandelten Tarifen oder es zahlt das Sozialamt.

In Frankfurt läßt sich das Sozialamt beispielsweise eine Rot-Kreuz-Schwester rund 29,— Mark pro Stunde kosten. Die Angestellte oder freie Mitarbeiterin auf Honorarbasis erhält aber längst nicht so viel. In der Bilanz des Roten Kreuzes ist nicht eindeutig nachzulesen, wieviel Umsatz der Hauspflegedienst bringt und wieviel Kosten für Gehälter, Honorare und Sachaufwendungen anfallen. In jedem Fall ist es eine Dienstleistung, die den Patienten zu ihrem Recht verhilft, Leistungen des Staates oder Mittel aus ihren eigenen, selbst finanzierten Versicherungen in Anspruch zu nehmen.

Alternative zu den hauptamtlichen Schwestern: Zivildienstleistende

Zu den hauptamtlichen Schwestern, die nach Bundesangestellten-Tarif entlohnt werden, bietet das Deutsche Rote Kreuz mehr und mehr preiswerte Alternativen an: Zivildienstleistende, die billigen Lückenbüßer der Nation. Im sogenannten „Mobilen Sozialen Hauspflege-Dienst“, kurz MSHD genannt, werden jetzt vorwiegend Kriegsdienstverweigerer eingesetzt, die Alten, Kranken und Behinderten in deren Wohnungen zur Hilfe eilen, zwei Stunden oder manchmal auch acht Stunden pro Tag.

Die Idee ist fortschrittlich. Anstatt die Betroffenen in ein mehr oder weniger anonymes Pflege-Verwaltungsheim einzuweisen, bekommen sie einen guten Service zu Hause geliefert. Und das Rote Kreuz hat das Geschäft erkannt. Die soziale Zivilisten-Truppe ist ständig im Einsatz, macht weitgehend eine hervorragende Arbeit, obwohl im Einzelfall die Frage berechtigt ist, ob Zivildienstleistende mit nur mangelhafter Ausbildung bei schweren Pflegefällen eingesetzt werden dürfen. Im Zweifel interessiert aber das niemanden beim Deutschen Roten Kreuz, denn das DRK kassiert kräftig. Solange niemand weiß, wieviel Geld fließt, kann der Konzern der Menschlichkeit damit prahlen, wie toll und hervorragend sein soziales Engagement ist.

Das Modell des Mobilen Sozialen Hauspflege-Dienstes funktioniert aber nicht nur auf der Grundlage einer schönen Idee gut. Die andere Seite ist die der Kalkulation und Abrechnung.

Und das geht so:

Den Sold von zur Zeit 8,50 DM *pro Tag* für jeden Zivildienstleistenden zahlt in voller Höhe das staatliche Bundesamt für den Zivildienst neben vielen anderen kleinen Zuschüssen für die laufenden Kosten des „Wehrersatz-Dienstes", die sich am Ende zu riesigen Summen addieren. Das Deutsche Rote Kreuz aber berechnet seine Kosten nicht etwa auf dieser äußerst günstigen Grundlage zum Nutzen der kommunalen Sozial-Etats.

Das Deutsche Rote Kreuz berechnet für jeden Zivildienstleistenden 8,85 DM *pro Stunde.* Die Sozialkassen lassen es klingeln in dem DRK-Haushalt, denn auch für die jungen Kriegsdienstverweigerer gilt die 40-Stunden-Woche mit 8,50 DM Sold *pro Tag,* die quasi nochmals gezahlt werden — aus Bundesmitteln. So jedenfalls ist dieses Beispiel aus Frankfurt belegt.[26]

Betrug ist das nicht. Alles läuft legal, alles ist ausschließlich eine Frage, wie clever kalkuliert und Kosten festgesetzt werden. Diese staatlichen Zuschüsse sind den Beamten in der Sozialbehörde natürlich bekannt. Gegen die anderen, glaubwürdig präsentierten Zahlen, kann ernsthaft kaum jemand Einwände erheben. Und als intensive Kosten werden z.B. hauptamtliche DRK-Angestellte aus dem sowieso vorhandenen Verwaltungs-Pool und ihre Gehälter eingesetzt. Denn, so schreibt es das Gesetz vor, die Zivildienstleistenden müssen angeleitet und betreut werden. In vielen Städten aber machen auch das die jungen Männer selbst, von der Disposition der Einsatzpläne bis zum Telefondienst. Das funktioniert reibungslos, weil die meisten Zivildienstleistenden sehr viel Spaß an der Sache haben, denn der soziale Dienst wird hier unmittelbar spürbar durch den engen Kontakt mit den Menschen, die Hilfe benötigen.

In Frankfurt versucht das Deutsche Rote Kreuz seit geraumer Zeit den Markt allein und völlig in den Griff zu bekommen. Eine interessante Verquickung zeigt sich. Denn neben vielen anderen gemeinnützigen Hilfswerken, die sich im Mobilen Sozialen Hauspflege-Dienst engagieren, ist vor allem der „Sozialdienst Frankfurt e. V." Marktführer. Der gemeinnützige Verein verlangt pro Stundenleistung eines Zivildienstleistenden in der Regel nur 3,— DM.

Aber kaum jemand weiß, daß dieser Verein wiederum Mitglied beim Deutschen Roten Kreuz ist und daß der hauptamtliche BAT I-Geschäftsführer des Roten Kreuzes gleichzeitig ehrenamtlicher Manager des Sozialdienstes ist. Die Adressen der beiden Vereine sind identisch, nur rein rechtlich sind sie getrennte Organisationen.

Rätselhaft bleibt zunächst, wie es denn möglich ist, daß zwei Vereine mit dem gleichen Aufgabengebiet, nämlich Heimpflege, so massiv unterschiedlich kalkulieren und berechnen können. Die echten Kosten und Zuschüsse des Bundes sind deckungsgleich.

Wer also lügt und betrügt?

Des Rätsels Lösung könnte sich aufklären, wenn berücksichtigt wird, daß der DRK-Filialverein, der Sozialdienst, teilweise andere „Kunden" betreut, nämlich Menschen, die selbst zahlen, weil sie keinen Anspruch auf Leistungen nach dem Sozialhilfegesetz haben. Jeder, der will, also auch der Millionär von nebenan, kann sich theoretisch stundenweise einen Zivildienst-Helfer mieten. Zahlt das Sozialamt, werden 10,— DM pro Stunde fällig.

Teuer wird es auch beim Deutschen Roten Kreuz, das seinen Marktanteil aus öffentlichen Kassen wachsen läßt. Und mit geschickter Arbeitsteilung läßt sich gut der Markt ausschöpfen.

Beim Sozialdienst wurde die Verwaltungsarbeit für fünfzig Zivildienstleistende lange Zeit von einer Frau erledigt, deren Gehalt über Zuschüsse des Arbeitsamtes finanziert wurde. Anleitung und Betreuung, kostenintensiv? Fehlanzeige! Beim Deutschen Roten Kreuz werden da ganz andere Summen in Anrechnung gebracht.

Mit dem doppelten Geschäftsführer bedienen sich beide Vereine eines Mannes, der sich auskennt in der Szene, im Dschungel der zahllosen Vorschriften, die festlegen und ordnungsgemäß bestimmen, woher wieviel Staatsgelder locker gemacht werden können. Er kennt alle Winkelzüge. Willibald Saller heißt er. Bis zu seinem finanziellen Aufstieg zum DRK-Kreisgeschäftsführer war er als Regionalbeauftragter für Zivildienstleistende im öffentlichen Dienst der obersten zuständigen Bundesbehörde.

Der cleveren Phantasie sind keine Grenzen gesetzt. So war der „Sozialdienst" viele Jahre lang Mieter beim Deutschen Roten Kreuz. Ein Haus in Frankfurt, das dem Roten Kreuz vererbt wurde, diente als Geschäftsstelle und als sogenannte Unterkunft für die Zivildienstleistenden des Sozialdienstes. Unterkunft in diesem Fall heißt, es standen mehrere doppelstöckige Betten in den Zimmern, die aber nur selten bewohnt ausschauten. Der Verein erfüllte damit seine gesetzliche Pflicht und bot den jungen Männern eine Unterkunft an. Dadurch sicherte er sich doppelt ab. Hat nämlich ein Kriegsdienstverweigerer eine eigene Wohnung, kann er von seiner Dienststelle einen kräftigen Mietzuschuß beanspruchen. Mit dem zur Verfügung gestellten Bett aber entfällt dieser Anspruch.

Kaum einer der Zivildienstler wohnte wirklich in diesen unwirtlichen Räumen, sie blieben bei Mutter oder Freundin, alleine oder in der Wohngemeinschaft. Geschäftsführer Saller, damals sogar noch gleichzeitig im Dienste des Bundesamtes für Zivildienst, wußte dies und tolerierte dies stillschweigend. Denn für ihn hatte das auf den ersten Blick undurchschaubare Spiel einen anderen, angenehmen Nebeneffekt. Pro Tag bzw. Nacht zahlt die Bundesregierung 5,— DM für jedes Bett, das einem Zivildienstleistenden zur Verfügung gestellt wird.

Heute hat der Verein in etwa nach dem gleichen Modell rund 50 Zivildienstleistende beim „Sozialdienst katholischer Frauen" untergebracht... Es kann sich jeder selbst ausrechnen, wieviel Umsatz das monatlich bringt, wieviel Gewinn möglicherweise, denn die tatsächlichen Kosten sind erheblich geringer.[27]

Diese Beispiele haben noch eine andere, eine sozialpolitische Dimension. Das Deutsche Rote Kreuz arbeitet multifunktional und zu aller Zufriedenheit. Auf der einen Seite bringen solche fragwürdigen Aktivitäten durchaus viel Gelddurchlauf in die Bilanzen zum Nutzen der Wohlfahrt. Andererseits sparen diese legalen Schwindeleien dem Staat immer noch sehr viel Geld. Würden hauptamtliche, voll qualifizierte und ausgebildete Kräfte eingesetzt, dann wären die Sozial-Töpfe der Kommunen sehr bald pleite. Das Lösungsmodell heißt: Sparen, obwohl alles teuer berechnet wird und obwohl offensichtlich keine Sozialleistungen eingeschränkt werden. Daß die Ausbildung und der Einsatz hauptamtlichen Personals eine durchaus positive arbeitsmarktpolitische Wirkung zeigen könnten, wird weitgehend vergessen. Es ist abzusehen, wann das Deutsche Rote Kreuz die staatlichen Einschnitte ins soziale Netz weiter dienstbar vollzieht. Es ist abzusehen, daß dann Truppen von Frauen losgeschickt werden, die diese Arbeiten gerne und freiwillig übernehmen, ehrenamtlich versteht sich. Denn der Staat hat kein Interesse daran, ganz besonders in Krisenzeiten nicht, vor allem Frauen an den ordentlichen Arbeitsmarkt mit seinen gesamtwirtschaftlichen Konsequenzen zu binden. Da bleibt notfalls ja immer noch der unbezahlte Liebesdienst am Nächsten und für das Deutsche Rote Kreuz.

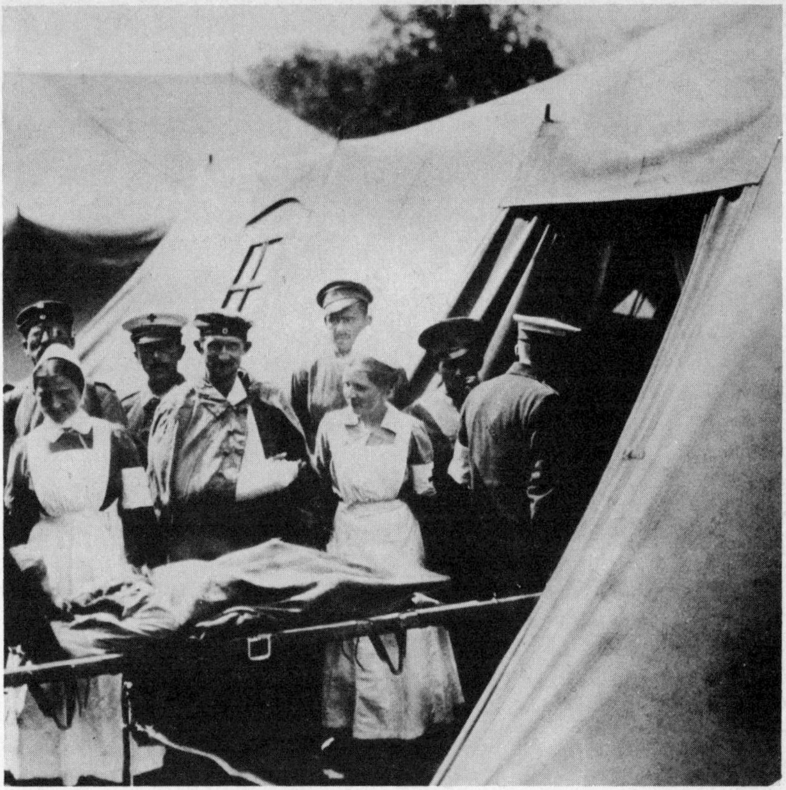

Schwestern im Ersten Weltkrieg: Ein Verwundeter wird ins Feldlazarett gebracht

Grundsätze des Roten Kreuzes

Menschlichkeit

Aus dem Wunsch heraus entstanden, die Verwundeten auf den Schlachtfeldern unterschiedslos zu betreuen, bemüht sich das Rote Kreuz auf internationaler und nationaler Ebene, menschliches Leiden unter allen Umständen zu verhüten und zu lindern. Es ist bestrebt, Leben und Gesundheit zu schützen, sowie die Ehrfurcht vor dem Menschen hochzuhalten. Es fördert gegenseitiges Verständnis, Freundschaft, Zusammenarbeit und einen dauerhaften Frieden unter allen Völkern.

Unparteilichkeit

Es macht keinerlei Unterschied zwischen Staatsangehörigkeit, Rasse, Religion, sozialer Stellung und politischer Zugehörigkeit. Es ist einzig bemüht, dem Menschen nach dem Maß ihrer Not zu helfen und bei der Hilfe den dringendsten Fällen den Vorzug zu geben.

Neutralität

Um sich das allgemeine Vertrauen zu erhalten, enthält sich das Rote Kreuz zu allen Zeiten der Teilnahme an Feindseligkeiten wie auch an politischen, rassischen, religiösen und weltanschaulichen Auseinandersetzungen.

Unabhängigkeit

Das Rote Kreuz ist unabhängig. Obwohl die nationalen Rot-Kreuz-Gesellschaften den Behörden bei ihrer humanitären Tätigkeit zur Seite stehen und den jeweiligen Landesgesetzen unterstellt sind, sollen sie dennoch eine Eigenständigkeit bewahren, die ihnen gestattet, jederzeit nach den Grundsätzen des Roten Kreuzes zu handeln.

Freiwilligkeit

Das Rote Kreuz ist eine Einrichtung der freiwilligen und uneigennützigen Hilfe.

Einheit

Es kann in einem Land nur eine einzige Rot-Kreuz-Gesellschaft geben. Sie soll allen offenstehen und ihre humanitäre Tätigkeit über das gesamte Gebiet erstrecken.

Universalität

Das Rote Kreuz ist eine weltumfassende Institution, in der alle Gesellschaften gleiche Rechte haben und verpflichtet sind, einander zu helfen.

Es geht um Menschenleben: Krankentransport und Rettungsdienst

Mit Wohlfahrt hat der Krankentransport und der Rettungsdienst nichts zu tun. Als „öffentliche Aufgabe“ ist festgelegt und definiert, was die Hilfsorganisationen im Einsatz bei medizinischen Notfällen leisten müssen.

Die „öffentliche Aufgabe“ ist ein teures Unternehmen. Mehr als eine Milliarde Mark zahlen allein die Krankenkassen, damit die Bürger, die diese Summe mit ihren Versicherungsbeiträgen aufbringen, ihren Anspruch auf bestmögliche Versorgung und Hilfe verwirklicht bekommen. Wie hoch die Beteiligung des Staates an diesem Unternehmen ist, läßt sich eindeutig nicht bestimmen. Die einzelnen Bundesländer sind zuständig, und sie regeln jeweils nach eigenen Gesetzen und Verordnungen die sachlichen Notwendigkeiten sowie ihr finanzielles Engagement. In jedem Fall sind es schätzungsweise rund 100 Millionen Mark, die zusammengerechnet Bund, Länder und Kommunen jährlich investieren, inklusive der Zuschüsse für Personal und technisches Gerät. Die staatlichen Behörden erfüllen damit ihre Vorsorgepflicht für den größeren Notfall, für Katastrophen zum Beispiel, wenn „Erste Hilfe“ besonders umfangreich organisiert sein muß. „Vorhaltekosten“ nennen das die Rettungsdienste, und dieses Zauberwort rechtfertigt immer wieder die von Jahr zu Jahr steigende Kostenexplosion im Krankentransport und im Rettungsdienst.

Nicht nur die förderalistische Organisation, sondern auch die unterschiedlichsten wirtschaftlichen Bedingungen für den Krankentransport haben zu einem unüberschaubaren Chaos geführt. Kaum jemand hat den Durchblick, wenn es um die Finanzierung und Bewältigung sachlicher Probleme geht. In der Großstadt gelten andere Voraussetzungen als auf dem flachen Land, wo zum Teil kilometerlange Strecken gefahren werden müssen, bis ein Krankenwagen den Patienten erreicht. Im Notfall soll beispielsweise ein Verletzter nicht länger als zehn Minuten auf den Rettungswagen warten müssen. So zumindestens heißt das Planziel, das Ideal, das sich Staat und Hilfswerke gemeinsam vorgeschrieben haben. Selbstverständlich geht es vorrangig um die humanitäre Hilfe für Menschen, die verletzt oder krank sind. Ebenso selbstverständlich aber haben sich die Planer im öffentlichen Dienst darüber Gedanken gemacht, wie es denn um das Kosten-Nutzen-Verhältnis steht. Lohnt sich der wahnsinnig teure Apparat überhaupt? In einer Untersuchung der Bundesanstalt für Straßenwesen wird diese makaber erscheinende Frage eindeutig bejaht. Es wird festgestellt, daß der organisierte Rettungsdienst der Bundesrepublik Deutschland durchaus erfolgreich arbeitet. Während 1970, als die medizinische Versorgung im Notfall nur sporadisch aufgebaut war, 19.000 Verkehrstote registriert wurden, ist die Zahl 1980, als von einem flächendeckend wirksamen Rettungsdienst gesprochen werden konnte, auf etwa 13.000 Verkehrstote zurückgegangen. In 86 % aller Notfälle war ein Rettungsfahrzeug innerhalb von 10 Minuten am Unfallort.

Über den volkswirtschaftlichen Nutzen heißt es in der Untersuchung der Bundesanstalt für Straßenwesen kurz und knapp und sachlich: „Jeder vermiedene Verkehrsunfalltote steht auch ökonomisch für die Vermeidung eines volkswirtschaftlichen Schadens, der mit seinem Tod zusätzlich zu dem individuellen menschlichen Verlust sonst eingetreten wäre. Dieser Schaden besteht im wesentlichen entweder in dem Verlust der Aufwendungen, die die Gesellschaft in diese Person investiert hat, oder in dem Verlust der Produktionskraft." Ausgehend von der Feststellung, daß unsere Gesellschaft eine Wirtschaftsgemeinschaft ist, in der auch jedem Menschen ein wirtschaftlicher Wert zukommt, werden folgende Berechnungen angestellt:

ein Toter kostet die Gesellschaft DM 685.000,—,
ein Schwerverletzter kostet DM 79.000,—,
ein Leichtverletzter kostet DM 7.100,—.

„Die Vermeidung von 3.400 Toten würde demnach eine Vermeidung von über 2 Milliarden volkswirtschaftlichen Schäden bedeuten, für 2.300 Tote wären dies fast 1,5 Milliarden DM." So ausgerechnet von der Bundesanstalt.

Logisch und vernünftig erscheinen auch andere vorgelegte Rechenbeispiele über den Nutzen des Rettungsdienstes. Bei frühzeitiger Hilfe gilt die Regel, daß etwa 50 % der Patienten 7 Tage weniger auf der Intensivstation eines Krankenhauses liegen. Wenn dies für etwa 300.000 Patienten gilt, würden etwa 1 Million Behandlungstage eingespart, was zusammengerechnet den Betrag von 300 Millionen Mark ergibt. Der Rettungsdienst also lohnt sich. Jede Mark Investition erbringt fast 50 Pfennig wirtschaftlichen Gewinn. So nüchtern-kühl und herzlos alle diese Zahlen auch klingen mögen, sie belegen eines: Rettungsdienst und Krankentransport sind nicht nur individuell, sondern auch gesellschaftlich wirksam und nützlich.

Jenseits aller Kosten-Nutzen-Kalkulationen bleibt aber die Frage nach der Qualität des Rettungsdienstes zunächst unbeantwortet. Es muß vielmehr gefragt werden dürfen, ob das Chaos der rechtlichen Bestimmungen nicht bis heute das so vielfach beschworene Ziel, nämlich sowohl einen schlagkräftigen Rettungsdienst als auch einen wirtschaftlich vertretbaren Krankentransport zu gewährleisten, verhindert hat.

Einige Bundesländer haben sogenannte Rettungsdienst-Gesetze verabschiedet, andere wiederum regeln dies mit öffentlich-rechtlichen Vereinbarungen. In aller Regel aber sind die Landkreise verantwortliche Träger von Krankentransport und Rettungsdienst. Der Staat bedient sich der erfahrenen Hilfsorganisationen, die den Auftrag zur Durchführung erhalten.

Für die Fortsetzung des Chaos sorgen dann die Rettungsdienste mit einer unsäglichen Konkurrenz untereinander. Zwar gibt es längst nicht mehr in dem Maße wie noch vor 10 oder 15 Jahren den Kampf auf den Straßen um die Verletzten. Aber es gilt heute ebenso das Prinzip: Wer eher da ist, der kassiert. Wir alle erinnern uns noch an Geschichten, die Schlagzeilen machten. Auf der Bundesstraße 43 streiten sich vor den Wracks zweier Personenwagen Arbeiter-Samariter-Bund- und DRK-Sanitäter, wem die Verletzten gehören. Die einen wurden „ordentlich" über die Funkleitstelle des Notrufs verständigt, die anderen haben den Polizeifunk abgehört, waren näher dran und schneller am Ort des Geschehens.

Die Zeitschrift QUICK veröffentlichte vor ein paar Jahren unter der Überschrift: „Vorsicht: Krankenklau geht um!" einen Bericht, der hier auszugsweise zitiert werden soll, weil er alltägliche Zustände am Einzelfall eindringlich beschreibt. Es geht um den Fall eines 49-jährigen Mannes, der zusammengebrochen ist, keine Luft mehr bekommt, Hilfe benötigt. Das Deutsche Rote Kreuz wird verständigt. „Es ist 19.23 Uhr, bis jetzt hat es geklappt, nun ist das Rote Kreuz mit seiner eingespielten, hervorragend ausgerüsteten Rettungsorganisation am Zuge. Wenn Walter W. innerhalb der nächsten Minuten ärztliche Hilfe bekommt, hat er noch gute Überlebenschancen. Diese Hoffnung scheint sich zu erfüllen. Um 19.29 Uhr, sechs Minuten nach dem Notruf, trifft ein Rot-Kreuz-Fahrzeug mit Blaulicht und Sirene ein. Doch es ist kein Notarztwagen, sondern nur eine Ambulanz, besetzt mit einem Rettungssanitäter und einem freiwilligen Rot-Kreuz-Helfer. Der erfahrene Sanitäter erkennt sofort, daß dem röchelnden Walter W. nur noch ein Arzt helfen kann. Er macht über Funk Meldung an die Zentrale und die setzt dann um 19.31 Uhr endlich den Notarztwagen RK 95 in Marsch, der zu diesem Zeitpunkt allerdings weit weg am Katharinen-Hospital in der Stuttgarter City steht. Die Hilfe kommt zu spät. Walter W. wird zwar im Notarztwagen sofort behandelt, aber er stirbt. Ob Walter W. heute noch leben würde, wenn die Rettungszentrale sofort den Notarztwagen geschickt hätte anstatt der Ambulanz? Wahrscheinlich, meint der Rettungsexperte Horst T. von der Stuttgarter Feuerwehr. Er weiß aus Erfahrung: Bei Kreislaufversagen sind die ersten Minuten lebensentscheidend. Doch der Irrtum in der Zentrale ist nicht einmal der Hauptgrund, warum der Todesfall das Stuttgarter Rote Kreuz ins Gerede gebracht und sogar den Staatsanwalt auf den Plan gerufen hat. Er ermittelt derzeit gegen die Rot-Kreuz-Bosse, weil der Verdacht besteht, daß sie aus Konkurrenzneid auf andere Rettungsorganisationen nicht die schnellstmögliche und wirksamste Hilfe geleistet haben. Denn Tatsache ist: Bereits zwei Minuten nach dem ersten Notruf hätte ein Notarztwagen der Feuerwehr aus dem benachbarten Ortsteil Degerloch zur Stelle sein können. Dieses Rettungsfahrzeug steht dort bereits seit 3 Jahren rund um die Uhr in Bereit-

Aus der Frühzeit der Krankenbeförderung

Krankenbeförderung mit Pferdeantrieb

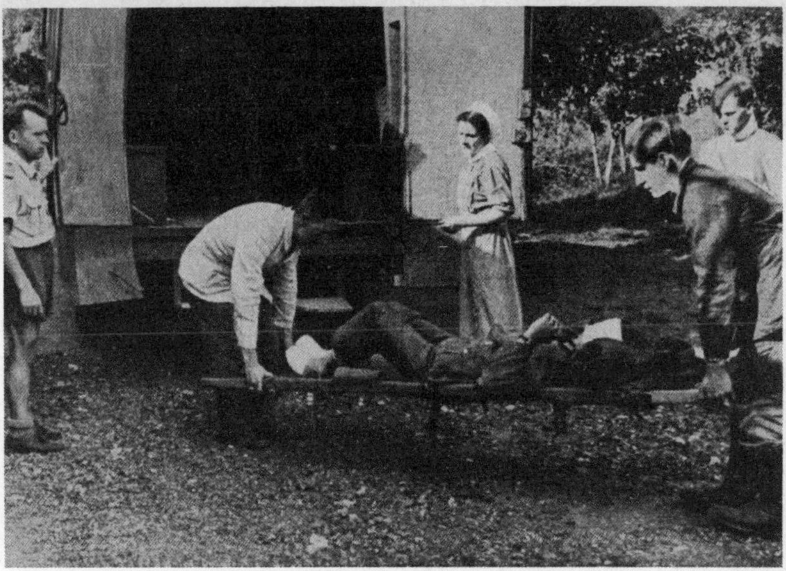

Krankentransport des Deutschen Roten Kreuzes

schaft, ist in den lokalen Stuttgarter Rettungsdienstplan aufgenommen und soll von der Notrufzentrale eingesetzt werden. Doch dort sitzen Leute vom Roten Kreuz am Telefon, und die schicken am liebsten ihre eigenen Wagen los, auch wenn ein Fahrzeug der Konkurrenz rascher an der Unglücksstelle sein könnte. Jeder müht sich eben ab, so gut er kann, meint der Kreisvorsitzende des Stuttgarter Roten Kreuzes Dr. Jürgen H., zugleich erster Bürgermeister der Stadt. Der Tod des Metzgermeisters hat wieder einmal gezeigt, was Kritiker seit langem behaupten: Das Rote Kreuz, die größte deutsche Hilfsorganisation betreibt ihre Dienste vor allem zum eigenen Ruhme: Lebensrettungen auf Teufel komm raus. Auch wenn's dabei Tote gibt. Daß die Stuttgarter Rot-Kreuz-Leitstelle nur ungern Einsätze an Fahrzeuge der Konkurrenz, etwa des Malteser Hilfsdienstes oder des Arbeiter-Samariter-Bundes abgibt, ist kein Geheimnis. Und den nagelneuen Notarztwagen der Degerlocher Feuerwehr wollte das Rote Kreuz anfangs überhaupt nicht einsetzen, erst massive Proteste aus der Bevölkerung, zwangen die selbstherrlichen RK-Bosse zum Einlenken. Über all dem Gerangel könnte man fast vergessen, daß da ein Mensch gestorben ist..."

Heute sind dies Einzelbeispiele, die nur noch belegen, daß Krankentransport und Rettungsdienst keine gemeinschaftliche Aufgabe von verschiedenen Organisationen ist, sondern daß es um einen riesigen Markt, um ein riesiges Geschäft geht. Mehr als eine Milliarde Mark Umsatz, diese Zahl muß immer wieder in Erinnerung gerufen werden. Zugegeben: Erst mit den Gesetzen oder staatlichen Verordnungen ist es in den letzten Jahren möglich geworden, daß sich die Rettungsdienste weniger als zuvor als die humanitären Raubritter der Straßen präsentieren. Heute geht es friedlicher zu, auch wenn dies keinesfalls heißt, daß die Konkurrenz beseitigt ist.

Konkurrenz auf einem Gebiet, bei dem es um Menschen und Menschenleben geht?

Es geht um Geld, und es geht um das Prestige der konkurrierenden Organisationen. Und weil die Ware Mensch dabei eine Rolle spielt, fördert dieser Konkurrenzkampf nicht die Qualität der Leistungen. Im Gegenteil.

In vielen Landkreisen und Städten haben sich allerdings die Sanitäts- und Rettungsdienste zu einem Waffenstillstand verbündet. Wenn das Geld knapp wird, dann müssen sie alle gemeinsam das Klagelied von der Pleite singen, dann müssen sie gemeinsam damit drohen, daß der Rettungsdienst gefährdet ist, um erhöhte Tarife durchsetzen zu können. So hat es sich in letzter Zeit bewährt, daß die Organisationen untereinander Gebiete aufgeteilt haben, um Streitereien auf den Landstraßen zu vermeiden. Die Reviere wurden abgesteckt und zum Teil gibt es sogar gemeinsame Rettungsleitstellen. Das aber funktioniert meist nur, wenn die kommunale Verwaltung dort die Regie führt. Für das Deutsche Rote

Kreuz hat der vorläufige Waffenstillstand einen Vorteil: Sein Marktanteil hat sich stabilisiert.

Das Deutsche Rote Kreuz bewältigt in der Bundesrepublik Deutschland knapp über 60 % der notwendigen Krankentransport- und Rettungsdienstfahrten. An zweiter Stelle kommen zunächst die kommunalen Feuerwehren, die in vielen Großstädten und Landkreisen dieses Geschäft verantwortlich betreiben. Erst mit Abstand sind in der „Rangfolge" dann der „Malteser-Hilfsdienst", die „Johanniter-Unfallhilfe" und der „Arbeiter-Samariter-Bund" zu finden.

Warum, so mag sich mancher fragen, drängen sich so viele freie und gemeinnützige Vereine auf einen Markt, der nach ihren eigenen Angaben nur rote Zahlen produziert, die zu Lasten der anderen mildtätigen Aufgaben gehen? Und Verluste rechnen sie fast alle ab, Jahr für Jahr, obwohl die bürokratisch festgesetzten Regeln bestimmen, daß die Tarife kostendeckend sein müssen. Was also motiviert zu einem Geschäft, das stets nur Ärger mit den Finanzen garantiert? Die Freude am Helfen, der Spaß an Blaulicht und Signalhorn? Die Antwort könnte unsentimental lauten: Es ist die täglich sichtbare Präsenz in der Öffentlichkeit. Und dort, wo auch die „kleinen" Rettungsdienste wie Arbeiter-Samariter-Bund und Johanniter mit ihren Autos fahren, sind für sie auch die Mitgliederzahlen und Spendeneinnahmen am höchsten.

Aus der bereits zitierten Image-Untersuchung über das Deutsche Rote Kreuz wird deutlich, daß die meisten Bundesbürger einen Bezug zum DRK über den Krankentransport herstellen. Das Markenzeichen der guten Tat auf den Fahrzeugen sorgt für kostenlose Werbung und unterstützt von den Märchen, auch diese Arbeit wäre von Spenden finanziert, hält sich lange das Gerücht von den selbstlosen, mildtätigen Samaritern. Die aber erfüllen eine öffentliche Aufgabe, auf die die Bürger einen Rechtsanspruch haben und für die sie nicht zu knapp ihre Krankenversicherungsbeiträge und ihre Steuern bezahlen.

Was ist an diesem Unternehmen gemeinnützig? Die gute Arbeit?

Auch der Hausarzt oder ein Facharzt leisten gute Arbeit, die Menschen hilft. Aber „gemeinnützig und steuerfrei" ist die Arztpraxis mit beispielsweise einer halben Million Mark Umsatz jährlich deswegen noch lange nicht! Die Hilfsorganisationen aber fahren gemeinnützig, mit den Vorteilen, die eingetragenen Vereine haben, wenn sie anerkannt sind wegen selbstloser, mildtätiger Arbeit, die unmittelbar und ausschließlich zu geschehen hat. Auf die Gemeinnützigkeit legen sie alle Wert, wenn es um die unbestreitbaren Vorteile der Steuerbefreiung geht. Andererseits aber besteht das Deutsche Rote Kreuz, gemeinsam mit seinen Konkurrenten darauf, wie ein normaler Wirtschaftsbetrieb behandelt zu werden, wenn in den Verhandlungen mit den Krankenkassen Kalkulationen und Tarife auf der Tagesordnung stehen. Dann nämlich gelten die Gesetze des freien Marktes und damit auch die steuer- und finanzrechtlichen

DRK-Einheits-Krankenkraftwagen im Dritten Reich

Großeinsatzwagen des Deutschen Roten Kreuzes

Möglichkeiten der Abschreibung und anderer Kostenbelastungen. Das sind allgemein akzeptierte Spielregeln, aber die Krankenkassen wissen um ihre Probleme, wenn es um eine Kontrolle geht. Natürlich wird heute überall hart verhandelt, aber im Streitfall haben die Geldgeber und Finanziers, die Krankenkassen, die schlechteren Karten. Und die Hilfswerke spielen ihre Trümpfe aus. Die Tarife sollen frei ausgehandelt werden. Für den Fall, daß keine einvernehmliche Regelung gefunden wird, kann in manchen Regionen der Republik die zuständige Kreisverwaltung die Preise mit Verordnungen festlegen. Darüber entscheiden dann aber wiederum Landräte und Beigeordnete, die häufig mit ihrem anderen, mit Pöstchen und Ehrenämtern beladenen Bein eng mit dem Deutschen Roten Kreuz verbunden sind.

Es wäre ungerecht und falsch, hier etwa nur verfilzte Interessen zu unterstellen. Die politisch Verantwortlichen in den Kommunen haben natürlich auch eine berechtigte Angst davor, die Rettungsdienste zu verprellen und von diesen vor die Alternative gestellt zu werden, die „öffentliche Aufgabe" zu verweigern bzw. diese in eigene Regie zu übernehmen. Billiger würde es dann nämlich ganz sicher nicht werden. Im Gegenteil, so rechnen die Rettungsdienste gerne vor, denn durch den Einsatz von ehrenamtlichen Helfern und Zivildienstleistenden werden jährlich rund 70 Millionen Mark eingespart.

Sparen — das ist stets ein Hauptargument, wenn die Hilfsorganisationen ihre Bedeutung für den Markt unterstreichen. Ob aber die gegenwärtige Organisationsstruktur dieses Marktes gesund und wirklich effektiv genug ist, das sei zunächst dahingestellt. Wie kompliziert das Geschäft verläuft, zeigen folgende Informationen:

Grundsätzlich muß zwischen den einzelnen Sparten des Einsatzes unterschieden werden. Dies sind:

1. Der *Rettungsdienst* für den Notfall, d.h. für Verletzte und Kranke in akuter Lebensgefahr. Dafür stehen Rettungs- oder Notarztwagen mit qualifiziertem Personal und Ärzten zur Verfügung, die dringende Hilfe noch am Unfallort leisten können.
2. Der *Krankentransport* für Patienten, die liegend, ob Notfall oder nicht, auf einer Trage befördert und fachlich betreut werden müssen. Auch Kranke mit ansteckenden Krankheiten müssen mit Krankenwagen gefahren werden.
3. Die *Kranken- oder Patientenfahrten.* Darunter ist zu verstehen, daß Menschen, die auf ärztliche Anordnung auch sitzend gefahren werden können, ihren Weg zum Arzt, die Fahrt nach der Entlassung aus dem Krankenhaus nach Hause oder von dort zur therapeutischen Behandlung etc. auf Kosten ihrer Krankenkassen abrechnen können.

Für alle drei Kategorien gelten jeweils andere Kostenrechnungen. Zum Teil wird auch mit sogenannten Mischkalkulationen gearbeitet, d.h. alle Aufwendungen werden in einem Topf zusammenaddiert und heraus kommt ein einheitlicher Tarif, der pro gefahrenem Kilometer von den Krankenkassen bezahlt werden muß.

Allen Hilfsorganisationen kommt es vor allem darauf an, den Rettungsdienst zu finanzieren, denn der ist mit seinen notwendigen teuren Fahrzeugen und medizinisch-technischen Ausstattungen am teuersten. In der Praxis heißt das z.B., daß im Kreis Nordfriesland, kommunal verordnet und geregelt, Superpreise fällig werden. Auf der Insel Sylt, wo das Deutsche Rote Kreuz für den Krankentransport verantwortlich ist, muß für den Einsatz eines Rettungswagens auf einer Strecke von 8 Kilometern DM 1.500,— bezahlt werden. Ist ein Arzt dabei, kommen noch einmal 350,— DM hinzu. Bundeseinheitliche Tarife gibt es nicht, kann es auch nicht geben, weil die jeweils regionalen Erfordernisse zu unterschiedlich sind. Soll der Anspruch eingelöst werden, so schnell wie möglich Hilfe zu leisten, müssen die DRK-Vereine auf dem flachen Land ihren Dienst anders, aber genauso gut organisieren, wie in der Großstadt. Auf dem Land passiert nicht so viel, die Kosten für die Bereitstellung der Fahrzeuge sind dennoch weitgehend identisch.

Bevor ein erfahrener Sanitäter in diesem Kapitel seinen Bericht darüber gibt, wie es um die Qualität des Rettungsdienstes in der Bundesrepublik Deutschland bestellt ist, soll hier zunächst weiter von Wirtschaftlichkeit und Kosten die Rede sein. In fast allen Kreisverbänden des Deutschen Roten Kreuzes sind die Abteilungen für Krankentransport und Rettungsdienst eigenständig wirtschaftende Unternehmenszweige. In manchen Bundesländern wird es mehr und mehr Praxis, neben dem herkömmlichen, allgemeinen DRK-Verein einen zweiten, rechtlich eigenständigen neuen Verein nur für den Krankentransport und den Rettungsdienst zu gründen. Der besteht dann meistens nur aus sieben Mitgliedern, soviel wie das Gesetz vorschreibt und die sind wiederum identisch mit dem Vorstand des allgemeinen DRK-Vereins. Solch gewagte Konstruktionen sind allerdings nur selten notwendig, denn es reicht für Kalkulation und Abrechnung, wenn Krankentransport und Rettungsdienst in selbständig wirtschaftenden Abteilungen zusammengefaßt sind. Wie auch immer, in jedem Fall muß dafür gesorgt sein, daß die Krankenkassen, die Zahlmeister der Nation, keinen Überblick bekommen über den Gesamtumsatz des Großunternehmens Deutsches Rotes Kreuz. Es besteht kein Rechtsanspruch für sie, einen Einblick in die vollständigen wirtschaftlichen Verhältnisse und in die Vermögenslage des DRK zu bekommen. Ausschlaggebend allein sind bei den Verhandlungen über die Tarife die Wirtschaftlichkeitsberechnungen, die den Krankenkassen vom Roten Kreuz vorgelegt werden. Glaubt man den Funktionären der Tarifpartner, dann wird in den Verhandlungen gefeilscht wie in einem Basar. Die Krankenkassen wollen sparen, das

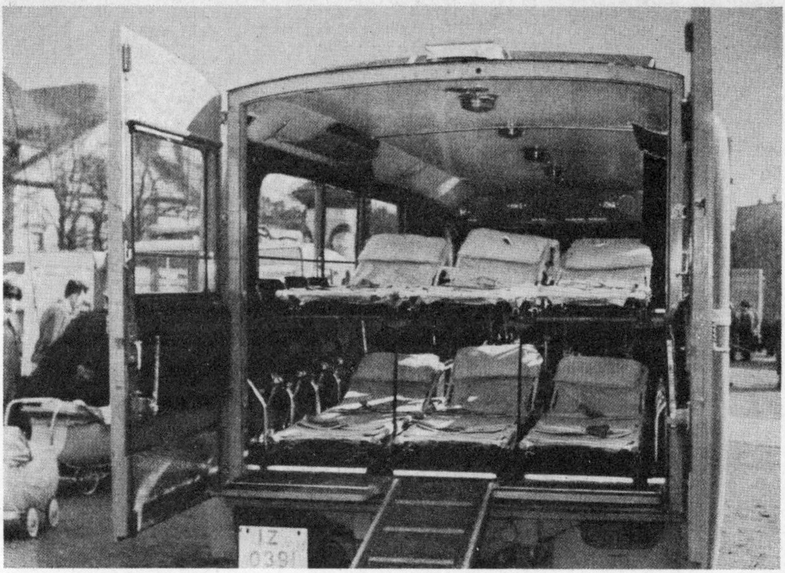

Aus der Frühzeit der Krankenbeförderung des DRK

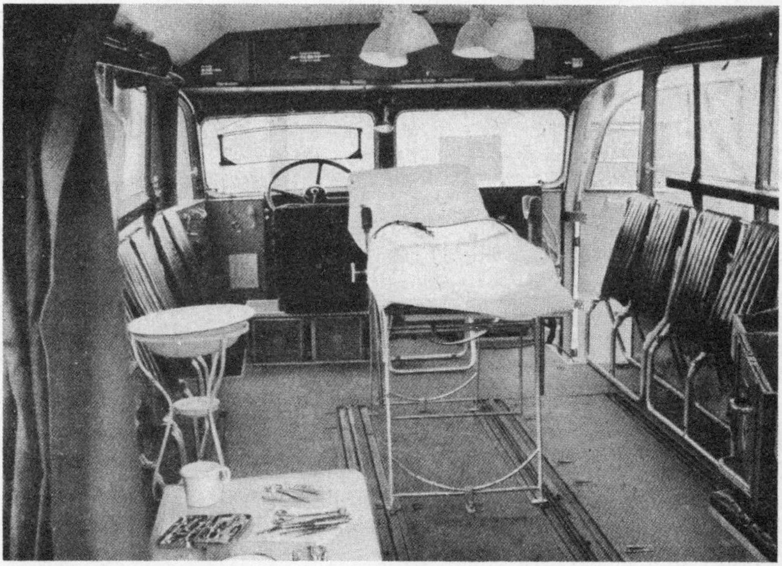

Krankenwagen des Deutschen Roten Kreuzes von innen

Rote Kreuz will soviel wie möglich herausholen. Wie das Tauziehen ausgeht, wurde bereits beschrieben.

Die Wirtschaftlichkeitsberechnung ist auf den ersten Blick ein Buch mit sieben Siegeln und vielen Zahlen. Am Beispiel des Deutschen Roten Kreuzes in Gießen und seiner Zahlenvorlage für 1982 soll versucht werden, die Probleme vielleicht deutlicher werden zu lassen. Knapp 3,5 Millionen Mark Umsatz brachten über eine Million gefahrene Kilometer im Krankentransport. Das sind sogar ein paar Pfennige mehr als der ortsübliche Tarif es zugelassen hätte. Und trotzdem wird Verlust gemeldet. Über 363.000 Mark im genannten Zeitraum, d.h. ein Defizit pro Kilometer von 31 Pfennigen. Die Krankenkassen bekommen mit der Wirtschaftlichkeitsberechnung aber auch sämtliche Kosten in Rechnung gestellt, die nicht unmittelbar etwas mit dem Krankentransport zu tun haben. Welche Verwaltungskosten beispielsweise auf den allgemeinen Betrieb des Kreisverbandes entfallen, das wird aus dieser Wirtschaftlichkeitsberechnung nicht klar. Nur die auffallendsten Zahlen sollen hier genannt werden. Da findet sich z.B. auf der Kostenseite die Ausgabe für „Sold/ZDL: 64.265,46 DM". Sold für ZDL? Der wird voll von der Bundesregierung bezahlt. Da eine Wirtschaftlichkeitsberechnung nicht identisch ist mit einer kaufmännischen Buchhaltung, fehlt die Spalte Einnahmen. Für Mieten und Mietnebenkosten gibt der Krankentransport in Gießen über DM 93.000,— aus. Die Krankenkassen akzeptieren das, obwohl sie wissen, daß das Gebäude dem Deutschen Roten Kreuz gehört und der Verein sich damit selbst bzw. den Kostenträgern Miete in Rechnung stellt. Die größte Summe allerdings findet sich in der Wirtschaftlichkeitsberechnung auf der Kostenseite unter der Rubrik Abschreibungen. Über 300.000,— Mark werden dafür in Anrechnung gebracht.[28] Abgeschrieben wird von der vollen Höhe des Kaufpreises für einen Kranken- oder Rettungswagen. Wo aber werden die stattlichen staatlichen Zuschüsse und die Spenden verbucht? Die Krankenkassen behaupten, daß sie zumindest die staatlichen Subventionen abziehen von der Gesamtrechnung. Wie aber ist dies im Einzelfall zu kontrollieren, wenn für DRK-allgemein und DRK-Krankentransport zwei getrennte Buchhaltungen geführt werden? Abschreibungen, das ist keine Frage, müssen sein. Sie sind notwendig bzw. sind dafür gedacht, daß aus dem erwirtschaftenden Umsatz Rücklagen gebildet werden für die etwa alle vier Jahre fällige Neuanschaffung von Sanitätsfahrzeugen. Ob sie allerdings dazu benutzt werden dürfen, die Kilometertarife in die Höhe zu treiben, das ist zweifelhaft.

Es gibt von anderen DRK-Kreisverbänden Bilanzen und Prüfungsberichte, aus denen deutlich hervorgeht, daß die staatlichen Zuschüsse für die Anschaffung der Rettungswagen nicht berechnet wurden, bevor die Abschreibungskünstler ihr Zahlenwerk vorgelegt haben. Bei den staatlichen Zuschüssen geht es nicht um Kleckerbeträge. Für jeden neuen Kranken-, Rettungs- oder Notarztwagen zahlt zum Beispiel die Landesregierung in Hessen ein rundes Drittel der Anschaffungskosten. In Rheinland-Pfalz sind es bis zu 80 %.

Es gibt sicher sehr viele DRK-Kreisverbände, die sich bemühen, ihre Abrechnungen sauber und ehrlich zu gestalten. Es soll nicht der Versuch einer Ehrenrettung sein, wenn unterstellt wird, daß die Mauschler im Deutschen Roten Kreuz und in den anderen Sanitätsdiensten manchesmal auch dazu gezwungen sind, waghalsige Zahlenspiele zu probieren. Es fehlt nämlich an einheitlichen, bundesweit gültigen Richtlinien für Abrechnung, Bilanzierung und Finanzierung. Das Chaos produziert Bürokratie — und umgekehrt. Was aber geschieht mit den Spenden, um die das Deutsche Rote Kreuz auch mit dem Hinweis auf den Krankentransport wirbt? Über die gigantische Straßenkartenaktion z.b. findet sich in der jüngst vorgelegten Schmalspur-Bilanz des Bonner DRK-Präsidiums keine einzige Angabe. Wahrscheinlich ist, daß Aufwendungen und Erträge im Rahmen der DRK-Werbe GmbH verbucht wurden und über deren Geschäfte erhält die DRK-Öffentlichkeit keine Aufklärung. Aber auch vor Ort, in der alltäglichen DRK-Provinz sozusagen, wird zwar kräftig um Spenden geworben, wenn es aber um die Transparenz der Abrechnung geht, wird kräftig geschwiegen.

In der Gießener Lokalpresse wurde Ende 1979 ein Aufruf des Deutschen Roten Kreuzes veröffentlicht, in dem zu Spenden für einen neuen Notarztwagen aufgerufen wird. Die Verantwortlichen des Kreisverbandes werden so zitiert: „Ein öffentliches Finanzierungsprogramm für dieses Fahrzeug besteht nicht."

Es waren weniger die Bürger, als vielmehr angesehene und kapitalkräftige Firmen im Landkreis Gießen, die dem Aufruf folgten und Geld an das Deutsche Rote Kreuz überwiesen, für eine Spendenquittung versteht sich. Fast genau ein Jahr später, am Ende des Jahres 1980, erschienen in den beiden Gießener Lokalzeitungen große Anzeigen des DRK. Der neue Notarztwagen konnte in Betrieb genommen werden. Die Spender und ihre Firmennamen wurden veröffentlicht, ihnen wurde gedankt, nur eine wesentliche Information fehlte. Kein Wort darüber, wieviel Spenden eingegangen sind. Waren es 30.000,—, 40.000,— oder 60.000,— Mark? Die Unterlassung war sicher kein Fehler, sondern Absicht. Genauso wie die Behauptung, es gäbe keine öffentlichen Mittel, eine Lüge war. Auf Nachfrage bestätigte die Hessische Landesregierung, daß sehr wohl über 30.000,— DM für diesen Notarztwagen des DRK in Gießen bewilligt wurden.

Abgeschrieben wurde das Fahrzeug bestimmt in voller Höhe, ohne daß auch nur eine Mark der Spendeneinnahmen dabei berücksichtigt wurde.

Keiner aber soll behaupten können, das Deutsche Rote Kreuz wirtschafte nicht sparsam und bescheiden. Vor einiger Zeit wurde in Gießen

DRK-Rettungswagen im Einsatz

ein Rettungssanitäter entlassen, mit der mündlichen Begründung, es fehle an Aufträgen, die Kilometerleistung im Krankentransport ginge zurück. Betriebswirtschaftliche Notwendigkeit nennt man das im Arbeitsrecht. Wenig später nur ist dem selben jungen Mann allerdings angeboten worden, ehrenamtlich weiterzuarbeiten, für ein Handgeld von ein paar Mark pro Tag. So jedenfalls berichtet es der Rettungssanitäter.

Private Konkurrenz

Lange arbeitslos war er nicht, der Rettungssanitäter, denn in Gießen hat das Deutsche Rote Kreuz starke Konkurrenz. Nicht etwa von anderen gemeinnützigen Hilfsorganisationen, nicht etwa vom Arbeiter-Samariter-Bund oder Johanniter-Unfallhilfe. Es ist ein Privatunternehmer, der seit mehr als 10 Jahren erfolgreich mit seiner ganz normalen Firma als „Krankentransport-Rettungsdienst Münstermann" seine Arbeit anbietet. Von dem zuständigen Sozialminister anerkannt und von den Krankenkassen als Tarifpartner akzeptiert, hat der Pionier des privaten Unternehmertums im Krankentransport allerdings von Anfang an heftige Probleme mit dem Deutschen Roten Kreuz. Unliebsamer Konkurrent ist er, zumal Dionys Münstermann phantasievoll und geschickt seinen Betrieb führt. Als privater Geschäftsmann muß er sich mehr als alle anderen bemühen, wirtschaftlich zu arbeiten. Münstermann macht auch keinen Hehl aus der Tatsache, daß er Geld verdient. Millionen sind es nicht, aber mit rund 100.000,— Mark Unternehmensgewinn pro Jahr wird kalkuliert. Verluste und beständige rote Zahlen kann er sich nicht leisten, sein Betrieb ginge zwangsläufig in den Konkurs. Denn bei ihm sichern keine staatlichen Zuschüsse, geschweige denn Spenden das sichere Existenznetz wie bei den „Gemeinnützigen". Auch billige Zivildienstleistende darf er nicht beschäftigen. Er fährt mit hauptamtlichem Personal, voll nach Tarif bezahlt. Für seine Kranken- und Rettungswagen, bestens ausgestattet, erhält er keine staatlichen Zuschüsse von 30 % und mehr wie sein Konkurrent Deutsches Rotes Kreuz.

Wie aber kann es dazu kommen, daß Münstermann ohne Verluste, ja sogar mit Gewinn arbeitet, während das DRK in Gießen beständig den Pleitegeier an die Wand malt und um Zuschüsse und Spenden bettelt? Die Samariter haben auf diese Frage eine für jedermann einleuchtende Antwort bereit. Es ist die Rosinentheorie. Und die bedeutet in der Rot-Kreuz-Argumentation, daß der Privatunternehmer sich die lukrativen Transporte aussuchen kann, die Rosinen also, daß er nur in der Hauptbetriebszeit dienstbereit ist, während das Rote Kreuz rund um die Uhr zur Verfügung steht und die „Drecksarbeit" erledigen muß.

Funk-Leitstelle der Firma Münstermann Krankentransport und Rettungsdienst in Gießen

Überzeugend klingt das schon, nur wahr ist es nicht. Die Rettungsleitstelle der Firma Münstermann ist Tag und Nacht besetzt, die Fahrzeuge sind im gesamten Landkreis einsatzbereit, die Arbeit wird gemacht, ob „angenehm“ oder nicht. Aber wirtschaftlicher eben ist alles organisiert und das nicht zu Lasten der Patienten.

Für das Deutsche Rote Kreuz ist Münstermann ein rotes Tuch. Solche Konkurrenz ist nicht beliebt. Mit allen anderen gemeinnützigen Sanitätsdiensten kann das Rote Kreuz wenigstens an einem Strang ziehen, wenn es um Zuschüsse oder um die Erkämpfung höherer Tarife geht. Aber der Privatunternehmer erlaubt es sich sogar, billiger zu sein. Die Krankenkassen zahlen ihm für jeden Kilometer etwa 40 Pfennig weniger als dem Deutschen Roten Kreuz. Kein Wunder also, wenn die Gemeinnützigen kein Interesse daran haben, daß Einzelheiten ihrer Kalkulation öffentlich diskutiert werden. Daß Münstermann sich Verdienste erworben hat, das wird hinter der Hand und stillschweigend auch nur von den Krankenkassen zugegeben. Er hat durch seine Präsenz auf dem Markt verhindert, daß in Gießen die Kosten für die Allgemeinheit ins Unermeßliche explodiert sind. Jahrelang waren die Preise stabil, während überall sonst in der Republik fast jährlich Tariferhöhungen von den Rot-Kreuz-Filialen durchgesetzt werden. Wirkliche Konkurrenz also, die das Geschäft belebt.

Aber diese Konkurrenz wird mit harten Bandagen ausgekämpft. Nicht nur mit Rechtsanwälten, für die beide gegnerische Parteien wahre Beschäftigungsprogramme finanzieren, sondern vor Ort und d.h. bei den Leuten, die entscheiden, wer den Auftrag zum Krankentransport erhält. In den Krankenhäusern sind es die Ärzte oder die Stationsschwestern, in den Arztpraxen sind es meist die Damen im Vorzimmer. Kräftig geworben wird, mit allen Methoden. Überall in der Branche, nicht nur in Gießen, ist bekannt, daß im Stationszimmer der Oberschwester zum Beispiel ab und zu das Sparschwein dort „Nahrung“ erhält oder daß kleinere Präsente von Mensch zu Mensch den Besitzer wechseln. Nettigkeiten erhalten die Freundschaft. Das machen alle so, warum auch nicht. Die Praxis jedenfalls sieht so aus, daß von manchen Krankenstationen der Kliniken in Gießen die Firma Münstermann nie einen Auftrag erhält, sondern stets das Rote Kreuz bedient wird. Harmlos erscheinen solche Formen des menschlich-verständlichen Rivalitätsdenkens im Vergleich zu Methoden, die die Existenz des Gegners vernichten sollen.

Auch das Deutsche Rote Kreuz in Gießen verschickte am Ende des Jahres 1983 an alle Krankenhäuser und Ärzte in der Stadt und im Landkreis neue Formulare, Vordrucke, die aussehen wie ein Rezept und die von den Medizinern ausgefüllt und unterschrieben werden müssen, wenn ein Krankentransport von der Kasse bezahlt werden soll. „Verordnung einer Krankenbeförderung“ heißt das amtlich. Auf dem Blatt wurden die Ärzte darauf hingewiesen, daß sie für Transporte nur die örtliche

Fuhrpark der Firma Münstermann Krankentransport und Rettungsdienst in Gießen

Rettungsleitstelle anfordern sollen. Ein geschickter Schachzug, denn die Firma Münstermann hatte von Anfang an keine Chance, sich dieser „örtlichen Leitstelle" anzuschließen. Die nämlich wird, was Krankentransport und Rettungsdienst betrifft, mit Rot-Kreuz-Leuten besetzt gehalten. Münstermann hat seine eigene, übrigens sehr viel moderner ausgestattete Leitstelle mit Standleitungen zu allen Krankenhäusern der Stadt.

Das friedlose Nebeneinander der beiden Kontrahenten artete zum Krieg aus. Die Gerichte wurden eingeschaltet, Rettungsunternehmer Münstermann sah darin die einzige Möglichkeit, seinen Betrieb zu retten. Eine einstweilige Verfügung wurde beantragt und durchgesetzt. Der Kartellsenat des Oberlandesgerichts Frankfurt verurteilte sowohl das Deutsche Rote Kreuz als auch die Landesvereinigung der Allgemeinen Ortskrankenkassen, allen Empfängern ihres Rundbriefes mitzuteilen, daß die vom Roten Kreuz einseitig verteilten Formulare nicht ausschließen, daß auch die Privat-Retter Aufträge erhalten können.

„Wettbewerbswidrig und rechtswidrig" nannten die Richter die Rot-Kreuz-Methode, die unzulässig in den Gewerbebetrieb eines anderen eingegriffen hatte. Der Krankenkasse wurde vom Gericht vorgeworfen, daß sie sich an diesem „wettbewerbswidrigen Verhalten" des Roten Kreuzes „fördernd" beteiligt hat. Und das, obwohl gerade die Krankenkassen im Interesse ihrer Mitglieder gemeinsam mit dem Privatunternehmer sparen könnten.

Verhinderte Hilfe?

Solange der Krieg der Helfer nur vor den Gerichten ausgetragen wird, und der Kampf nicht auf dem Rücken der Patienten Schaden anrichtet, solange mag man das zwar betroffen und vielleicht auch etwas traurig zur Kenntnis nehmen. Wenn aber auch nur die geringste Gefahr besteht, daß durch Neid und Haß Leib und Leben von Menschen auf dem Spiel stehen könnten, dann ist Verständnis nicht mehr angebracht. Der Fall: Der geschäftstüchtige Privatunternehmer Münstermann entdeckte im Krankentransport-Versorgungs-System eine Marktlücke. Gemeinsam mit der Universitäts-Kinderklinik in Gießen entwickelte er einen „Baby-Notarztwagen" für die beste und schnellste Versorgung zu früh geborener Kinder. Etwa eine Viertel Million Mark hat Münstermann in das Fahrzeug mit Spezialausrüstung investiert. Es hat sich bewährt, schon viele Babys konnten mit diesem Wagen im Zustand akuter Lebensgefahr von der normalen Entbindungsstation eines kleinen Krankenhauses auf dem Land in die Kinderfachklinik gefahren und damit gerettet werden.

Selbstverständlich ging der private Rettungsdienst davon aus, daß im Notfall auch das Deutsche Rote Kreuz in Gießen dankbar diesen Notarztwagen in Anspruch nehmen würde. Aber die Idee des Konkurrenten fand bei den Samaritern keinen Beifall. Im Gegenteil, es wurde nichts unversucht gelassen, die Verwirklichung dieser Idee zu behindern. Der Krankentransportleiter des DRK reagierte auf dieses Marktangebot mit Briefen an die Chefärzte und Professoren, in denen er kategorisch mitteilte, daß er auf Anforderung von irgendwelchen Stellen dieses Fahrzeug nicht einsetzen werde.

Nur vorsichtig erzählt Münstermann einen Vorfall: „Der Baby-Notarztwagen wurde von einer Klinik über das Deutsche Rote Kreuz angefordert. Das DRK aber ignorierte diesen Wunsch und fuhr mit einem Rot-Kreuz-Wagen los. Erst nach einer Stunde, als den Rot-Kreuz-Rettern offensichtlich ihre Hilflosigkeit einleuchtete, wurde unser Baby-Notarztwagen zu diesem Einsatz hinzugezogen."

Diese Geschichte kann hier nicht weitererzählt werden, weil niemand mehr heute beweisen könnte, ob der Tod des Babys mit diesen Revanche-Manövern in einem Zusammenhang steht.

Es geht dem Roten Kreuz überhaupt nicht um die grundsätzliche Diskussion über die inhaltlichen Notwendigkeiten einer bestmöglichen Versorgung der Bevölkerung. Auch das Bonner Generalsekretariat des DRK kümmert sich nicht darum, wenn in Einzelfällen, wie hier beschrieben, das Ansehen und die Glaubwürdigkeit des Rettungsdienstes in Zweifel gezogen werden. Die Generale im DRK-Hauptquartier schützen vielmehr ihre umstrittenen Helfer in der Provinz, in dem sie mit juristischen Seitenhieben auf Nebenkriegsschauplätzen ausweichen. So wird seit vielen Jahren immer und immer wieder und erfolglos versucht, das Firmenemblem des Privatunternehmers aus dem Verkehr zu ziehen.

In der Tat, die Krankenwagen der Firma Münstermann fahren mit einem Zeichen, das von weitem betrachtet dem roten Kreuz nicht unähnlich ist. Es sind vier rote Quadrate auf gelbem Grund mit dem großen Buchstaben „M" in der Mitte. In seitenlangen Schriftsätzen wird darüber gestritten, ob dies zulässig ist oder nicht. Und es wird so getan, als sei das rote Kreuz auf weißem Grund die einzige Garantie für die wahre, für die beste, für die schönste Hilfe.

Wer eigentlich rettet uns vor solchen Rettern, die nur noch eitel und selbstverliebt in ihren Rot-Kreuz-Spiegel blicken?

Das Deutsche Rote Kreuz im Wettbewerb, d.h. im Kampf um einen Platzvorteil, der durch nichts mehr gerechtfertigt ist. Jeder, der auch nur schüchtern die Methode und die Wirklichkeit des Rot-Kreuz-Alltags im Krankentransport und Rettungsdienst hinterfragt oder vorsichtige Kritik äußert, der wird sofort als der große Verächter der noch größeren humanitären Idee disqualifiziert. Die humanitäre Phraseologie ver-

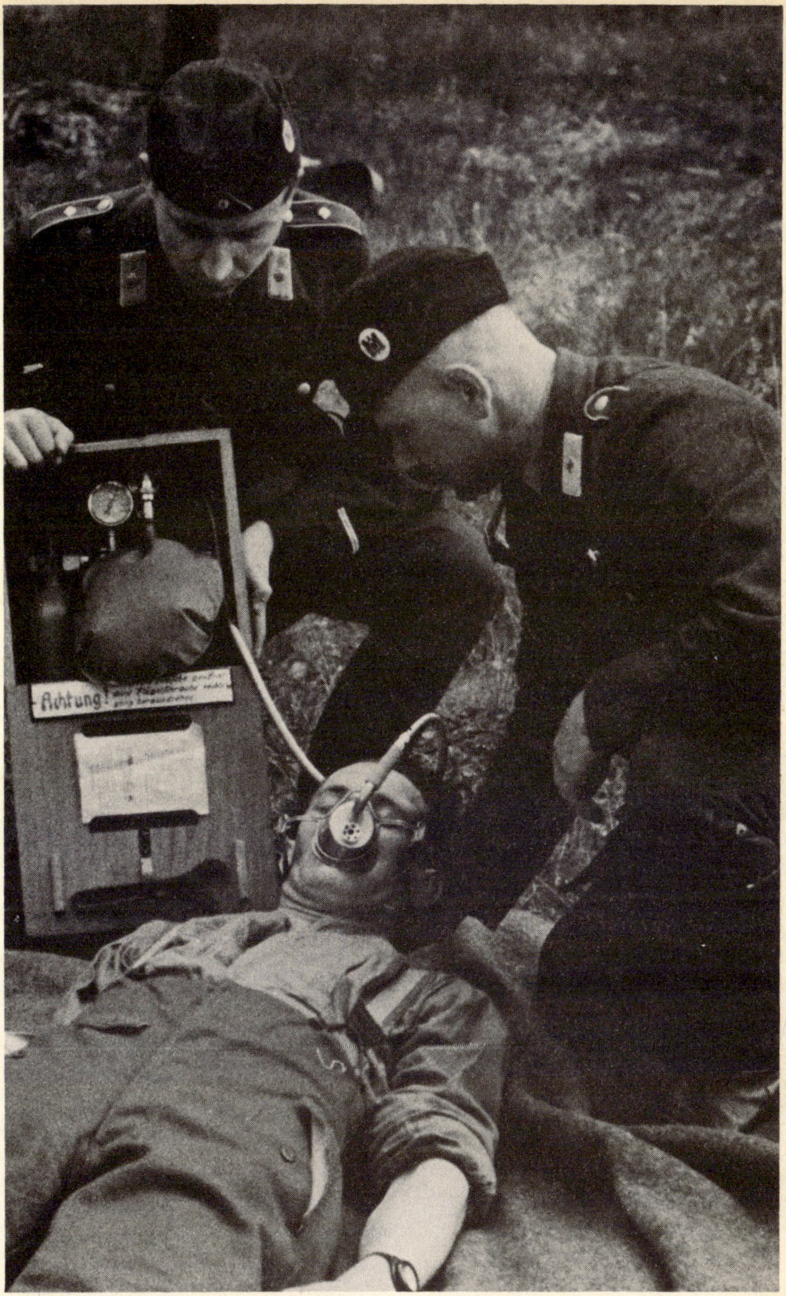

Das DRK beim Einsatz: Waldbrand in der Umgebung von Berlin, Wiederbelebungsversuche bei Rauchvergifteten

schleiert, daß es hier nur um ein Geschäft geht, nicht mehr um die bestmögliche Vorsorge für die Bürger. Kaltschnäuzig und arrogant wird von den Samaritern, die das Rot-Kreuz-Zeichen wie einen Heiligenschein vor sich hertragen, sogar versucht, gesetzliche Bestimmungen und Empfehlungen zu umgehen. Denn das Rote Kreuz kämpft nicht nur gegen die privaten Unternehmer, die mehr und mehr und nicht nur in Gießen initiativ werden und mit eigenen, meist preiswerteren Angeboten im Rettungsdienst und Krankentransport aufwarten können.

Die politische Lobby der Landräte, Minister und Bürokraten, die alle mit DRK-Ämtern gut versorgt sind, unterstützt diesen Monopolanspruch der scheinbar gemeinnützigen Retter. Das Rote Kreuz wütet mit allen Mitteln auch gegen das private Taxigewerbe, das schon fast traditionell einen funktionierenden Service bei den sogenannten Kranken- oder Patientenfahrten übernommen hat. Auch die Taxifahrer können unmittelbar mit den Krankenkassen abrechnen, wenn der Arzt diese Fahrt verordnet. Besonders in ländlichen Gebieten machen solche Krankenfahrten der Patienten beispielsweise vom Arzt nach Hause im Umsatz der Taxiunternehmer manchmal 50% und mehr aus. Viele Krankenkassen unterstützen diese Art der Beförderung, weil sie preiswerter ist als der aufwendige Auftritt der gemeinnützigen Helfer. Denn in vielen Fällen ist bei einer einfachen Krankenfahrt keine Betreuung durch einen „Sanitäter" notwendig. Und das, was ein nur mangelhaft ausgebildeter Zivildienstleistender am Steuer des Rot-Kreuz-Autos im Notfall kann, das schafft ein Taxifahrer mit seinen Kenntnissen in Erster Hilfe auch.

Seit einigen Jahren nun hat vor allem das Deutsche Rote Kreuz verstärkt alle Anstrengungen unternommen, diesen offensichtlich lukrativen Markt zu besetzen und gleichzeitig in der Öffentlichkeit zu verbreiten, nur sie allein seien dazu qualifiziert und in der Lage. Und wenn sich Vorstände und Geschäftsführungen einzelner Krankenkassen mit ihrem Votum zugunsten des Taxigewerbes zu weit vorgewagt hatten, kam prompt ein harscher Anpfiff vom DRK mit der kaum versteckten Drohung, in Zukunft die Kilometertarife oder Pauschalen für den teuren Rettungsdienst noch teurer zu machen.

Das Gerangel um den Markt wird nur verständlich, wenn man weiß, daß die einfachen Kranken- und Patientenfahrten nicht ein belangloses Nebengeschäft sind. Auf Notfalleinsätze muß man warten, sie passieren zum Glück nicht nach den Gesetzen der Routine. Nur etwa 17% aller Alarme für den Rettungs- oder Notarztwagen beziehen sich heute noch auf den Einsatz bei schweren Verkehrsunfällen.

Einen garantierten Umsatz allerdings bringen die einfachen Krankenfahrten. Das läuft wie ein Uhrwerk, die Kilometer addieren sich und jeder Kilometer bedeutet Bargeld. Ein Taxi ist billiger, schon allein deswegen, weil nur die einfache Strecke berechnet wird. Das Rote Kreuz aber kassiert, was die wenigsten wissen, auch beim normalen Krankentransport doppelt. Die Leerkilometer zurück zur Wache werden einfach mitgezählt und somit doppelt berechnet. Es lohnt sich offensichtlich, denn zahlreiche DRK-Kreisverbände haben mittlerweile einen stattlichen Fuhrpark mit Luxuslimousinen angeschafft, um die geregelte Nachfrage erfüllen zu können.

Der Landesrechnungshof Schleswig-Holstein kam 1982 in einer Untersuchung über die Rettungsdienste zu erstaunlichen Ergebnissen.

In zahlreichen Landkreisen lag der Anteil der einfachen Krankenhausfahrten mit Personenwagen im Verhältnis zur Gesamtzahl aller Einsätze über 50 %, in Steinburg, wo das Deutsche Rote Kreuz verantwortlich ist, sogar bei 83 %. Der anspruchsvolle Krankentransport und Rettungsdienst ist dort zur Nebensache geworden, das Alltagsgeschäft wird von biligen Zivildienstleistenden erledigt. Kein Wunder also, wenn sich die Gemeinnützigen um die Qualifizierung des Rettungspersonals in der Regel nur wenig Gedanken machen. Das Argument der Hilfswerke in dieser Diskussion, durch den guten Umsatz der „sitzenden" Transporte werde der gesamte Krankentransport wirtschaftlicher und kostengünstiger, ist vom Landesrechnungshof in Kiel als unzutreffend zurückgewiesen worden. Die höchsten Kassenprüfer des Landes kommen in ihrem Bericht zu dem Schluß, daß die „Rettungsdienste sich auf ihre gesetzlichen Aufgaben beschränken und grundsätzlich nicht mit dem privaten Mietwagengewerbe um sonstige Patientenfahrten konkurrieren sollten. Daher sollten diese Betriebszweige so schnell wie möglich abgebaut werden".

Diese an die Adresse aller Rettungsdienste gerichtete Empfehlung ist bis heute augenscheinlich nicht zur Kenntnis genommen worden. Aber was kümmert so etwas zum Beispiel das Rote Kreuz, solange das kostspielige Geschäft von den politischen Entscheidungsträgern überall abgesegnet wird.

Wie zwiespältig die Ratschläge des Landesrechnungshofes allerdings zu bewerten sind, zeigt die Tatsache, daß im Interesse der weiteren Kostenreduzierung zu einem verstärkten Einsatz von ehrenamtlichen Helfern und Zivildienstleistenden geraten wird. Bei allem Verständnis für finanzielle Nöte der Kommunen und der Krankenkassen: Dies hätte eine Verschlechterung der Leistungsfähigkeit im allgemeinen Rettungsdienst zur Folge.

Der Streit zwischen Rotem Kreuz und privatem Taxigewerbe ist nicht neu. Bereits 1980 unternahm das Bundesverkehrsministerium in einem Kraftakt den Versuch, eine gütliche Einigung im Konflikt herbeizuführen. Der Markt sollte aufgeteilt werden. In der Amtssprache hieß der Friedensvertrag „Abgrenzung der Aufgaben zwischen Krankenbeförderung des Rettungsdienstes und Patientenfahrten des Taxi- und Mietwa-

Krankenwagen im Einsatz über Land

gengewerbes". Salopp ausgedrückt bedeutete dies: Alles, was sitzen kann, gehört den Privaten; alles, was liegen muß, den Rettungsdiensten. Hoch und heilig wurde sich gegenseitig versprochen, diese Regel zu akzeptieren und sich an die Vereinbarung zu halten. Die Rot-Kreuz-Zentrale in Bonn aber hatte das Ehrenwort vorschnell gegeben. Die rechtlich selbständig und eigenverantwortlichen Kreisverbände machten nicht mit, sie verweigerten sich, alles lief wie bisher und alle Möglichkeiten wurden ausgeschöpft, immer häufiger und immer tiefer in den „privaten Teil" des umsatzträchtigen Krankentransportmarktes einzudringen.

Warum wohl verteidigt das Deutsche Rote Kreuz so rigoros und so massiv seinen erkämpften Marktanteil? Wird von den Samaritern nicht mit Recht befürchtet, daß echte und offiziell zugelassene Konkurrenz offenlegen könnte, wie sehr der private Markt mittlerweile zu einer echten, sinnvollen Alternative geworden ist? Könnten möglicherweise gleiche Chancen für die Privaten nicht belegen, daß jenseits schöner idealistischer Sonntagssprüche des Deutschen Roten Kreuzes über die humanitären Verpflichtungen inhaltlich nicht sehr viel mehr zu erwarten ist von der notwendigen, schlagkräftigen Qualität des Rettungsdienstes? Es bliebe nicht sehr viel übrig vom Image.

Eines jedenfalls hat das Deutsche Rote Kreuz mit seinen haarsträubenden Praktiken zur Verteidigung des Monopols bewiesen. Selbst den grundsätzlich Rot-Kreuz-freundlichen Politikern und Behörden wurde deutlich, daß hier ein knallharter Wettbewerb stattfindet, der selbst auf dem Waschmittelmarkt nicht mehr zu überbieten ist. Und da Wettbewerb und uneingeschränkte Konkurrenz in einer Gesellschaft mit freier Marktwirtschaft ein heiliges Gut ist, kamen die Protagonisten dieses politischen Ideals nicht umhin, Konsequenzen zu ziehen.

Am 3. Januar 1983 schrieb der Bundesminister der Finanzen auch an das Deutsche Rote Kreuz unter dem Aktenzeichen V B 4-S 0184-7/82, daß die obersten Finanzbehörden aller Bundesländer einmütig zu der Auffassung gelangt sind, daß „eine Wettbewerbssituation zwischen gemeinnützigen und mildtätigen Organisationen einerseits und gewerblichen Taxen- und Mietunternehmen andererseits" besteht. Diese Tätigkeit ist nach Feststellung des Bundesministers „keine Einrichtung der Wohlfahrtspflege". Lakonisch nüchtern wird im letzten Satz des Briefes festgestellt, „daß die Krankenfahrten als steuerpflichtiger wirtschaftlicher Geschäftsbetrieb... zu behandeln sind". Das war ein Schlag ins Gesicht der gemeinnützigen Selbstdarsteller. Amtlich bestätigt, mußten sie zur Kenntnis nehmen, daß ein wesentlicher Teil ihres Geschäfts plötzlich nicht mehr gemeinnützig und damit steuerpflichtig sein wird.

Auch das Bundesamt für den Zivildienst reagierte rasch und bestimmte, daß Zivildienstleistende in dem nunmehr nicht länger gemeinnützigen Unternehmen nicht eingesetzt werden dürfen. Dem

Deutschen Roten Kreuz drohte die Geschäftsgrundlage entzogen zu werden. Doch die Manager ließen sich so schnell nicht entmutigen. Zunächst wurde der Vollzug der beiden Verordnungen verzögert. Zeitgewinn war notwendig, um die geschulte Phantasie einsetzen zu können. Die Telefonapparate in den Rechtsabteilungen glühten, Rechtsgutachten wurden ausgetauscht, aber an dem sachlichen Tatbestand des ministeriellen Erlasses war nicht zu rütteln. Doch die Tricks waren bald gefunden, clever wie sie nun mal sind im Konzern der Menschlichkeit. Die Qualität jedes Gesetzes, jeder Verordnung zeigt sich an den Möglichkeiten, alles juristisch sauber umschiffen zu können.

In den DRK-Zentralen in Stadt und Land wurde ein Rat kolportiert, wie der Steuererlaß wirkungslos gemacht werden könnte. Statt normalen Personenwagen wie bisher sollten für den einfachen Krankentransport Kombifahrzeuge angeschafft und mit Klappliegen und Notfallkoffer ausgestattet werden. Der zuständige TÜV bzw. die amtlichen Zulassungsbehörden müßten im KFZ-Schein diese Fahrzeuge als „Krankentransportwagen" anerkennen und dies bescheinigen. Im Zweifelsfall sollte das Argument, es seien Autos für den Katastrophenschutz weiterhelfen, um wie bisher damit steuerbegünstigte Beförderungen zu unternehmen. Etikettenschwindel.

Steuerhinterziehung oder Wirtschaftskriminalität ist das nicht, es handelt sich dabei schließlich um die größte humanitäre Servicefirma der Republik.

Für den naiven Beobachter ist es kaum zu glauben, was sich die „Gemeinnützigen" alles einfallen lassen. Selbst die DRK-Zentrale in Bonn, die sich ursprünglich mit den neuen Plänen zur Befriedung des Konflikts mit dem privaten Taxigewerbe einverstanden erklärt hatte, ist machtlos geblieben. Sie ist umgefallen und gehorcht den geschäftstüchtigen Machern an der Basis.

Um den heiklen Steuererlaß des Bundesfinanzministers zu umgehen, haben viele Kreisverbände des Roten Kreuzes viele neue Ideen entwickelt. Die Formulare für „Verordnungen" werden neu gedruckt, mit Stempel und Adresse des DRK-Verbandes, so, als ob nur der eigene Verein fahren darf. Und es wird eindringlich darauf aufmerksam gemacht, daß die Ärzte das neue Kästchen „mit Betreuung" ankreuzen sollen. Denn dann, so kalkulierte das Deutsche Rote Kreuz, entfällt die Steuerpflicht. In einem Rundschreiben wurden z.B. alle Ärzte im Kreis Wolfshagen aufgefordert, die Verordnung nach DRK-Wünschen auszufüllen, um „diese Versteuerung ... zu vermeiden". „Mit Betreuung" soll also auch dann gefahren werden, wenn dies nicht notwendig ist. Die Manöver erfüllen zwei Zwecke: Das Monopol bleibt gesichert, und die Kasse stimmt.

Gerade mit den „Verordnungen", die allein von den verantwortlichen Medizinern in den Krankenhäusern und den Arztpraxen abgezeichnet werden dürfen, ist schon in der Vergangenheit viel Schindluder getrieben worden.

Unter dem Siegel der Verschwiegenheit und mit ängstlicher Forderung nach Diskretion erzählen Sanitäter, wie es in der alltäglichen Praxis abläuft. Ganze Blocks mit Verordnungen werden von einzelnen Ärzten pauschal und blanko unterschrieben. Das spart Zeit und ermöglicht dem Sanitäter Manipulationen. Er ist es nämlich, der den Rest ausfüllt: Name des Patienten, Krankenkasse und — das ist entscheidend — die Art der Beförderung. „Sitzend" oder „liegend", das ist hier die Preis-Frage. Und durchaus üblich soll es in diesen Fällen sein, daß statt dem angebrachten und ehrlichen Kreuz bei „sitzend", mit zwei kurzen Strichen sozusagen bei „liegend" der teure Tarif in Anrechnung gebracht wird. Dabei geht es nicht um Pfennigbeträge. Bei einer Stadtfahrt von 10 Kilometern kann der „kleine" Unterschied schon mal dafür sorgen, daß 80 bis 100 Mark mehr für das Deutsche Rote Kreuz herausspringen. Die Patienten registrieren das nicht, es sind ja die Krankenkassen, die das bezahlen, und die wiederum haben kaum Möglichkeiten zur Kontrolle. Sollen sie etwa die Richtigkeit jedes Transportscheins telefonisch nachfragen? Schon allein der Massenbetrieb in den Krankenhäusern macht dies unmöglich. Die Sanitäter, die solche Geschichten erzählen, berichten auch, daß es für diesen fragwürdigen Umgang mit dem Geld aller Versicherten nicht einmal der offiziellen Anweisung durch den DRK-Verein bedarf. Ein „ungeschriebenes Gesetz" sei dies, weil im internen Betrieb des Krankentransportdienstes immer wieder von der notwendigen Auslastung und vom Umsatz und von der Kilometerleistung die Rede sei. Und schließlich hingen vom Umsatz ja auch viele Arbeitsplätze ab. Engagierte Arbeitnehmer sind eben notwendig, um den notorisch finanzschwachen Betrieb über Wasser zu halten.

Wenn in Einzelfällen doch einmal die DRK-Abrechnung auf frischer Tat ertappt wird, und dies ist meist nur bei aufmerksamen Privatpatienten der Fall, dann wird rasch ein „Irrtum" zugegeben und die Kosten werden reduziert. Böswillige Betrugsabsicht zu unterstellen, ist unzulässig. Ein Kläger müßte gefunden werden, der ein berechtigtes Interesse nachweisen und der belegen kann, daß er geschädigt wurde. In einem Verfahren vor einem Frankfurter Gericht sollte ein ehemaliger Sanitäter zu dieser Frage als Zeuge gehört werden. Er hat die Aussage verweigert, um sich nicht selbst belasten zu müssen.

Die Beispiele fragwürdiger Methoden ließen sich endlos fortsetzen. Das kopfschüttelnde Erstaunen darüber allerdings bringt keinen Ausweg aus dieser verfahrenen Situation. Der Kleinkrieg oder vornehmer ausgedrückt, der Wettbewerb ist ruinös, nicht so sehr für den einen oder anderen privaten bzw. gemeinnützigen Repräsentanten auf dem Markt, er ist ruinös für die Menschen, um die es dabei geht. Oder geht es um die wirklich nur noch nebenbei? Wer trägt die Verantwortung für das unverantwortliche Treiben auf dem Markt? Sind es etwa die Politiker, die zunächst Krankentransport und Rettungsdienst zu ihrer öffentlichen Aufgabe gemacht haben, die dann aber alles im bürokratischen, unkoordinierten Chaos versacken ließen? Ist vielleicht sogar das Deutsche Rote Kreuz gemeinsam mit den anderen Hilfsorganisationen aus Sachzwängen heraus zu undurchsichtigen Machenschaften gezwungen? Oder spielen sie das alles ganz gerne mit, weil die große Politik stets auch die Verbandsinteressen hegt und pflegt?

Mit der Schlagzeile „Jagdszenen mit Krankenwagen" kommentierte Klaus-Peter Krause in der Frankfurter Allgemeinen Zeitung vom 3. März 1984: „Zugespitzt hat sich die Auseinandersetzung zwischen Gemeinnützigen und Privaten aber auch noch durch Praktiken von Behörden und Politikern, den Hilfsorganisationen Patientenfahrten zu Lasten der örtlichen Privatunternehmen zuzuschanzen. Ein besonders drastischer Fall spielt gerade in Baden-Würtemberg. Dort wehren sich private Unternehmer gegen das Eindringen der Gemeinnützigen in den Sitzendtransport, in dem sie mit eigenem Krankenwagen (durchaus rechtmäßig) auch Liegendtransporte vornehmen. Aber das Stuttgarter Gesundheitsministerium hat Ärzte und Krankenhäuser mit Rundschreiben aufgefordert, nur die gemeinnützigen Wagen zu benutzen, und den Krankenkassen ans Herz gelegt, die Kosten privater Krankentransporte nicht zu erstatten. Ein staatlicher Boykottaufruf einer CDU-Regierung gegen einen privaten Mittelstand — das ist ein politischer und wettbewerbspolitischer Leckerbissen zugleich. Behinderungen in anderen Bundesländern sind ebenfalls dingfest gemacht."

Wer noch etwas retten will, der muß sich mit dem Gedanken anfreunden, daß nur noch eine Radikalkur hilft. Es ist ein Einschnitt notwendig, der sich leider offensichtlich nicht mehr auf das freie Spiel der Kräfte verlassen darf und kann. Schließlich geht es hier nicht nur um Prinzipien der Marktwirtschaft, um Regularien einer Wirtschaftsgesellschaft, die, wie wir gesehen haben, auch nicht funktionieren, weil voneinander abhängige Interessengruppen zwischen Politik und Wohlfahrt sich eher gegenseitig helfen. Warum aber soll es einen echten Wettbewerb nicht geben? Warum wird der von Subventionen verwöhnte Riese im Geschäft, das Deutsche Rote Kreuz, nicht zurechtgestutzt auf seine wahre Größe? Abseits humanitärer, idealistisch verbauter Sichtblenden bliebe ein Wirtschaftsunternehmen übrig, nichts weiter.

Der Ruf nach schärferen Gesetzen ist immer einfach, nur selten aber birgt er eine Lösung. Der sachlich überlegte und berechtigte Vorschlag des Bundesverkehrsministerums aus dem Jahre 1980 aber kann wahrscheinlich nur auf dem Wege der Verordnung durchgesetzt werden. Alles, was sitzen kann, gehört den Privaten, alles, was nachweislich liegen muß, gehört staatlich anerkannten Krankentransportdiensten und zu denen können sich auch Privatunternehmer gesellen, die sich zur Einhaltung von festgelegten Regeln verpflichten. Auch diese müssen ihre Fahrzeuge und ihr qualifiziertes Personal für den Einsatz Tag und Nacht zur Verfügung stellen, und ebenso selbstverständlich sind sie im Katastrophenfall bereit. Wer einen Krieg auf den Straßen um Patienten führt oder wer nachweislich bei Abrechnungen schummelt, egal ob privater Unternehmer oder gemeinnütziger Samariter, der bekommt seine Zulassung entzogen. Ein offener und vielleicht ehrlicher Konkurrenzkampf wäre die Folge, der möglicherweise bald die Antwort auf die Frage liefert, wer denn der Beste ist im Land.

Staatliche Zuschüsse werden nur noch für den hochqualifizierten Rettungsdienst geleistet. Die zwangsläufig höheren Kosten für einen wirklich sehr guten Einsatz im Notfall mit nur noch bestens ausgebildeten Rettungssanitätern wären durchaus finanzierbar durch die Einsparungen, die beispielsweise bei einer Neuorganisation des einfachen Krankentransports erzielt werden könnten. Der Rettungsdienst als öffentliche Aufgabe und Verpflichtung des Staates muß dann auch staatlich kontrolliert und beaufsichtigt werden. Die Forderung nach einer kompletten Verstaatlichung des Rettungsdienstes allerdings wäre vorschnell. Zuviel Staat heißt immer auch zuviel Bürokratie, zuviel Apparat und zuwenig Rücksicht auf Menschlichkeit. Warum aber soll es eine Illusion, ein naiver Traum nur sein, daß alle gemeinnützigen Hilfswerke, die sich heute im Sanitätsdienst auf den Straßen engagieren, zu einem Bündnis zusammenschließen im Interesse der Menschen, um die es geht. Sie sollen nicht ihre Unterschiedlichkeit und ihre Vielfalt preisgeben dort, wo sie in anderen Arbeitsbereichen zum Beispiel in der Sozialarbeit unterschiedliche inhaltliche Konzeptionen verfolgen. Diese Vielfalt ist ein Stück Freiheit, und sie ist Beweis für den Bestand einer demokratischen Gesellschaft.

Wenn es jedoch um die Notfallrettung von Menschen geht, dann muß es doch möglich sein, daß alle an einem Strang ziehen und sich nicht länger in albernen, aber folgenschweren Rangeleien und Marktkämpfen verheddern. Aber vielleicht ist es wirklich naiv, daran zu glauben, daß Verbandsinteressen und egoistische Selbstdarstellungsbedürfnisse zurückgestellt werden können hinter den gemeinsamen und oft beschworenen Anspruch, den Menschen dienen zu wollen. Diesen Anspruch könnten die Hilfsorganisationen unter Beweis stellen, wenn sie sich im Rettungsdienst zu Arbeitsgemeinschaften zusammenschließen, wenn sie nicht mehr nur ausschließlich nach Markt- und Umsatzkalkül Gebiete und Reviere aufteilen, damit möglichst jeder möglichst viel abbekommt vom Millionen-Spektakel. Solche Arbeitsgemeinschaften könnten belegen, daß es nicht länger um ein Nebeneinander, sondern um ein gemeinsames Miteinander im Interesse eines schlagkräftigen Rettungsdienstes geht.

Der Zustand heute ist unvertretbar. Noch ist es so, daß keine Chance für eine Neuorganisation zu bestehen scheint. Die kleinen auf dem Markt, also der Arbeiter-Samariter-Bund, die Johanniter-Unfallhilfe und der Malteser-Hilfsdienst, wollen größer werden und der Große, das Deutsche Rote Kreuz, will seine Größe nicht verlieren.

Der folgende Bericht ist eine Bestandsaufnahme über Zustände im gesamten Rettungsdienst in der Bundesrepublik Deutschland. Die Kritik trifft alle Hilfsorganisationen, vor allem aber das Deutsche Rote Kreuz als „Marktführer".

Werner Wolfsfellner, der über 10 Jahre Erfahrung im Rettungsdienst in München verfügt, zieht eine Bilanz aus seiner Sicht.

Die Erzählungen aus der Wirklichkeit sollten jedem Politiker, aber vor allem jedem Bürger, der schon morgen betroffen sein kann, die Augen öffnen. Aber auch die Rettungsdienste, egal wie sie heißen und unter welcher Fahne sie fahren, sind zur Besinnung aufgerufen.

Werner Wolfsfellner:

Rette sich, wer kann

Ein Rettungssanitäter erzählt

Das höchste Gut

Wenn in asiatischen Großstädten ein Mitmensch vom Auto zusammengefahren wird, so kommt es vor, daß die Herumstehenden für auf uns unverständliche Weise dieses Schicksal tatenlos belächeln — und die Müllabfuhr sich Stunden später um den Verletzten kümmert. Wird in der Bundesrepublik Deutschland jemand zusammengefahren, so sollte man meinen, daß unserem höchsten Gut — eben der Gesundheit — die allerbeste Hilfe zuteil wird. Das ist ein tödlicher Irrtum!

Die Größe des Rettungsapparates

Mit etwa 6.000 Rettungs-, Kranken- und Notarztwagen wird in Deutschland für Überlebenschancen und Krankenbeförderung gesorgt. Legt man einen durchschnittlichen Preis zugrunde, so haben diese Fahrzeuge einen Wert von etwa 500 Millionen Mark. Allein das Deutsche Rote Kreuz hat etwa 4.300 Rettungsfahrzeuge und beförderte damit im Jahre 1980 über 4.350.000 Personen. Darunter waren rund 460.000 Notfälle, also Verkehrsunfälle, internistische Notfälle, aber auch Unfälle im Haus, Sport und Betrieb, Vergiftungen usw. Das DRK fuhr mit diesen Fahrzeugen 1980 über 118.000.000 Kilometer. Die Betriebskosten des Landrettungsdienstes in Bayern beliefen sich im Jahre 1983 beispielsweise auf 125.000.000 Mark.

Im Rettungsdienst und Krankentransport beschäftigt das DRK etwa 5.700 hauptberufliche, 570 nebenberufliche und 18.700 ehrenamtliche Personen. Daneben noch 3.600 Zivildienstleistende.

Genaue Zahlen gibt es allerdings hierüber nicht. Dennoch zeigen diese Annäherungswerte, in welchen Größenordnungen hierzulande gerettet und befördert wird, nämlich in Millionen- und Milliardenbeträgen.

Samaritane Laienhilfe

Bei den zivilisierten Völkern war es scheinbar immer üblich, sich um Kranke und Verletzte zu kümmern, sie zu versorgen und zu pflegen. Wer sich nicht mehr aus eigener Kraft fortbewegen konnte, wurde gestützt, getragen oder gefahren. Bis zu einem Ort, wo es Ruhe, Geborgenheit oder irgendwie geartete Hilfe gab. Schon in der Bibel (Luk. 10) steht hierüber geschrieben, „daß ein Mann von Jerusalem hinab nach Jericho ging und unter die Räuber fiel. Sie plünderten ihn aus, schlugen ihn wund, ließen ihn halbtot liegen und gingen davon. Ein Samariter aber, der des Weges zog, kam hinzu, sah ihn und erbarmte sich seiner. Er ging hin, verband seine Wunde und goß Öl und Wein darauf. Dann hob er ihn auf sein Reittier, brachte ihn zu seiner Herberge und trug Sorge für ihn." Der „erste halbtote Notfallpatient" wurde also mit dem Pferd des Samariters krankenbefördert.

Bis zum Zweiten Weltkrieg fand Erste-Hilfe ihr Selbstverständnis in dem Gedanken der Caritas, der tätigen Nächstenliebe und im Überwinden von Entfernungen. Diese Laienhilfe war charakterisiert durch die Verwendung von Labeflaschen, Anlegen von Schienen, Ammoniak-Riechfläschchen, Handauflegen und menschliche Zuwendung.

Vorklinische Behandlung

Wissenschaftliche Erkenntnisse des 19. und 20. Jahrhunderts und eine daraus resultierende medizinische Neuorientierung bei den Behandlungsmöglichkeiten und -prioritäten von Verunglückten und Schwersterkrankten leiteten in der Ersten-Hilfe eine neue Epoche ein.

Schon unter Baron Larrey (1766-1842), dem Chefchirurgen der Großen Armee Napoleons I., wurden „fliegende Lazarette" hinter den Schlachtfeldern eingeführt. Das war das erste militärische „Notarztsystem". Der berühmte deutsche Chirurg Kirschner forderte bereits 1936 in Heidelberg, daß *„der Verletzte nicht so schnell wie möglich zum Arzt, sondern der Arzt so schnell wie möglich zum Verletzten gelangen muß"*, um die schwierigste und für das Überleben entscheidende, sich direkt an das Trauma (Verletzung) anschließende Phase, mit geeigneten, lebenserhaltenden Maßnahmen überbrücken zu können. Also: schnelle ärztliche Hilfe zum Notfallpatienten und nicht umgekehrt.

Der „Krieg als Vater aller Dinge" brachte eine stürmische notfallmedizinische Entwicklung mit sich. Man erkannte, daß einerseits die Sauerstoffversorgung von Notfallpatienten von entscheidend lebenswichtiger Bedeutung ist. Man denke nur an das fast unbegrenzt mögliche „Leben" an der Beatmungsmaschine. In der Praxis wurden neue Methoden der Akut- und Dauerreanimation (Wiederbelebung) entwickelt. Ebenso überlebenswichtig ist das Anlegen von Infusionen, dem Blutersatz. Der Vietnamkrieg lieferte hierzu spezielle Erkenntnisse. Studien amerikanischer Mediziner machten weltweit bekannt, wie einfach „Leben-Retten" auch durch entsprechend geschultes nichtärztliches Personal sein kann.

Seit dieser Zeit war die Aufgabenstellung des Sanitäters, der retten sollte (daher „Rettungssanitäter"), nicht mehr Handauflegen und ein Stoßgebet, sondern vorklinische Versorgung. Lebenretten als verlängerter Arm des Krankenhauses. Da heute und in absehbarer Zeit nicht genügend Notärzte im Rettungsdienst eingesetzt werden können (zur Zeit werden etwa 70 bis 80 % aller Notfälle von Rettungssanitätern versorgt und transportiert), bedeutet dies, daß Notfallpatienten nicht erst im Krankenhaus, sondern am Notfallort selbst fachlich-qualifizierte medizinische Hilfe bekommen müssen. Notfallpatienten sind Kranke oder Verletzte, die sich in Lebensgefahr befinden oder bei denen schwerwiegende gesundheitliche Schäden zu befürchten sind, wenn sie nicht unverzüglich medizinische Hilfe erhalten. In der Praxis heißt das: zuerst wird behandelt, dann transportiert.

Die „Pfortentheorie“, nach der man sich erst um einen Patienten gekümmert hat, wenn er durch die Pforte des Krankenhauses getragen war, gehört somit endgültig der Vergangenheit an.

Damit wurde aber auch das Rettungswesen technisch und medizinisch auf den Kopf gestellt und die entscheidende Forderung an das Personal im Rettungsdienst herangetragen: Rettungsdienst mußte professionell werden. Damit wurde ebenso eine Kriegserklärung verantwortungsbewußter Mediziner an diejenigen Laien-Sanitätsorganisationen abgegeben, die an Heftpflaster und Stoßgebet als Notfallversorgung festhalten möchten.

Qualifikation des Rettungsdienstpersonals

Die Arbeit im Rettungsdienst erfordert heutzutage ein hohes Maß an theoretischer und praktischer Ausbildung. Sowohl medizinischer als auch technischer Art. Eine definitorische Trennung von Rettungsdienst und Krankentransport erscheint nicht sinnvoll, da erfahrungsgemäß jeder Kranke plötzlich auch zum Notfall werden kann. Zudem wird in vielen Rettungsdienstbereichen nach dem Prinzip des „nächsten Fahrzeuges“ gearbeitet. Das nächstbeste Fahrzeug, egal ob es sich um einen Kranken- oder Rettungswagen handelt, wird zu dem gemeldeten Notfall geschickt. Nötigenfalls wird auch ein Notarzteinsatzfahrzeug (NEF, also Pkw mit Arzt) oder ein Notarztwagen (NAW, Rettungswagen mit Notarzt) hinterher beordert. Die Hilfsfrist kann dadurch entscheidend kürzer sein. Denn aus einem telefonisch gemeldeten Hilferuf kann die Rettungsleitstelle nicht immer genau entnehmen, was nun passiert ist und welche Rettungsmittel — ob mit oder ohne Arzt — helfen müssen.

Dies kann funktionieren, muß aber nicht. Technik alleine macht noch keinen Rettungsdienst. Sieht man nämlich im Krankenhaus einen „Weißgekleideten“, so kann man mit wenigen Ausnahmen davon ausgehen, daß derselbe eine sonst auch übliche Berufsausbildung absolviert hat. Mit Lehrzeit oder Studium, Praktikum und abschließend staatlichem Examen. Liegt nun ein Mensch in seinem Blut im Straßengraben, kommt mit Blaulicht und Fanfaren ein 100-Tausend-Mark-Rettungsauto angebraust, springen dann zwei oder drei „Weißgekleidete“ heraus — so meint Otto Normalverbraucher auch, daß diese „Retter“ ebenso eine mehrjährige Berufsausbildung hinter sich gebracht haben. Genauso wie etwa der Krankenpfleger. Hier irrt sich Otto Normalverbraucher gewaltig.

Die seit 20 Jahren immer wieder von erfahrenen und verantwortungsbewußten Notfallmedizinern erhobene Forderung — so von Prof. F. W. Ahnefeld aus Ulm —, daß der Rettungsdienst professionalisiert werden muß, ist bisher immer noch blanke und blutige Theorie.

Wenn ein 100-Tausend-Mark-Rettungsfahrzeug anheult, so ist das medizinische und technische Können des Personals auf diesem Fahrzeug in keiner Weise irgendwie verbindlich vorgeschrieben, gesichert oder überprüft. Wie gut — oder wie schlecht geholfen, gerettet oder vermurkst wird, ist reiner Zufall. *Ein Roulette-Spiel mit dem Tode.* Dieses Spiel mit dem Tode ist nicht abhängig davon, ob nun eine ehrenamtliche, hauptamtliche oder gemischte Mannschaft, Zivildienstleistende oder sonst wer mit Blaulicht und Uniform unterwegs sind.

Zur Klarstellung: es gibt heutzutage sehr gute, meist im Selbstunterricht professionalisierte Rettungsteams, daneben aber auch absolut unausgebildete. Die einen wie auch die anderen sind aber weder für den rettungsdienstlich Informierten noch für den kranken oder gesunden Mitbürger erkenntlich. Die Qualität der rettungsdienstlichen Versorgung hängt ferner von der Uhrzeit und von dem Ort, wo etwas passiert ist, ab. Auch von Unwägbarkeiten wie der Witterung und Verkehrsdichte. Das Leben eines Notfallpatienten hängt an vielen seidenen Fäden, ist abhängig von der Notfallmeldung, der Ersten-Hilfe, der Ortskenntnis der Retter und deren Können. Ein Tolpatsch oder Neuling kann dieses empfindliche Rettungsnetz sekundenschnell zerreißen.

In Ballungsräumen ist eine ausreichende Funktionalität des Rettungsdienstes heute meist vorhanden. Besonders zusammen mit einem zusätzlichen Notarztsystem, das auch als „Rettungsanker" für die Sanitäter bei schwierigen Situationen dienen kann. Allerdings steht es mit der Organisation und Qualifikation des Notarztdienstes auch nicht zum allerbesten. Rechtliche und finanzielle Probleme sind weitgehend ungeklärt. Meist funktioniert der Notarztdienst auch nur durch das freiwillige Engagement von Krankenhäusern und Medizinern. Die verschiedenen Schwachstellen in der sogenannten „Rettungskette", d.h. Laienhelfer-Rettungssanitäter/Notarzt-Klinik, sind gleichmäßig verteilt und verbesserungsbedürftig.

Problematisch ist grundsätzlich das Rettungswesen in ländlichen Bereichen, mit langen Anfahrtswegen und -zeiten. Auch mit größeren Ausbildungsproblemen. In dünn besiedelten Gebieten kann oft nicht einmal nebenher Basisausbildung im Krankenhaus oder in der Sanitätskolonne betrieben werden. In strukturschwachen Gebieten sträuben sich Arbeitgeber, geeignete Ausbildung während der Arbeitszeiten für ehrenamtliche Sanitäter mitzutragen. Der hauptamtliche Rettungssanitäter ist meist unverrückbar in seinen Dienstplan — und nicht Weiterbildungsplan — eingezwängt. Zudem wurden bundesweit aus „Kostendämpfungs-Sparmaßnahmen" viele hauptamtliche Rettungssanitäterstellen gestrichen und ungerührt, vorwiegend peripher gelegene Rettungswachen aufgelöst. Die Anfahrtswege für die Rettungsfahrzeuge wurden noch länger. In Bayern wurden von 1982 auf 1983 sechs Rettungswachen aufgelöst. Numerisch ist das keine große Sache, es sind noch etwa 260 Rettungswachen vorhanden. Für den betroffenen Verunglückten in der

Nacht um 3.00 Uhr bedeutet dies aber — entweder im Bayerischen Wald oder auf einer Bergstraße —, daß seine Überlebenschancen noch schlechter sind als vorher. Dies gilt aber genauso gut vom Rettungsdienst in Niedersachsen, Hessen und allen anderen Bundesländern einschließlich West-Berlin.

Hat ein Notfallpatient also Pech, dann passiert ihm das gleiche wie im Alten Testament. Er wird irgendwann auf ein Gefährt geschnallt und unbehandelt mit quietschenden Reifen und mit immer weiter sich vertiefenden, irreversiblen Schädigungen, vor allem an inneren Organen, in eine Klinik kutschiert. Eine heute mögliche, frühzeitige Behandlung, zum Beispiel Schockbekämpfung durch Infusion, Herz- oder Atemstillstand durch Wiederbelebung, hilft ihm nicht zum Weiter- oder Überleben. Falls er dennoch überlebt, wird er auf jeden Fall ein Rehabilitant mit einem sehr hohen Kostenaufwand für die Gemeinschaft. Dies ist ein Kostenaufwand, zusammen mit vielen Tausenden von Mark für die Intensivstationenbehandlung, der unbestritten vielfach höher im volkswirtschaftlichen Sinne ist, als beruflich qualifiziertes Personal im Rettungsdienst einzusetzen.

Da heute der Rettungsdienst und Krankentransport zahlenmäßig *nur 0,65 % (!)* der Gesamtausgaben für das Gesundheitswesen ausmachen, erscheint die erbarmungslose Absage an eine berufliche Ausbildung durch Politiker, Hilfsorganisationen, Krankenkassen sowie Bund, Länder und Gemeinden unverantwortlich und geradezu skandalös.

Holt man sich einen Tapezierer oder Fernsehtechniker ins Haus und merkt irgendeinen Mangel an seiner Arbeit, dann wirft man ihn raus, zahlt nicht oder reklamiert bei der Innung. Liegt man hilflos im Koma auf der Straße und fummelt ein Sanitäter an einem herum — oder macht gar nichts —, so kann man ja schlecht reklamieren. Es kann dann auch schon zu spät sein.

Falls ein Notfallpatient mal Glück mit seinem Rettungsteam hatte — für den Laien ist nun einmal der Rahmen medizinischer Hilfe mit Notfallmedikamenten, Geräten und Methoden schwer verständlich —, so heißt das, daß nach Schichtwechsel ohne weiteres wieder eine „Pfuscherkolonne" unterwegs sein kann, die noch nie einen Operationssaal von innen gesehen und auch keine Ahnung von Geräten und Notfallpräparaten im Fahrzeug hat. Im Rettungsdienst ist alles möglich.

Medizintechnische Ausstattung

Im Gegensatz zur personellen Qualifikation befindet sich der Rettungsdienst in der Bundesrepublik Deutschland auf einem hohen technischen, apparativen und pharmazeutischen Niveau. Auch das Personal in den Rettungsleitstellen ist heute durchweg gut geschult. Zwar knapp besetzt, aber auch so clever, sich neben Alltagsproblemen im Rettungsdienst auch mal Gedanken über eine Klein- oder Großkatastrophe zu machen. Mikroelektronik zur Vereinfachung und Beschleunigung des einsatztaktischen Vorgehens hat hier noch viel Platz. Der Rettungsdienst-Markt ist hart umkämpft und mit etlichen Zuwachsraten versehen. Es handelt sich hier um Beatmungs- und Narkosegeräte, Notfallmedikamente aller Art, Absauggeräte, Rettungsfahrzeuge, Defibrillatoren (Elektroschockgeräte), Verbandsmaterial, akustische und optische Warnsignale, Bekleidung, Tragengestelle u.v.m. Die Industrie gibt hier ihr Bestes. Fast zu viel angesichts der geschilderten Ausbildungsproblematik. Denn niemandem ist geholfen, wenn — wie selbst erlebt — der Notarzt zum Sanitäter ruft, „bring schnell eine Macrodex" (Infusionslösung) und derselbe schleppt den Wagenheber an. Oder wenn sich ein anderes Extrem durch Schmalspurausbildung breit macht: daß jedem Patienten, der es sich gefallen lassen muß, eine Anstecknadel (Kanüle) als Andenken in die Vene gepult wird. Auch Defibrillatoren sind keine ungefährlichen Spielzeuge. Teuerste und komplizierte Geräte in Händen von Rettungslaien sind keine Seltenheit.

Strukturen des Rettungsdienstes

Rettungsdienst und Krankentransport sind in Deutschland Ländersache. An der Durchführung des Rettungsdienstes sind beteiligt die traditionellen Hilfsorganisationen (Deutsches Rotes Kreuz e.V., Malteser Hilfsdienst e.V., Arbeiter-Samariter-Bund e.V., Johanniter-Unfallhilfe e.V.), die Feuerwehren, Bundeswehr, Deutsche Lebensrettungs-Gesellschaft e.V., private Unternehmer (Taxi-Mietwagen-Rettungsdienst-Bestattungs-Kombinationen), ARV (Bundesverband der Allgemeinen Rettungsverbände Deutschlands e.V.), Kliniken und verschiedene gemeinnützige Vereinigungen. In der Luftrettung ist der ADAC e.V., die Deutsche Rettungsflugwacht e.V. und auch diverse private oder gemeinnützige Unternehmen vertreten.

Im deutschen Rettungsdienst sind die unterschiedlichsten Fahrzeuge und Fabrikate unterwegs. Vom Motorrad bis zum Chevrolet, vom Mercedes bis zur Marke Eigenbau. Sie haben Blaulichter vorne, hinten oder seitlich. Die „Rettungsmusik" kommt genauso ungenormt von Preßluftfanfaren oder als Elektronic-Sound. Die Rettungsfahrzeuge haben die unterschiedlichsten Größenordnungen und alle erdenklichen Farben. Vom feuerwehrrot bis lindgrün und zumeist die Tarnfarbe beige (wie die Hausfarbe einer berühmten Keksfabrik — oder wie der Milchlieferant). Diese Fahrzeuge sind sowohl für den Touristen als auch Einheimischen weder nach Funktion noch Herkunft zu unterscheiden. Denn im Rettungshintergrund gibt es noch die den Sanitätsorganisationen zugeordneten Zivil- oder Katastrophenschutzfahrzeuge, Blutspendeautos, Spezial- und Behindertenfahrzeuge, die auch mit den Leuchten in der Farbe der Treue versehen sein können.

Sicherheitsaspekte für die Retter und anderen Verkehrsteilnehmer im Hinblick auf Kontrast- oder Leuchtfarben und ein einheitliches optisches Erscheinungsbild sind hier nicht gefragt. Zwischen Schleswig und dem Bodensee rettet jeder nach seinem eigenen Design, jeder mit seiner eigenen Kriegsbemalung.

Dieses wirre Durcheinander entstand vor allem durch Verordnungen der Besatzungsmächte nach dem Zweiten Weltkrieg. So ist der Rettungsdienst in Hamburg und Nordrhein-Westfalen beispielsweise Sache der Feuerwehren. In München fährt die Feuerwehr nur den Notarztdienst. Regional sind im Rettungsdienst mal die Johanniter, mal die Malteser, aber immer das Deutsche Rote Kreuz in Vormachtstellung. Im Berliner Branchentelefonbuch gibt es fast zwei Seiten Privatanbieter von Krankentransport und Rettungsdienst. In Gießen fährt der berühmte „Private" Dionys Münstermann mit seinen 16 Fahrzeugen. Es gibt im Rettungsdienst 1-, 2-, 3- und 4-Mann-Besatzungen. Der erste Fall soll der Vergangenheit angehören, sagen die zuständigen Minister. Tut es aber nicht! Nicht nur in Niedersachsen, hier speziell auf den Inseln, gibt es noch die 1-Mann-Besatzung auf dem Rettungsfahrzeug. Der Retter ist in diesem Falle auf die tätige Mithilfe von Passanten angewiesen. Oder das Fahrzeug wird retour von einem Polizisten gefahren, während der Sanitäter sich hinten im Fahrzeug um den Patienten kümmert. Aus dem Raum Heilbronn ist ein Taxi-Unternehmen bekannt, das mit seinem Bestattungswagen auch einmal, als es eng wurde, einen Schwerstverletzten von der Autobahn weg im Zinksarg in die Klinik gefahren hat. Rette sich, wer kann!

In Berlin erlebte ich, wie ein tiefbewußtloser Betrunkener, den man in München nur unter genauer Überwachung im Notarztwagen in die Klinik gefahren hätte, von anwesenden Polizisten in ihren VW-Bus wie ein Sack Kartoffeln geworfen und weggefahren wurde. Das ist alternativer Rettungsdienst.

Das Drunter und Drüber wird dadurch noch genährt, daß einige Bundesländer sogenannte „Rettungsdienstgesetze" erlassen haben, um Ordnung und Übersicht in das Chaos zu bringen. Andere Länder haben dies wohlweislich unterlassen, um sich in dieser heiklen Materie ja nicht festzulegen. Diese haben dann Verordnungen unverbindlichster Art formuliert. In der einen Ecke Deutschlands wurde die Durchführung des Rettungsdienstes den Organisationen ganz, in der anderen nur teilweise übertragen. Transparenz sollte wohl nicht gegeben sein.

Der Konkurrenz unter den Rettungsorganisationen ist damit Tür und Tor geöffnet. Jeder gegen jeden, heißt die Devise. Auch wenn in der Öffentlichkeit die Arbeit „an der gemeinsamen Sache Lebenretten" vorgegaukelt wird. Bei rund 6,5 Millionen Transporten pro Jahr entwickeln manche Spitzenfunktionäre der Verbände höchst schauspielerische

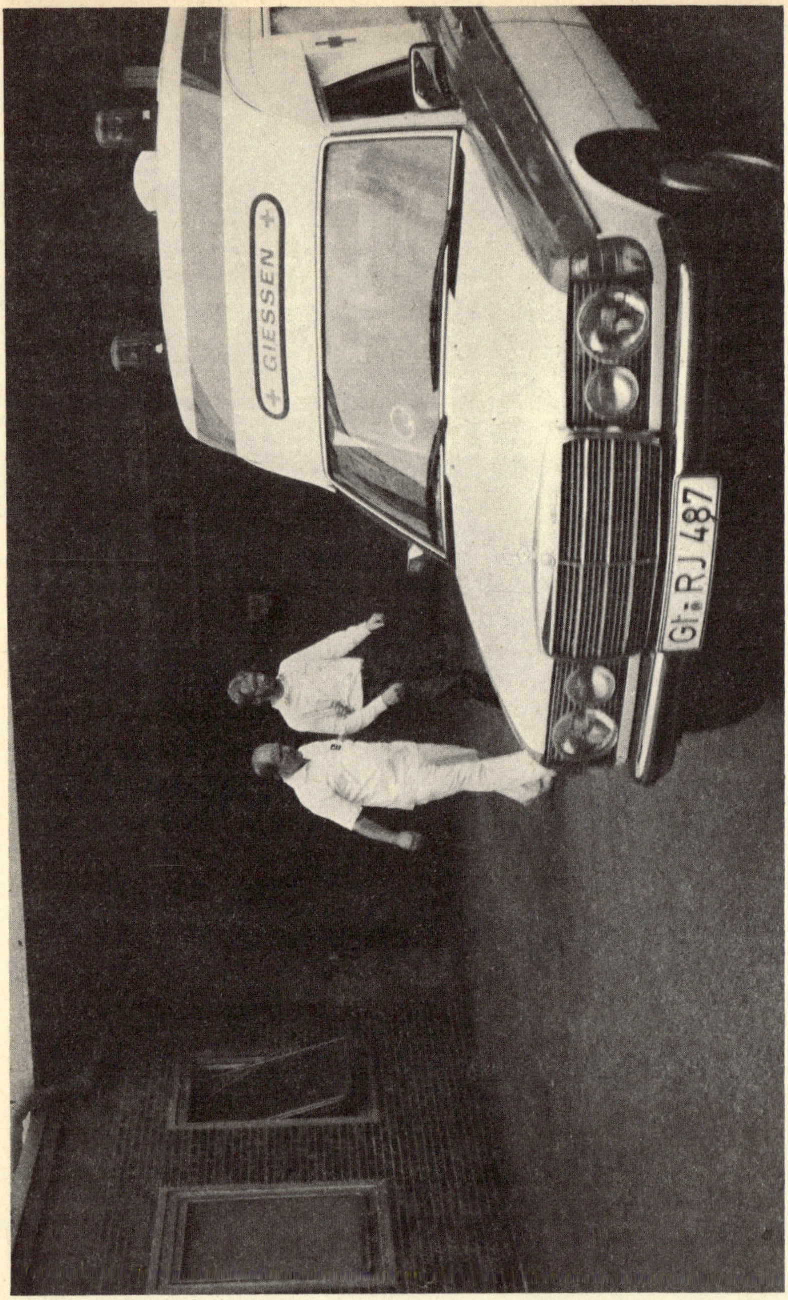

DRK-Krankenwagen

Fähigkeiten, wenn es um die Wahrung der heilen Fassade und Pseudo-Leistungsfähigkeit im Rettungsdienst geht.

Der Notfallpatient „Rettungsdienst-Kontrolle"

Trotz aller Gesetze und öffentlichen Vereinbarungen ist im Endeffekt keiner zuständig und verantwortlich für die Kontrolle und eine — im amtsdeutsch: „ordentliche" — Ausführung des Rettungsdienstes. Zuständige Ministerialbeamte geben sogar die Anweisung an eine Leitstelle, daß sie als nicht zuständig bezeichnet werden möchten. Gäbe es keinen TÜV, der wenigstens die Reifenprofile und Bremsen turnusmäßig überprüft, dann sähe das alles noch viel katastrophaler aus. Die Rettungsdienstgesetze sind reines Papier, nur Rahmengesetze. Ohne irgendwelche strafandrohenden Konsequenzen bei der Nichteinhaltung von Rettungsdienstvorschriften. Andere, auch im Rettungsdienst greifende, gesetzliche Vorschriften, schweben ebenso ungestört in einem Rechtsvakuum.

Nach dem Bundesseuchengesetz vorgeschriebene Desinfektionen an Fahrzeugen, Personal und Kleidung werden ungestraft ignoriert. Gewissenlose Geschäftsführer lassen ihre Rettungssanitäter durchaus ohne Personenbeförderungsschein fahren. Die Wartung der medizinisch-technischen Geräte, die Überprüfung der Qualifikation der Leute oder das Mindestalter der Sanitäter (auch Minderjährige waren schon als verantwortliche Rettungssanitäter unterwegs), interessieren keinen sogenannten Verantwortlichen.

Vorgeschriebene ärztliche Untersuchungen des Sanitätspersonals stehen genauso überflüssig auf dem Papier wie die vorgeschriebene Ortskundeprüfung nach der Straßenverkehrszulassungsordnung (StVZO). Datenschutzbestimmungen über die Ablage und Verwahrung der hochsensiblen Patientendaten werden übergangen. Die Transportbelege laufen durch die unterschiedlichsten Hände oder liegen offen herum. Das ist skandalös, weil Privatdaten der Patienten wie z.B. Arbeitgeber, Geburtsdatum, Adressen und ein eventuell erpreßbares Krankheitsbild wie Alkoholintoxikation oder Selbstmordabsicht, groß und breit aufgeschrieben sind. Die Rettungsdienstverwaltung und -geschäftsführung ist etwas für „Freiheitsliebende", da kann man tun und lassen, was man will. Und es macht auch jeder, was er will.

Es kümmert sich auch keine Berufsgenossenschaft um Arbeitsunfälle im Rettungsdienst. Retten ist ja kein Beruf. Die Dienst- oder Schutzkleidung ist oftmals kümmerlich, wenn nicht antiquarisch. Hauptsächlich tragen Sanitäter Turnschuhe bei der Arbeit. Damit kann man zwar schnell laufen, ist aber genauso schnell verletzt. In welchem „gefahrgeneigten" Beruf ist das wohl sonst noch beanstandungslos möglich? Keine Krankenkasse ist an der Prophylaxe im Rettungsdienst interessiert.

Hepatitis, Meningitis und die Wirbelsäulendefekte nimmt der Sanitäter gratis mit. Zuständige Gesundheitsämter sehen nichts, hören nichts, sagen nichts. Falls es mal ein Sanitäter wagt, auf derartige Mißstände hinzuweisen, dann halten die diversen Trägerschaften des Rettungsdienstes, die Zweckverbände und Ministerien zusammen und alle dicht. Eine privat durchgeführte Abklatschprobe in einem, sonst relativ sauberen Münchner Rettungswagen, hat eine grauslige Ansammlung von allen möglichen Kolis und Kokken ergeben. Kein Patient ist davor sicher, sich nicht irgendwo in einem Rettungsfahrzeug irgendeine Infektion zu holen. Das gleiche blüht dem Rettungssanitäter selbst. Und wenn schon nicht im Fahrzeug, so zumindest noch in seiner Rettungswache.

Da von den Verantwortlichen jeder jeden deckt, können Organisationsbeauftragte und Geschäftsführer in einem unvorstellbaren Rechtsvakuum wurschteln. Auch untereinander tut man sich gegenseitig kaum etwas, denn die Funktionärsmafia weiß genau vom anderen, wo der seine Leiche im Rettungskeller versteckt hat. Hauptsache ist, die Blaulichtfassade rollt, macht Werbung und bringt Spenden und Subventionen.

Aber weiter mit dem Kontrolldefizit. Keiner kontrolliert den unbarmherzigen Sanitäter, der aus eigenem Ermessen und göttlicher Selbstüberschätzung das „gelernte" Spritzen, Infusionsstechen und gar Intubieren an wehrlosen und hilflosen Patienten ausprobiert. Lieber tot als gerettet, möchte man da meinen.

Niemand sagt was über das Mitführen von verschreibungspflichtigen Notfallmedikamenten in den Fahrzeugen und Notfalltaschen und deren ungehinderte, unkontrollierte und risikoreiche Anwendung, die jedem weißgekleideten Sanitäter möglich ist. Darunter finden sich sogar Mittel, die „schrankpflichtig" sind, d.h. unter das Betäubungsmittelgesetz fallen. In der Apotheke unter Verschluß, im Rettungswagen im Durcheinander der Schubladen zu finden. Dies ist gut gemeint von Profis für Profis oder Ärzte am Unfallort, aber auch genauso leichtfertig, wenn die Verabreichung in Gottes Natur im Straßengraben nur vom Allmächtigen kontrolliert wird. Wer rettet vor dem Möchtegern-Arzt?

Da die Arbeit und die Befugnisse des Rettungssanitäters auch juristisch in keiner Weise geregelt sind, handelt der Sani immer nach eigener Risikofreude. Er steht deshalb auch immer mit einem halben Bein im Gefängnis. Kein Beruf heißt auch: keine Arbeits- und Tätigkeitsbeschreibung. Beherrscht er das Anlegen einer Infusion, dann bekommt er in dem einen Krankenhaus ein dickes Lob ausgesprochen. Im anderen bekommt der diensthabende Arzt einen Tobsuchtsanfall, reißt die Kanüle wieder heraus und schreit etwa, daß nur Ärzte so etwas machen dürften... Helfer in der Not. Nicht von ungefähr untersagte der leitende Rotkreuzarzt in Stuttgart seinen Rettungssanitätern generell, ohne

Anweisung eines Arztes eine Infusion anzulegen. Daß dabei ein Notfall in Anwesenheit eines qualifizierten Rettungssanitäters draufgehen kann, ist Nebensache. Hauptsache, man legt sich nicht fest und verleiht dem Chaos noch eine rechtliche Würdigung.

Ehrenamtliche müssen nach dem Personenbeförderungsgesetz eine Ortskundeprüfung als Fahrer eines Rettungswagens machen. Hauptamtliche fallen hier unter eine Sonderregelung. Dennoch erlebt man oft, daß kreuz und quer durch die Stadt oder im Kreis um den Notfallort fanfart wird. Oder daß der Fahrer plötzlich hält, das Blaulicht ausmacht und zum Beifahrer hinten meint: „Komm, ich weiß nicht mehr weiter, fahr du doch zur Klinik."

Das Rettungsdienst-Karussell wird weiterhin beschleunigt durch die verschiedensten Notrufnummern der Rettungszentralen. Aber auch durch die unterschiedlichsten Bezeichnungen für die „Notärzte" (ärztlicher Notfalldienst, Bereitschaftsdienst, Notfallarzt und nun neuerdings projektiert der „Rettungsarzt").

Es geht noch weiter. Da werden DIN-Normen für die Rettungsfahrzeuge vergessen und eine Marke Eigenbau zusammengebastelt. Da liegen in jedem Fahrzeug andere Instrumente, andere Geräte, andere Notfallmedikamente, verschiedene Kanülensysteme, verschiedene Anschlüsse. Nichts paßt zusammen, wenn es mal kritisch wird oder mehrere Rettungsmannschaften zusammenarbeiten müssen. Da paßt die Hubschraubertrage nicht in die Haltebühnen der Rettungsfahrzeuge. Man hält den „Notfallpatienten" dann mit den Händen zu viert oder fünft im Rettungswagen in der Waage. Man hat auch die teuersten und modernsten Krankenhäuser gebaut. Aber der Rettungshubschrauber kann nicht auf dem Klinikdach landen. Der Patient muß zuerst in einen Rettungswagen 30 Meter entfernt von der Klinik umgelagert werden, dann wird er in die Nothilfeaufnahme geschaukelt. In den Krankenhäusern selbst gibt es fahrbare Untersätze für die Tragen, worüber sogar Henry Dúnant schon geflucht hätte. Nichts paßt zusammen. Jene ungefederten Gestelle sind bestens geeignet, sich die Finger zu quetschen, den Patienten zu schütteln, schräg zu lagern oder auch mal fallen zu lassen. Diese skurillen Fahrgestelle geben das unglaubliche Gefälle im Rettungsdienst wieder. Auf der einen Seite Rettungshubschrauber und Elektronik, auf der anderen ein schmiedeeisernes Patientenwägelchen aus dem 19. Jahrhundert!

Rettungsdienst ist bunt. Mal kommen die Retter in Weiß daher, mal in Uniform von grau bis schwarz ins rot, in pastellfarbigen Chirurgenhemden oder im gleichen beige wie die meisten Fahrzeuge sind. Eine katholische Hilfsorganisation hat hier den Vogel mit Anoraks abgeschossen, welche die gleiche Farbe wie ihre Rettungsfahrzeuge haben und somit allen Sicherheitsprinzipien und dem gesunden Menschenverstand widersprechen. „Schreibtischmörder" schimpften die eigenen Leute über ihre hohen Ordensbrüder, die noch nie auf einem Rettungswagen gesessen haben und wie so mancher Bundesarzt dieser Organisationen auch nicht wissen, daß ein Auto vier Räder hat.

Dienstkleidung in Schutz- und Kontrastfarben, die jedem Straßenkehrer als verbindlich zu tragen vorgeschrieben sind und auch gestellt werden, hält man im Rettungsdienst für überflüssig. Der Straßenkehrer verdient ja schließlich auch mehr. Folglich ist sein Leben auch schützenswerter.

Nichtsdestoweniger ist erfreulich, daß Hunderte von verantwortungsbewußten Rettungssanitätern und auch wackere, zukunftsorientierte Vorgesetzte den Krempel noch nicht hingeworfen haben und mühsam, in kleinen Schritten an einer Verwirklichung der Utopie eines bundesdeutschen, geregelten und qualifizierten Rettungsdienstes arbeiten und tagtäglich den Ist-Stand verbessern.

Hierzu ist ein einjähriger Modellehrgang zur beruflichen Qualifizierung im Rettungsdienst in Karlsruhe zu zählen, womit man auch rund 25 arbeitslose Jugendliche von der Straße holen und sie in einen interessanten, abwechslungsreichen und befriedigenden „Lebensberuf" hinführen kann.

Angesichts der vielschichtigen Widerstände — auch aus eigenen Reihen — muß man diesen „Rettern in Verantwortung" eine besondere Anerkennung aussprechen, da es ohne sie noch viel düsterer im Rettungsunwesen aussehen würde.

Ehrenamtlich — Hauptamtlich

Die Mitwirkung von ehrenamtlichen Helfern im Rettungsdienst ist recht unterschiedlich verteilt. Es gibt Landkreise in Norddeutschland, wo der Ehrenamtliche ein echtes Fremdwort ist. Der Rettungsdienst wird hier ausschließlich von kommunal Bediensteten, beispielsweise von den Feuerwehren, durchgeführt. Im süddeutschen Raum sind Ehrenamtliche mit über 50% am Einsatzvolumen beteiligt. Es gibt hier rein ehrenamtliche Mannschaften, eventuell auch mit einer Schwester dabei oder gemischte Teams, mal mit einem Hauptamtlichen, mal mit einem Zivildienstleistenden. Ehrenamtliche können medizinisch hervorragend qualifiziert sein. Es sind darunter Krankenpfleger, ehemalige zivildienstleistende Rettungssanitäter, Ärzte und Medizinstudenten. Und ehrenamtliche Rettungssanitäter aus dem gesamten Berufsspektrum, vom Bäcker bis zum Regierungsrat. Was dem Ehrenamtlichen fehlt, ist Routine. Die ist aber oftmals im rettungstechnischen Ablauf und unter Zeitnot entscheidend. Man kann dies analog zu den Problemen bei der Berufs- und Freiwilligen Feuerwehr sehen. Man findet auch ehrenamtliche Aushängeschilder, überqualifizierte Rettungsmannschaften. Beispielsweise ein Team mit zwei Ärzten als Fahrer und Beifahrer und noch eine Anästhesieschwester als „dritten Mann". Auch Ehrenamtliche, welche das gefährliche Spannungsverhältnis zwischen Festangestellten und Freiwilligen abzubauen bemüht sind und sich nicht als Geißel Gottes für den Rettungsdienst-Stellenmarkt hergeben lassen. Es gibt aber auch das Versagerteam, mit insgesamt vielleicht 50 Stunden Ausbildung. Überforderte Retter in Uniform, die dann in der oft beobachteten Art und Weise hilflos mit den Händen in den Hosentaschen über dem Bewußtlosen dastehen und zusehen, wie der Ärmste blau und bläuer wird.

Es zeigt sich auch der Trend, daß das ehrenamtliche Modell süddeutscher Herkunft im Norden eingeführt werden soll. Billige Arbeitskräfte waren schon immer gefragt. In Bayern arbeitet ein Ehrenamtlicher, wenn nicht ganz umsonst, dann für eine Unkostenpauschale von etwa 10 Mark seine acht oder zehn Stunden im Rettungsdienst. Wenn man bedenkt, daß durchschnittlich etwa 150 Mark pro Transport verrechnet werden, so ist das ein lukratives Geschäft.

Für den hauptamtlichen Sanitäter bedeutet das ehrenamtliche Arbeitskräftepotential im Rücken nichts anderes als stetige Angst um seinen Arbeitsplatz. Wenn er aufmuckt oder nicht alles macht, was man ihm anschafft, dann fliegt er. Diese drückende Situation geht auch aus einer Studie über Arbeitsbelastung im Rettungsdienst hervor. Da helfen auch keine Gewerkschaften. Denn während Metaller und Drucker um die 35-Stunden-Woche kämpfen, wird im Rettungsdienst aufgestockt. Die 50-Stunden-Woche ist normal. In Schleswig versuchte man auch über das Arbeitsgericht 55 Stunden und mehr daraus zu machen. Mit dem Argument, daß der Sanitäter auch während seiner Bereitschaftsstunden schläft. Daß er sich in einem derartigen „Schlaf" auch im Streß befindet, wird wohl ignoriert. In Süddeutschland muß jeder hauptamtliche Retter neben seinem Arbeitsvertrag auch die Mitgliedschaft in der jeweiligen Hilfsorganisation unterschreiben. Damit halst man ihm zusätzliche, ehrenamtliche Dienststunden im Rettungsdienst auf. In der Praxis sieht das so aus, daß er seine Tagschicht im Rettungsdienst fährt, anschließend auf seinem Fahrzeug sitzen bleibt und nochmals acht oder zehn Stunden ehrenamtlich weiterarbeitet. Im Fernverkehr verboten, im Rettungsdienst erlaubt.

Mancher hat die ehrenamtliche Arbeit im Rettungsdienst als legalisierte Schwarzarbeit bezeichnet und sich gefragt, warum sich kein Aufsichtsamt um Überstunden am Lenkrad kümmert oder auch keine Richtlinien erläßt, wie lange ein berufstätiger Ehrenamtlicher in der Nacht zusätzlich noch für die Lebensrettung und Krankenbeförderung tätig werden darf. Was ist, wenn einer durch Übermüdung einschläft? Was sagt dann der Arbeitgeber des Ehrenamtlichen? Wie wird sich die Hilfsorganisation aus ihrer Verantwortung herauswinden? Wie sichtbar erschöpft kommt manches Rettungsteam beim Patienten an. Wieviel darf man da noch verlangen an medizinischem oder technischem Können?

Das Druckmittel Ehrenamtlichkeit wird gegenüber den festangestellten Sanitätern von den Hilfsorganisationen weidlich ausgenützt. Daß derartiges in „sozial-caritativen Großbetrieben" überhaupt möglich ist, ist unglaublich, aber wahr. Der drohende Rausschmiß fördert weder den unerläßlichen Erfahrungsaustausch untereinander noch die Kollegialität. Da kommt es zu brutalen Aversionen zwischen Haupt- und Ehrenamtlichen. Sogar zu Sabotageakten an Fahrzeugen und medizintechnischen Geräten. Auch zum Diebstahl. Klappt man dann in höchster Eile den Notfallkoffer auf, dann fehlt mitunter das Wichtigste. Gerätschaften, Notfallmedikamente, Funkgeräte verschwinden auf Nimmerwiedersehen. Manches ist nur unter Verschluß zu halten. Im Notfall fehlt dann der Schlüssel. So geschehen in München bei einer Organisation während des Oktoberfest-Attentates im Jahre 1980, wo irgendjemand aus „Versehen" den Fahrzeugschlüssel eines Rettungsfahrzeuges mit nach Hause genommen hatte. Ersatzschlüssel gab's natürlich keinen. Wenn einer dem anderen, auch über den Patienten, in frustierten Kolonnen das Bein stellen kann, so macht er es.

In Bayern sind Schichtpläne realisiert, wonach Rettungswachen von Freitag 18.00 Uhr bis Montag 6.00 Uhr mit ausschließlich Ehrenamtlichen besetzt sind. Läßt sich ein Hauptamtlicher dann dort blicken, so kann es sein, daß ihm Prügel angedroht werden. Hauptamtliche fahren auch tagsüber vorwiegend Verlegungen, Ehrenamtliche am Abend die Notfälle. Das ist so, als ob ehrenamtliche Polizisten auf Verbrecherjagd gehen und sich die hauptamtlichen Polizisten um die Parküberwachung zu kümmern haben.

Mit dem Selbstbewußtsein des Hauptamtlichen ist es auch nicht weit her, wenn er sich hämisch nachsagen lassen muß, was er als Hauptamtlicher kann, macht ein Ehrenamtlicher mit gleichem Erfolg als Hobby nebenbei. In Berliner Krankenhäusern ruft man nach dem Rettungssanitäter mit einem auch nicht besonders schmeichelhaften „Heh, Träger."

Sonderrechte

Ehrenamtlich retten, heißt Sonderrechte genießen. Dies ist das „Zuckerl" im Sozialkonzern, die Triebfeder. Ein Ehrenamtlicher muß zwar in seiner ganzen Motivationslage gesehen werden, also vom wirklich sozial-caritativ engagierten Mitbürger, der durch seine menschliche Zuwendung einem Patienten sehr viel geben kann. Vielleicht sogar noch mehr als durch hektisch injizierte Notfallmedikamente oder vorschnelle Behandlung mit Edelstahl. Andererseits gibt es zum Überdruß und Überfluß auch den blaulichtgeilen Verkehrsrowdy, der mit tatütata seine Minderwertigkeitskomplexe kompensieren kann. Der Sonderrechte im Straßenverkehr bis zur letzten Nötigung anderer genießt und sich am Machtgefühl berauscht, im „Notfall" ungehinderten Zugang zu ihm sonst verschlossenen Bereichen zu bekommen. Zugang in Privatbereiche, in Wohnungen, Freudenhäuser, Behörden, Betriebe, Sicherheitszonen wie der Polizei oder eines Flughafens. Damit steigt das Gefühl, unersetzbar zu sein. Die Uniform macht's möglich.

Rette was, biste was

Leben retten, heißt aber auch seinen sozialen Status entsprechend hochschrauben zu können. Bewundert zu werden. Der „klassische Ehrenamtliche" auf dem Lande läuft am Wochenende im Arztkittel mit Piepser (Funk-Alarmgeber) zum Einkaufen, schneidet dergestalt seine Rosen oder fummelt am Auto.

Der Großstädter verläßt in Weißkleidung, das Stethoskop um den Hals und die Arztlampe in der Brusttasche seine Wohnung genauso wie seinen Arbeitsplatz — er zieht sich auch demonstrativ noch im Büro um. Fährt er zum Retten, ist er umso erfreuter, wenn sich zu Hause die Gardinen vom Nachbarn bewegen. Er fährt auch gerne in Weißkleidung in der Straßenbahn, dort können ihn noch mehr Leute bewundern. Und es befriedigt zutiefst, wenn er nach dem Dienst mit einem deutlich sichtbar blutverschmierten Kittel heimkommt.

Im süddeutschen Raum ist ehrenamtlich strukturierter Rettungsdienst das *Lebenselixier* der Sanitätsorganisationen. Das Blaulichtfahren ist Ansporn und Garantie dafür, daß die Helfer auch zu anderen Einsätzen aus der vielseitigen Palette der verrechnungsfähigen Hilfs- und Dienstleistungen herangezogen werden können. Diese Einsätze sind zwar weniger spektakulär, dafür aber oft noch einträglicher als der Rettungsdienst und Krankentransport. Damit schließt sich auch der Kreis des Widerstandes gegen beruflich ausgebildete Rettungssanitäter, da die unkontrollierbare, freischwebende ehrenamtliche Rettungspraxis sich mit dem Entzug ihres schönsten Spielzeuges, des Blaulichtautos, bedroht fühlt.

Bei allen möglichen Einsätzen, wo das Organisationsemblem deutlich sichtbar auf dem Blaulichtauto oder der Vereinsfahne ist, wo man pseudo-medizinische Sicherheit vermitteln darf, da sind die Hilfsorganisationen dabei. Und sie dürfen natürlich auch eine Rechnung über Tausend Mark oder mehr ausstellen. Hier werden lukrative Nebengeschäfte mit den ehrenamtlichen Rettungssanitätern gemacht. Sowohl mit als auch ohne Blaulichtautos, manchmal reicht eine Sanitätstasche ja auch aus. Beispielsweise sind das Einsätze bei Betriebsfeiern, Sportveranstaltungen, Ausstellungen, Autorennen oder auch nur Ferntransporte aus dem Ausland. Letztere Gelder fließen auch direkt in die Organisationstasche, denn die Rettungsdienstgesetze gelten meist nur im entsprechenden Bundesland und nicht dann, wenn ein Patient aus dem Ausland geholt wird. Zwei Mark pro gefahrener Kilometer von Nürnberg nach Palermo und zurück sind ein schönes steuerfreies Schnäppchen. Es wird überall dort mit Vorliebe geholfen, wo man liquidieren kann. Letztendlich steht auch das Sozialamt für die Kostenübernahme gerade.

Der Wegwerfartikel hauptamtlicher Rettungssanitäter

Gleichermaßen skandalös wie die mangelhafte Ausbildung mancher Rettungssanitäter ist die gnadenlose Verschleuderung der über viele Jahre hinweg erworbenen Erfahrung des Rettungssanitäters. Die harte und gefährliche Arbeit im Rettungsdienst ist an sich nur etwas für Gesunde. Auch von den Hilfsorganisationen unbestritten, hat der Sanitäter nach etwa fünf Jahren durch das schwere, oft spontan ruckartige Heben von Verletzten und Kranken seinen Bandscheibenschaden weg. „Berufskrankheit" ist das keine, weil es ja, wie schon hinreichend erwähnt, keinen Beruf „Rettungssanitäter" gibt. Im Rotkreuzjargon spricht man offiziell vom „fachqualifizierten Hilfsangestellten". Gut formuliert für den Hilfsarbeiter in der Notfallmedizin.

Was passiert nun, wenn der etwa 30 Jahre alte Sanitäter merkt, daß er sich schwer tut beim Tragen und Heben. Er seinen (Rot-) Kreuzstich im Rücken hat oder seine Familie auf die vergleichsweise ärmliche Lohntüte blickt. Mögliche Posten in den Sanitätsorganisationen, in der Verwaltung oder Rettungsleitstelle, sind meist langfristig schon mit Jüngeren besetzt. Lagerarbeiter gibt es im Überfluß in den Rotkreuz-Abteilungen und Rotkreuz-Firmen. In der Praxis heißt das dann: der Rettungssanitäter wird hinterher Taxifahrer, Tram-, Bus-, U-Bahn-, Gabelstapler- oder Lkw-Fahrer, Druckergehilfe, Fahrlehrer, Straßenmarkierer, Justizvollzugsangestellter, Spediteur, Kioskverkäufer (Ergebnis einer nicht-repräsentativen Umfrage).

Der Umstieg in einen anderen Heil-Hilfs-Beruf oder in eine Klinik, wo man das sich angeeignete Wissen anwenden könnte, ist nur sehr selten möglich. Zumal dort die Personalchefs auch wissen, daß der Sanitäter ein kaputtes Kreuz haben kann. Der ganze (notfall-) medizinische Erfahrungsschatz aus dem Rettungsdienst ist damit flöten. Obwohl Rettungsdienst weitgehend eine visuelle, praxis- und einsatzanalytische Tätigkeit ist, die man nicht in ein paar Wochen Theorie erlernen kann.

Der Feuerwehrmann im Rettungsdienst — als Beamter — hat hier gut lachen. Er hat seine soziale Absicherung, seinen Beruf. An sich sogar zwei Berufe, da er vor Eintritt in die Feuerwehr „beruflich ausgelernt" haben muß. Diese Vorschriften zur Absicherung hinterher, gibt es bei den Hilfsorganisationen natürlich nicht.

Es ist beschämend für die Hilfskonzerne, daß man die langjährige „berufliche“ Erfahrung der Lebensretter einfach als nutzlos und überflüssig behandelt und auch keiner den jungen, noch idealistischen Sanis sagt, was ihnen hinterher blühen kann.

Arbeitsklima im Rettungskonzern

Da ein hauptamtlicher Rettungssanitäter für die Hilfsorganisationen in vorhersehbarer Zeit zum Problemfall wird, bezahlt man ihn mehr als schlecht, läßt ihn bei BAT X oder IX einsteigen, schikaniert ihn durch Schichtänderungen, Überstunden und Zusatzarbeiten, die ehrenamtlich und unterwürfig geleistet werden müssen. Man pflegt oftmals das schlechte Betriebsklima und beläßt Rettungswachen in einem Barackenstil. Und hofft nicht immer zu unrecht, daß der Rettungssanitäter alsbald von alleine geht. Soziale und tarifliche Konfliktsituationen am Arbeitsplatz Rettungsdienst löst der Sanitäter dann durch seinen verbitterten Weggang von alleine. So bekommen die Sanitäter auch nicht allzuviel auf Dauer an Mißständen mit und können wenig Interna weitererzählen. Und das ist wichtig. Die „Konzerne der Menschlichkeit“ helfen nach außen hin, innen sind ihre Mitarbeiter oft selbst hilfebedürftig.

Wer die unbeschreibliche Verbitterung von ehemaligen Lebensrettern gegenüber Rotkreuz- und anderen Funktionären vernommen hat, versteht ohne weiteres, daß in dem andauernden Personalkarussell — auch in den Büroetagen — ein einfaches aber wirkungsvolles System der Geheimhaltung und Soziallösung besteht. Gerade hochqualifizierten, intelligenten Rettungssanitätern wird jederzeit die Tür zum Rausschmiß aufgehalten. Hier marschiert man über Leichen, ohne auch nur eine Krokodilsträne zu vergießen. Es stehen heutzutage ja genügend Arbeitssuchende vor der Tür — und wie ausreichend skizziert, muß der „Neue“ ja nichts können. Im Schnellkurs oder Fernlehrgang ist er Lebensretter.

Andererseits sitzen in dem aufgeblähten Wasserkopf der Sozial-Konzern-Verwaltungen unzählige Präsidiumsfunktionäre, Geschäftsführer, Stadtbeauftragte und wie sie alle heißen mögen. Mit dickem Gehalt und noblen, vereinsüblichen Aufwandsentschädigungen — und lassen sich auch mal ihr Privatauto vom Sanitätsmechaniker pflegen und lackieren.

Auch die vermeintlich grenzenlose Freiheit der Ehrenamtlichen hat ihre Beschränkung. Am Patienten murksen darf er wohl, aber meldet einer allzuhäufig Kritik am System oder der Geschäftsführung an, so sitzt er schnell über ein Ausschlußverfahren mit dem Etikett „vereinsschädigendes Verhalten“ mit Haus- und Fahrverbot vor der Tür. Am empfindlichsten reagieren Konzern-Mißmanager, wenn man ihnen

Verschwendung von Spendengeldern vorwirft, z.B. bei der dem gesunden Menschenverstand widersprechenden Planung, Ausführung und Finanzierung von Neubauten, wo viel Geld vom kreisvorsitzenden Landrat zum Vetter in der Bauwirtschaft fließen kann. Es versteht sich wohl von selbst, daß die Hilfskonzerne verbandsrechtlich am längeren Hebel sitzen. Die vielen tausend Mark Anwaltsgebühren für die Feststellung, wer nun angesichts von Mißwirtschaft im Rettungsdienst Recht hat, kann sich der ehren- und hauptamtliche Sanitäter getrost sparen.

Mancher Retter stolpert auch über eine Arbeitsvertragsklausel, die heißt, daß die Vertragschließenden darüber einstimmen, daß ein grober äußerer Verstoß gegen kirchliche Grundsätze ein wichtiger Grund für eine außerordentliche Kündigung ist. Dazu gehören z.B. Austritt aus der Kirche oder Leben in Scheidung. Dies gilt voll beim kleinen Retter, während mancher verheiratete Organisationsbeauftragte bei jedem „Sonnenzug nach Rom" oder auf der Rettungsdienst-Skihütte mit seiner Freundin schon sehr intim werden darf. Herr, errette uns vor solchen scheinheiligen Rettungsaposteln!

Erst Lebensretter, dann Sozialfall

Ein Beispiel aus der Praxis. Anselm K. (Name geändert) war anfangs ehrenamtlicher Sanitäter bei einer katholischen Rettungsorganisation in einer süddeutschen Großstadt. Er brach bald seine Ausbildung beim Finanzamt ab und wurde mit 20 Jahren hauptamtlicher Sanitäter. Er fuhr im Rettungsdienst Schicht, mal am Tage, mal nachts, Krankentransport, Ferntransport, Notfälle. Jeden Tag eine neue Situation, die alle Kraft beanspruchte. Aus dem dünnen Bürschchen wurde ein gestandenes Mannsbild. Muskeln sind hie und da von großem Vorteil. Nach etwa sieben Jahren machte sich sein Kreuz bemerkbar. Es ging alles schwerer, Rückenschmerzen machten ihm zu schaffen. Nach zehn Jahren wollte er sich verändern, es leichter haben. Der Umstieg in die Organisationsverwaltung schien zu glücken. Allerdings war der langjährige „Außendienstmitarbeiter" den internen Gepflogenheiten und Intrigen kaum gewachsen. Es gab Ärger, er verließ den Verein, dem er selbstlos, loyal und aufopferungsbereit gedient hatte, im Groll. So wie viele andere vor ihm und sicherlich auch nach ihm. Herzloser wird man nirgendwo verabschiedet als in einem Betrieb, der sich zum Leitmotiv gemacht hat: „Gemeinsam helfen, christlich dienen".

Von da an ging's bergab. Keine Stelle, kein Job, nur freundliche Absagen auf viele Bewerbungen. Obwohl seine Bereitschaft zu jeder Tätigkeit vorhanden war. Er bewarb sich bei der Post genauso wie bei der Straßenreinigung. Gottlob hatte seine Ehefrau einen „richtigen" Beruf. Sie war Krankenschwester. Für Rettungssanitäter oft die beste

Arbeitslosenversicherung. Mit ihrem Gehalt konnte man sich einigermaßen über Wasser halten, aber auch nur, weil sie noch keine Kinder hatten. Fazit: 9 Monate arbeitslos. Dann per Zufall ein Job: Reifenmonteur. Notfallmedizinisch geschult. Kurze Zeit später war er wieder arbeitslos.

Die Moral von der Geschicht: die Erfahrung eines Automechanikers wird hochgeschrieben, der Rettungssanitäter wird abgeschrieben.

Ghost-Retter

Da es den „Beruf" Rettungssanitäter nicht gibt, findet man auch keine Daten über diese Tätigkeit, nur widersprüchliches Zahlenmaterial. Stammt aus den Sanitätsorganisationen, ist es vermutlich beschönigt. Amtliche Unterlagen sind veraltet. Es ist nicht bekannt, wieviele ehrenamtliche oder hauptamtliche Rettungssanitäter retten oder gerettet haben. Es gibt keine Angaben, welche tatsächliche Qualifikation sie haben oder wie die Rettungsqualität ist. Nur Dunkelziffern, Schätzungen. So schätzt das Land Nordrhein-Westfalen, daß etwa 4.300 Personen, d.h. etwa 42 % des dort im Rettungsdienst eingesetzten Personals eine empfohlene Minimalausbildung von 520 Stunden besitzen.

Rettungsdienstbeschäftigte gibt es weder im Statistischen Jahrbuch der Bundesrepublik Deutschland unter der Rubrik „Berufstätige Personen im Gesundheitswesen" noch in den Berufsordnungen der Bundesanstalt für Arbeit in Nürnberg. Etwa 10 - 15.000 hauptamtliche und 30 - 50.000 ehrenamtliche Sanitäter geistern also durch den Nebel des Rettungsdienstes.

Wurstverkäuferin, Friseur und Tankwart haben übrigens eine Ausbildungsdauer von drei Jahren hinter sich zu bringen. Ein Sanitäter darf sich „Rettungssanitäter" nennen, wenn er eine 520-Stunden-Ausbildung nach einer Empfehlung des Bund-Länder-Ausschusses absolviert. Meist zusammengestopselt en bloc auf 10 Wochen für Hauptamtliche oder über viele Monate hinweg in den Abendstunden für Ehrenamtliche. Ausgebildet wird von den etablierten Sanitätsorganisationen selbst. Geprüft wird — wie nicht anders zu erwarten — auch von demselben.

Drei Jahre Berufsausbildung für den exakten Haarschnitt des Friseurs. Andererseits im günstigsten Falle zehn Wochen Ausbildung für das Retten unserer Gesundheit? Irgendetwas stimmt da nicht.

Zehn Jahre ehrenamtlicher Rettungsdienst in München

Bis zum Jahre 1970 wurde der Unfallrettungsdienst in München sporadisch und unorganisiert betrieben. Weit verbreitet war als Einsatzfahrzeug der VW-Bus. Damals noch mit geteilter Windschutzscheibe. Ein robustes Fahrzeug, aber für den Rettungsdienst wenig spezifisch konstruiert. Eng war es, wenig Licht hatte man nach vorne und hinten beim Patienten. Die stinkenden Standheizungen waren im Winter meist defekt. Schnell war die Batterie leer. Man war auf viel Improvisationstalent und anschiebende Mithilfe von Passanten angewiesen. Es gab kaum Garagen für die Rettungsfahrzeuge (auch heute zum Teil noch nicht). Im Winter mußte man die Fahrzeuge erst vom Schnee freischaufeln und enteisen. Infusionslösungen und Blutdruckmesser trug man bei eisiger Kälte nahe am Körper, um sie einigermaßen angewärmt verwenden zu können. Der kluge Sani hatte seinen eigenen Notfallkoffer dabei, meist aus der eigenen Tasche finanziert. Improvisiert wurde auch bei den Mannschaften. Gab es personelle Engpässe, so konnte jedermann auf einem Rettungswagen fahren. Egal wieviel Ahnung er von Medizin, Ortskunde und Autofahren hatte oder ob er farbenblind war. Hauptsache, die Blaulichtkutsche war unterwegs.

Man stellte sich an unfallträchtigen Plätzen und gefährlichen Kreuzungen oder an der Autobahn bereit und versuchte, sich einen Patienten zu schnappen. Clevere Leute hörten den Polizeifunk ab und machten „Patientenklau“, d.h. wer zuerst kam, der...

Diese Zustände bzw. Jagdszenen im Krankenwagen gibt es auch heute noch. Zwar nicht mehr in diesem Ausmaße, aber manches scheint sich zu wiederholen. Seinerzeit war der „ergeierte“ Patient natürlich willkommen, denn jeder Patiententransport wurde von den Hilfsorganisationen noch direkt mit der Krankenkasse abgerechnet. Das Geld lief in den eigenen Verein. Heutzutage geht alles in einen großen Verrechnungspool, woraus anteilig nach dem geleisteten Transportaufkommen ausgezahlt wird.

Als Anfang der 70er Jahre weisungsbefugte Rettungsleitstellen eingerichtet wurden, kam etwas Übersicht in das Chaos. Rettungshilfe bedeutete damals noch: schnell einladen, Tür zu und ab ins Krankenhaus. Die therapeutischen Mittel: gut zureden, ein Pflaster und im schlimmsten Falle Abbinden.

Die Angst war ständiger Begleiter. Vor allem die Angst vor dem Tod des Patienten im Fahrzeug. Das gab große Probleme, denn eine Klinik nahm keine Toten auf. Das hätte die Sterbestatistik negativ beeinträchtigt. Scherereien mit der Polizei und Gerichtsmedizin waren dann die Konsequenz. Ging also mal etwas schief, dann mußte man dem aufnehmenden Klinikarzt einreden, daß der Patient ja im Moment noch gelebt hat.

Sorglosigkeit wurde großgeschrieben. Vornehmlich von den Ehrenamtlichen, die sich auf 10 Jahre zum Katastrophenschutz verpflichtet hatten, um der Bundeswehr zu entkommen. Sie wurden auch im Rettungsdienst eingesetzt und waren nicht immer freiwillig bei der Sache. Ihre Ausbildung und Einsätze im Rettungsdienst erfolgten oft nur unter

Zwang. So mancher Patient verstarb damals, weil ein überforderter Sanitäter eine Melodie vor sich hinpfiff, zum Fenster rausschaute oder aus Angst um den Patienten die Augen schloß und ein Kreuz machte — und der Schwerverletzte ging still von uns. Blaulicht und Fanfaren spielten das Lied vom Tod.

Die an Kliniken stationierten Notarztdienste der Feuerwehr wirkten sich dann hilfreich auf die Qualität des Rettungsdienstes der Hilfsvereine aus. Eigenverantwortlich und engagiert kümmerten sich viele Notärzte, vorwiegend Anästhesisten, um die Ausbildung der Sanitäter. Viele Anästhesisten (oftmals Multitalente) leisten noch heute als Keimzelle des notfallmedizinischen Fortschritts Bewundernswertes für den Rettungsdienst.

Ende der 70er Jahre erstellte die Notärzteschaft einen Symptom-Katalog von schweren Erkrankungen und Verletzungen, nach dem ein Notarzt vom Sanitäter zwingend nachgefordert werden mußte. Man drohte andernfalls mit einer Anzeige wegen unterlassener Hilfeleistung. Das wirkte. Rettungsdienst wurde eine Spur ernster genommen.

In Eigeninitiative gingen viele Sanitäter zur Ausbildung in Krankenhäuser, auf die Intensivstationen. Um das zu lernen, was im Einsatz nötig war und die Hilfsorganisationen aus ihrem Caritasverständnis heraus nicht lehren wollten — und was in der Klinik längst ein alter Hut war.

Sinnigerweise erkannte man in den Chefetagen der Sanitätsvereine den „Werbeeffekt" der Rettungsfahrzeuge. Blaulichtautos stehen immer im Blickpunkt der Öffentlichkeit. Einen besseren Werbeträger konnte man sich gar nicht wünschen. Zumal der Rettungsdienst immer die Spendenfreudigkeit der Mitbürger animiert. Auch wenn der Rubel glänzend rollt, kann man ein Defizit im Rettungsdienst immer verkaufen.

Neue, große und geräumige Fahrzeuge kamen auf die Freiwilligen zu. Fast einige Nummern zu groß für das Können. Auch gegen den Widerstand von Sanitätern, denen die Grenze ihres Könnens ein Begriff war. Die Hauptamtlichen blieben noch lange auf ihren kleinen Autos sitzen. Die Ehrenamtlichen mußten erst mal lernen, mit einem Lkw zu fahren. Ein unverhoffter Geldregen überschwemmte die Hilfsorganisationen. Ehrenamtlichkeit wurde großgeschrieben. Krankenkassen spendierten Fernseher für die Wachen, die Fahrzeuge bekamen Infusionsflaschen, Beatmungsgeräte. Elektronik zog ein. Man pumpte von Seiten der Krankenkassen Millionenbeträge in preiswerte ehrenamtliche Rettungssysteme. Die Ausbildung dagegen war noch steinzeitlich. Bis 1980 wurde mit Luxusfahrzeugen mit meist hilflosen Helfern gerettet. Ab 1981 wurde der Geldhahn wieder abgedreht. Die Fahrzeuge wurden wieder einige Nummern kleiner. Insgesamt wurde das

Ausbildungsniveau gehoben. Tödliche Ausrutscher beweisen aber immer noch das Gegenteil.

Organisationsverantwortung und Organisationsverschulden

Was haben diese Skandalgeschichtchen und Zustandsbeschreibungen mit dem Deutschen Roten Kreuz zu tun? Ganz einfach, das DRK ist Marktführer und -beherrscher im Rettungsdienst und Krankentransport. Die restlichen Organisationen arbeiten im Windschatten des Roten Kreuzes.

In der Frage der beruflichen Ausbildung des Rettungssanitäters, seine soziale Absicherung und damit verbunden die Abschaffung des Zufall-Rettens ist der Rettungsmulti DRK in sich gespalten. Bestes Beispiel hierfür war der 5. Rettungskongreß des DRK 1982 in Bremen. Ein großer Teil einsichtiger und einflußreicher Repräsentanten innerhalb des DRK steht voll hinter dem längst überfälligen Berufsbild für Rettungssanitäter. Ein nicht minder gewichtiger Teil, offensichtlich vor allem aus dem Süden Deutschlands in Verbindung mit der ehrenamtlichen Rettungsstruktur, hält sich raus, verzögert und verharmlost das alltägliche Rettungsroulette.

Seit im Jahre 1983 vom Berufsverband der Rettungssanitäter e.V. ein neuer Gesetzentwurf über den Beruf des Rettungssanitäters vorgelegt wurde, den keiner, der am Rettungsdienst in verantwortungsvoller Weise beteiligt ist, umgehen kann, herrscht in dem Riesenbetrieb DRK nur Verwirrung und verstörtes Tauziehen der DRK-Landesverbände in alle möglichen Richtungen. Man versucht Zeit zu schinden und sich mit irgend welchen Tricks aus der Verantwortung für die eigenen Leute zu stehlen.

Sehr verwunderlich ist die Haltung des DRK-Präsidenten, Botho Prinz zu Sayn-Wittgenstein. In seiner Zeit als CDU-Bundestagsabgeordneter war er für eine berufliche Qualifikation der Rettungssanitäter. Er hatte auch den stellvertretenden Vorsitz des Ausschusses für Jugend, Familie und Gesundheit, der zuständig war für die Sachverständigenanhörung über den Entwurf des ersten und dann 1974 gescheiterten Gesetzes über den Beruf Rettungssanitäter.

Prinz Wittgenstein war mit der komplizierten und komplexen Materie also gut vertraut. Wahrscheinlich so gut, daß von ihm als DRK-Präsident kein Wort mehr hierüber zu erwarten war. Hier wird versucht, ein dringliches Problem „auszusitzen". Man vertraut auf immer wieder zu verlängernde Übergangsregelungen bei der sogenannten 520-Stunden-Minimalausbildung und läßt für Tausende von Sanitätern ein Berufsbild in der Schublade liegen.

Gescheitert ist das Gesetz im Bundesrat 1974 wegen der ungeklärten Kostenfrage. Auch heute wird wieder über die Kosten geklagt. Kosten, die sich auf etwa 10 bis 30 Millionen Mark im Jahr für einige Hundert Rettungssanitäter-Lehrlinge verteilen würden. Angesichts der Gesamtkosten im Gesundheitswesen und der jährlich gescheffelten Einnahmen der Hilfsorganisationen im Rettungsdienst ist dies ein Minimalbetrag.

Veröffentlichte Bilanzen der Hilfsorganisationen sind aber nur Selbstdarstellungs-Comics, oder besser: Rotkreuzworträtsel. Die tatsächlichen Zahlen aus den Geschäftsberichten bekommt niemand zu Gesicht. Und schon gar nicht die Zahlen aus den Zweig- und Nebenbetrieben in GmbH-Form.

Anders ist das beispielsweise in Österreich, wo die Landeshauptmannschaft ohne weiteres einen neutralen Rechnungsprüfer in eine Rotkreuzstelle — auch unangemeldet — schicken kann. Dort ist die Rechnungslegung nicht geheim, sondern eine öffentliche Sache. Wen wundert es, daß in Deutschland von jedem Verein selbst geprüft wird, jede Hilfsorganisation ihre eigene sogenannte Revisionsabteilung hat.

Dadurch wird aber auch jeglicher Verdacht genährt. Wer etwas versteckt, der hat auch etwas zu verbergen.

Der Hinweis auf Abrechnungsmodalitäten, Kontenverschiebungen, Auslandstransfer von Spendengeldern, Besetzung von hauptamtlichen Planstellen im Rettungsdienst durch Ehrenamtliche oder Zivildienstleistende und volles Abkassieren und viele andere Sachen waren hier wie dort schon lange überfällig. Gleiches gilt von der Vermischung organisationseigener Fahrzeuge mit denen der öffentlichen Hand, die unsaubere Trennung von privaten Transporten, die Steuertricks über die Gemeinnützigkeit und vieles mehr. Warum gibt man wohl die Order an alle Helfer, keinem Journalisten auch nur noch das Geringste zu sagen?

Woher kommt aber das ewige Defizit im Rettungsdienst? Wer rettet beispielsweise den Rettungsdienst vor Ordensfunktionären und Banditen, wie es vor drei Jahren von einer katholischen Hilfsorganisation in Aachen an den Tag kam?

Man sprach vom „Raubritterprozeß" im Rettungsdienst. Dort konnten über sieben lange Jahre hinweg unentdeckt vier gutdotierte Mitarbeiter (ein CDU-Ratsherr und zugleich Diözesanleiter, der Geschäftsführer und zwei Stadtbeauftragte) rund 763.000 Mark veruntreuen. Sie gönnten sich ein Leben in Saus und Braus, verjubelten die Gelder in „Saunas", auf Luxusreisen (Motto: „Rom ist immer eine Reise wert"), in Feinschmeckerlokalen. Sie finanzierten sich damit ihr Häuschen, bestellten sich jedes Jahr einen neuen BMW und hatten in der Chefetage herrliche Möbel und Teppiche. Ihre aktiven Helfer — und das gilt leider für alle — arbeiteten für'n Appel und 'n Ei. Die Rettungswache des Vereins sah aus wie eine Baracke aus der Nachkriegszeit. Dieser „kleine Konzern der Menschlichkeit“ mit einem Jahresumsatz von *nur* 80 Millionen Mark, mußte sich insgesamt den Vorwurf „unkontrollierbarer Selbstbedienungsladen“ gefallen lassen. Das Gericht zog einen Vergleich über die Organisationsstruktur und hauseigene Revision als „Tante-Emma-Laden“. Es stellte sich heraus, daß lediglich ein „Oktavheft“ wie zur Gründerzeit mit Einnahmen und Ausgaben geführt wurde. Belegefälschen wurde dann professionell betrieben. Der Oberstaatsanwalt meinte seinerzeit, daß eine Organisationskontrolle illusorisch sei, wenn die Spitze korrupt ist und die die Spitze kontrollierenden Prüfer korrumpiert würden. Es ist wie beim Fisch, der stinkt auch zuerst am Kopf.

Ein anderer Verein hat im Raum Kiel seit langer Zeit eine Untersuchung wegen Veruntreuung am Halse. Ermittelt wird mal da und mal dort. Man hat aber sehr schnell gelernt, Auswüchse wie in Aachen nicht mehr an die Öffentlichkeit gelangen zu lassen.

Dennoch scheint Gemeinnützigkeit ein Freibrief für unkontrollierbares Hantieren zu sein. Mit entsprechenden Randerscheinungen. So da sind die Aschermittwoch-Fischessen für die Chefetage vom Delikatessengeschäft. Mal eine Delegiertenversammlung, wo man sich über den eigenen Einsatzfuhrpark in Schlemmerlokale oder „lustige Häuser“ preiswert kutschieren läßt (geschehen in Bremen) und alle erdenklichen Spesentreibereien.

In die Presse kommt über diese defizitären Feinheiten wenig. Die Verflechtung von Politik und Sanitätsfunktionären ist da auch viel zu eng umwoben. Welcher Regierungspräsident a.D. oder Landrat möchte schon einen Unterschlagungsskandal im Roten- oder Achtzackigen Kreuz in seiner Gegend haben!

Private Rettungsdienstbetreiber mit transparenter Buchführung und qualifiziertem Personal erfreuen sich da zunehmender Beliebtheit. So trafen sich auch Anfang des Jahres 1984 alle Spitzenfunktionäre der etablierten Hilfsorganisationen gemeinsam zu einer Pressekonferenz, um gegen die „privaten Absahner“ im Krankentransportgeschäft Stimmung zu machen.

Profit wird in den Kreuz-Vereinen aber heute nicht so plump gemacht wie in Aachen und Umgebung. Dies geschieht viel diffiziler, mit nicht durchschaubaren Abrechnungs- und Abschreibetricks, Spenden- und Subventionsverschiebungen. Dies mag nicht unbedingt strafbar sein. Es hat auch oft nur das Ziel, das eine Tätigkeitsfeld — den Rettungsdienst — öffentlich als defizitär bejammern zu können, um dann andere Dienstleistungsbereiche, die nicht so spendenanimierend sind, still und lukrativ zu betreiben.

Ein Beispiel. Warum wird zum Beispiel in ganz Bayern verbreitet Superbenzin in Rettungsfahrzeuge getankt, die laut Hersteller Normalbenzin vertragen? Ganz einfach. Es treibt die Betriebskosten legal in die Höhe, und im nächsten Jahr kann man um einen noch höheren Etat ringen. Eine andere Erklärung gibt es wohl nicht.

Denn wer am meisten fährt, bekommt auch am meisten. Auch wenn es nur für die Spendenstatistiker ist. Gegenseitig treiben sich die Organisationen in ihren Kilometerleistungen im Rettungsdienst in die Höhe. Aber auch wirklich jeder unsinnig gefahrene Kilometer, sogar das Semmelholen mit dem Rettungswagen, kommt in eine Jubelstatistik. Als ob die Qualität des Rettungsdienstes vom Tachometerstand abhängen würde.

So fuhr man in Bayern im Jahre 1982 exakt 672.702 Transporte im Rettungsdienst mit 26.545 Millionen Kilometern laut Statistik. 1983 hatte man um 17.719 Transporte weniger, als 709.000 Kilometer mehr. Die Umwelt hat dabei ein schweres Kreuz zu tragen. „Hilf mir, unter deinem Schutz kann die Natur erblühen", heißt der Umweltschutzslogan des Bayerischen Roten Kreuzes. „Hilf mit, runter vom Gaspedal", wäre die Alternative für die nächsten Jahresberichte.

Rotkreuz GmbH & Co. KG

Allem Anschein nach haben die Hilfskonzerne eine ihrer ursprünglichen Aufgaben, den qualifizierten und funktionierenden Rettungsdienst und die Krankenbeförderung, nicht mehr im Griff und die Problemlösung der beruflichen Qualifikation ihrer Tausenden von Rettungsdienstbeschäftigten vergessen. Gerade bei der politischen Potenz des DRK ist nicht mehr einzusehen, warum in der Bundesrepublik Deutschland per Zufall gerettet wird. Der Grund für diese unhaltbare Situation ist vermutlich auch in den vielen Nebenerwerbsgeschäften und caritativ-profitablen Ambitionen der Konzerne zu sehen. Die finanzielle Rückenpolsterung scheint dickfellig und träge zu machen. Jedenfalls was die sozialen Leistungen für ihre Angestellten anbetrifft. Das Bayerische Rote Kreuz weist beispielsweise für das Jahr 1982 alleine ein Anlagenvermögen von Grundstücken und Gebäuden in Höhe von rund 467 Millionen Mark aus. Am Geld fehlt es also nicht.

Wenn heute über das Defizit im Rettungsdienst gejammert wird, so kann man das nur so ernst nehmen, wie ein Friseur oder Taxifahrer jammert, um ein dickes Trinkgeld einzuschieben. Daß strukturelle Finanzprobleme regional auftreten können, ist unbenommen. Man müßte sich aber nur um einen Profitausgleich mit den vielfältigen aber auch untereinander verzahnten Zweigbetrieben kümmern. Sinnigerweise liest man ja auch immer wieder Pressemeldungen über schwarze Zahlen im Rettungsdienst. Es gibt sogar Rettungsdienstbereiche, die Überschüsse einfahren und diese Gelder für andere soziale Einrichtungen verwenden können.

Konzern und Co. kümmern sich um viele Dienstleistungszweige in vielen Gestalten. Eine kleine, nicht vollständige Auswahl soll zeigen, welche Dimensionen DRK-Ambitionen angenommen haben. Man findet die RK-Heim AG (also Erholungs-, Pflege-, Senioren-, Alten-, Altenwohn-, Übergangs-, Kinder-, Kur- und Ferienheime), die Henry-Dúnant-Hausverwaltungs GmbH, Reisebüro GmbH, RK-Betreuungs GmbH, RK-Werbe- und Vertriebs GmbH, Essen auf Rädern e.V., Blutspendedienst GmbH, Schulen, Krankenhäuser, Lotterien, Altpapier- u nd Kleiderverwertungs GmbH, RK-Verlags- und Vertriebs GmbH, Versehrtenfahrschule GmbH, RK-Bildungswerk GmbH, RK-Sanatoriums GmbH usw.

Quo vadis, Rettungsdienst?

Henry Dúnant hat 1859 nach der Schlacht bei Solferino erkannt, daß *„es nicht genügt, spontan zu helfen,* sondern daß vielmehr Menschlichkeit, unvoreingenommene und uneigennützige Hilfe rechtzeitig weltweit *organisiert* werden muß." Henry Dúnant wäre heute der erste vom Roten Kreuz, der sich voll und energisch für ein Berufsbild Rettungssanitäter einsetzen würde.

Solange aber prominente Politiker beim „Wandern durch Deutschland" ihre eigenen Rettungs- bzw. Notarztfahrzeuge mit sich führen und das Thema Rettungsdienst in der Bevölkerung tabuisiert bleibt, wird sich auf absehbare Zeit nichts Grundlegendes ändern. Die Hoffnung bleibt aber, daß irgendwann wenigstens *ein* vollausgebildeter Rettungssanitäter auf jedem der eingesetzten Rettungsfahrzeuge unterwegs sein wird.

Regional kommt es sicherlich zu Verbesserungen. Nach dem Stand der Dinge auch im Alleingang auf der Ebene von Bundesländern und DRK-Landesverbänden. Es gibt sie nämlich, die mutigen und weitblickenden Rotkreuzler und Politiker, die nach dem Motto arbeiten: die Pioniertaten von heute sind die Binsenweisheiten von morgen. Die sich auch nicht dem gefürchteten „Schwert der Ehrenamtlichkeit" beugen, denn eine berufliche Qualifikation des Rettungssanitäters würde sich über Jahrzehnte hinziehen und die Ehrenamtlichen nicht aus dem Rettungsdienst vertreiben, sondern sie auf gesetzlicher Basis zu ihrem Vorteil in den Rettungsdienst integrieren.

Bürgerinitiativen für einen qualifizierten Rettungsdienst sind denkbar und anzustreben. Es ist auch auf den Mut von verantwortlichen Politikern zu hoffen, daß Rettungsvereine, die sich dem medizinischen und organisatorischen Fortschritt in der Notfallmedizin widersetzen, aus dem Rettungsdienst hinausgeworfen werden. Denn eine Rettungspflicht gibt es nicht. Jede Hilfsorganisation hat die Aufgabe Rettungsdienst freiwillig übernommen.

Wer zapft, der gewinnt

Das DRK als Bluthändler

„Blut spenden, hilft Leben retten.“

Kaum ein Werbespruch ist so der Wahrheit entsprechend wie dieser Slogan der Blutspendedienste des Deutschen Roten Kreuzes.

Neben dem Krankentransport und dem Rettungsdienst ist die „Blutarbeit“ des Deutschen Roten Kreuzes bei der Bevölkerung am bekanntesten. Die kostenlose Werbung von Presse, Funk und Fernsehen hat ihren Anteil daran, einen Anteil auch am unbestreitbaren Erfolg dieser Arbeit.

Seit ihrer Gründung 1952 haben die Blutspendedienste des DRK in der Bundesrepublik Deutschland über 30 Millionen Portionen Blut abgezapft, eine Portion, das sind rund 500 ml. Was ist einleuchtender als das Argument, daß das Blut der Spender Menschenleben von Unfallopfern und Schwerkranken rettet. Heute sind es über 2 Millionen Blutspenden pro Jahr, die das Rote Kreuz kostenlos von Spendern erhält. In den vergangenen drei Jahrzehnten haben es die Rot-Kreuzler verstanden, das weltweit bekannte Markenzeichen mit der Blutversorgung in unserem Land auf das engste zu verknüpfen, beides für identisch zu erklären. Stolz spricht das Deutsche Rote Kreuz von der „größten Bürgerinitiative“, humanitär und mildtätig motiviert, jederzeit zum Helfen bereit.

„Das Deutsche Rote Kreuz identifiziert sich mit dem Blutspendewesen als humanitären Dienst am Nächsten. Der Blutspendedienst gehört daher zu seinen satzungsgemäßen Aufgaben“. So das offizielle Selbstverständnis, eingebunden in die klassische und schon bekannte Argumentation, daß alles automatisch gemeinnützig und mildtätig ist, wenn nur das Deutsche Rote Kreuz am Werke ist. In einer Studie des Internationalen Komitees der Rot-Kreuz-Gesellschaften heißt es 1972: „Das Rote Kreuz hat in zahlreichen Ländern bahnbrechende Arbeit auf dem Gebiet der Transfusion geleistet. Ob seine Tätigkeit sich auf die Spenderwerbung beschränkt, oder ob sie sämtliche Dienstleistungen in diesem Bereich umfaßt, sie stimmt auf jeden Fall vollkommen mit dem Image des Roten Kreuzes und dem Gedanken der Freiwilligkeit überein. Ein Freiwilliger, der Personen um die Spende eines Teils ihres Seins bittet, bringt eine persönliche Note mit, die fehlen würde, wenn die Bitte vom Staat oder einer privaten kommerziellen Blutbank käme. Das schenkt dem Spender Vertrauen, der im Roten Kreuz den Gedanken für den richtigen Gebrauch des kostbaren Stoffes sieht, während die Spender, die ein bißchen ängstlich der Prozedur entgegensehen, das Rot-Kreuz-Zeichen als beruhigenden Schutz haben.“

Ursprünglich erhielt das Deutsche Rote Kreuz nach dem Zweiten Weltkrieg den Auftrag, mit seiner Blutarbeit zu beginnen, hauptsächlich zu dem Zweck, für den Zivilschutz bzw. für den Katastrophenfall Reserven und Lagerhaltung zu organisieren. Für die Versorgung der Kliniken und Krankenhäuser mit dem lebenswichtigen Saft waren die

Werbeanzeige des DRK für den Blutspendedienst

staatlichen, bzw. die kommunalen Bluttransfusionsdienste zuständig, die von Anfang an wissenschaftlich bestens qualifiziert unmittelbar am Ort der Notwendigkeiten ihre Arbeit erledigten.

Schon bald jedoch erledigten die Rot-Kreuzler ihre ursprünglich festgelegte Hauptaufgabe, Vorräte für den Notfall anzulegen, nur noch am Rande.

Über den seit Jahrzehnten andauernden Konflikt zwischen den in den Kliniken integrierten Blutbanken und den DRK-Zentralen wird im nachfolgenden Kapitel dieses Buches ausführlich berichtet. Diese Interessenkollisionen sind allerdings nur ein Beispiel dafür, daß — wenn es um Blut geht — nicht nur Menschenliebe im Spiel ist. Was ausgegeben wird als Dienst, als Spende von Mensch zu Mensch, ist schon längst nicht mehr reduziert auf die geforderte Liebestätigkeit der Blutspender. Das Deutsche Rote Kreuz startete nach dem Zweiten Weltkrieg mit der damals riesigen Summe von 2 Millionen Mark als Zuschuß der Bundesregierung, ausschließlich um Blutspendezentralen nach Gesichtspunkten des Luftschutzes einzurichten. Wie so häufig bei einem Blick zurück in die Geschichte des DRK, war der Verein auch in diesem Punkt wieder einmal festgelegt auf den möglichen Einsatz im Ernstfall. Mit der Wiederbewaffnung und dem Aufbau der Bundeswehr flossen weitere Zuschüsse in Millionenhöhe. Schon bald aber hatte der Ausbau des DRK-eigenen Blutspendewesens kaum noch etwas zu tun mit militärischen Planungen für den Kriegs- bzw. Verteidigungsfall. Denn der Bedarf an Blut steigerte sich auch in Friedenszeiten von Jahr zu Jahr auf immer wieder neue Rekordhöhen. Dennoch muß an dieser Stelle erwähnt werden, daß die wissenschaftliche Erforschung des Blutes und seinen medizinischen Anwendungsmöglichkeiten im engen Zusammenhang stehen mit den sachlichen Notwendigkeiten, die sich bei einem Einsatz auf dem Schlachtfeld ergeben. Von Kennern der Blutgeschichte wird darauf hingewiesen, daß es nicht zufällig ist, daß das Verfahren zur Verfeinerung des teuren Rohstoffs in den letzten Jahren des Zweiten Weltkrieges entwickelt wurde.[29]

Für die zivile Medizin war diese Forschung und Entwicklung von herausragender Bedeutung. Blut als umfassendes Heilmittel wurde mehr und mehr unersetzlich. Schon bald war die klassische Portion „Vollblut" für die medizinische Therapie nicht mehr von erstrangigem Interesse. Auf das Plasma kommt es an. Plasma ist der Rohstoff, aus dem heute weltweit Milliarden-Umsätze erzielt werden. Allein der Rohstoffwert der jährlichen 2 Millionen DRK-Blutspenden beträgt schätzungsweise über 200 Millionen Mark.

Nach dem Aderlaß der hilfsbereiten Menschen beginnt in den Blutspendezentralen des Deutschen Roten Kreuzes ein moderner, hochtechnisierter Produktionsprozeß. Ob bewußt oder unbewußt, dem einzelnen Spender ist häufig nicht bekannt, was mit seiner milden roten

Gabe geschieht. Das Blut wird zur Ware. Knapp die Hälfte der 500 ml-Spende ist Blutplasma, der gelblich-flüssige Bestandteil des Blutes.

In Zentrifugen werden die Vollblutspenden geschleudert, die Blutkörperchen setzt sich in den Beuteln nach unten ab und die Flüssigkeit schwimmt oben. Im nächsten Arbeitsgang wird das Plasma dann von den Blutzellen abgetrennt und in große Glasflaschen gefüllt. Unbeschreiblich vielfältig sind die Verarbeitungsmöglichkeiten des menschlichen Plasmas. In der Hauptsache werden aus dem Rohstoff Albumine, Gammaglobuline und Gerinnungspräparate hergestellt. Feinste pharmazeutische Spezialitäten können zudem aus im Plasma vorhandenen Eiweißen gewonnen werden. Albumine beispielsweise sind von herausragender Wichtigkeit für den menschlichen Organismus, für den Stoffwechsel etwa, für die Therapie bei Patienten mit Verbrennungen und hohen Eiweißverlusten. So wird der Wert der kostenlosen Blutspende mit hochindustriellen Fertigungsanlagen mehr und mehr gesteigert. Die Vollblutkonserve, die dem Spender entnommen wird, wird heute nur noch bei sehr starkem Blutverlust dem Patienten unmittelbar, etwa nach schweren Unfällen oder bei großen Operationen transfundiert. Aber selbst der Wert einer solchen „unbearbeiteten" Blutspende ist heute sehr hoch.

Wenn also Frau Elfriede Helfer beim Deutschen Roten Kreuz zur Ader gelassen wird und schon morgen wegen eines Unfalles zum Beispiel eine Bluttransfusion benötigt, dann zahlt ihre Krankenkasse für dieselbe Menge Blut Preise zwischen 80 und 170 DM. Selbstverständlich entstehen dem Roten Kreuz hohe Kosten vom Zapfen bis zur Weitergabe an die Kliniken. Das Blut muß medizinisch untersucht werden und unter bestmöglichen hygienischen Voraussetzungen gelagert werden. Nur die Selbstkosten wohlgemerkt, so sagt das Deutsche Rote Kreuz, werden berechnet. Aber das alles sind eher Nebengeschäfte, obwohl die Versorgung mit Frischblut nach wie vor eine Hauptaufgabe des DRK ist. Aus dem reinen Rohstoffwert des Blutes wird durch komplizierte Verarbeitung gut und gerne ein jährlicher Umsatz von mehr als einer Milliarde Mark. Am Geschäft beteiligt ist allerdings neben dem Deutschen Roten Kreuz auch die Pharmaindustrie, die nach dem Zweiten Weltkrieg hunderte von Millionen Mark in die Erforschung weiterer Anwendungsgebiete investiert und sich zweifelsohne herausragende wissenschaftliche Verdienste erworben hat.

Nun ist es ja der Logik folgend sinnvoll, wenn die pharmazeutische Industrie sich der Entwicklung und Vermarktung der Plasmaprodukte annimmt. Aber mit dem unaufhaltsamen Aufstieg des Blutgeschäfts wollte auch das Deutsche Rote Kreuz nicht abseits stehen. Aus den Gewinnen der Rot-Kreuz-Produktion wurden in den letzten Jahrzehnten ebenfalls hunderte von Millionen Mark in den Ausbau einer DRK-eigenen Blutindustrie gesteckt. Millionen, die finanziert wurden durch

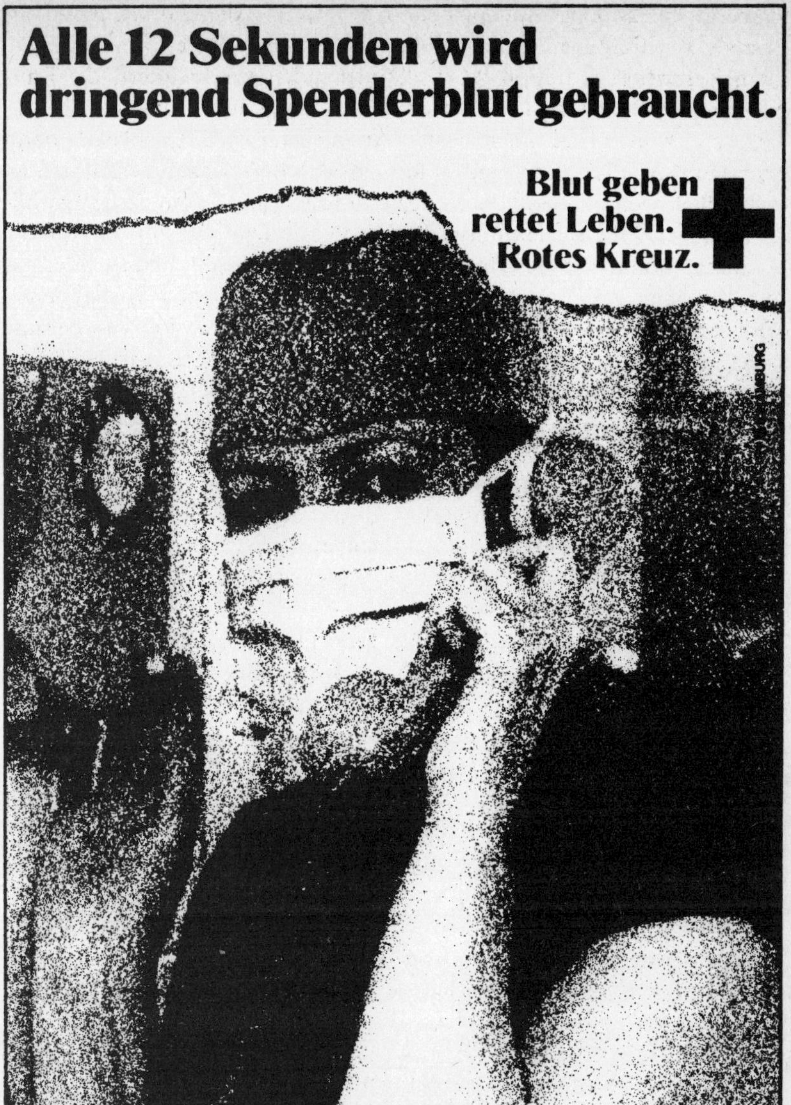

Werbeanzeige des DRK für die Blutspende

staatliche Zuschüsse und nicht zuletzt durch die Preise, die für Blut bzw. Blutprodukte erzielt werden. Denn in den Kalkulationen für den „Selbstkostenpreis" einzelner Präparate sind selbstverständlich — wir erkennen die Methode — alle Aufwendungen enthalten. Von Sach- und Personalkosten bis hin zu Abschreibungen für das modernste Gerät zur Blutveredelung. Das Deutsche Rote Kreuz als Pharma-Fabrik? Für viele mag dies unvorstellbar sein, unvereinbar mit den selbstgesteckten Zielen und Prinzipien. Was im Bewußtsein der Öffentlichkeit sich durch geschickte Propaganda stets als geglückter Appell an den Idealismus darstellt: Hinter den Kulissen herrscht Unfrieden, herrscht Konkurrenz, bis auf's Blut zuweilen.

Nur durch den Status der Gemeinnützigkeit und dem damit verbundenen Privileg der Steuerbefreiung konnte der Blutumsatz des Deutschen Roten Kreuzes einen derart rasanten Markterfolg sicherstellen. Weil gemeinnützig, dürfen offiziell auch die DRK-Blutbanken keine Gewinne melden, unterm Strich jedenfalls nicht. Alles, was erwirtschaftet wurde, ist unmittelbar in Immobilien und Produktionsmitteln für die industrielle Fertigung investiert worden. Nur so ist es zu erklären, daß das Rote Kreuz in verhältnismäßig kurzer Zeit seinen Anteil am Markt mit Plasma-Produkten bei rund 35 % festschreiben konnte. Das ist im Vergleich zu anderen nationalen Rot-Kreuz-Gesellschaften in der Welt nicht übermäßig, aber immerhin offensichtlich für das DRK ausreichend genug, um sich in der Bundesrepublik Deutschland nicht auf die Seite der Position zu schlagen, die den überhöhten Plasma-Konsum in unserem Land kritisiert. Die Bundesrepublik Deutschland nämlich ist Spitze in der Welt, wenn es um den Plasma-Verbrauch geht. Und das Rote Kreuz scheint gerne mitzuschwimmen auf der Welle des Erfolges.

Eine Studie des internationalen Verbandes der Pharmaindustrie hat folgende Zahlen offengelegt: Auf jede Million Einwohner kommen in der Bundesrepublik Deutschland 27.900 Liter Plasma zur Anwendung. In der Schweiz, ebenfalls einem Mekka der Pharmaindustrie, sind es 24.285 Liter pro Million Einwohner. In Belgien sind es nur noch 12.740 Liter pro Million Einwohner und in den USA überraschenderweise nur 11.615 Liter pro Million Einwohner. Als Faustregel gilt in Deutschland, daß der Bedarf an Blutplasma in etwa doppelt so hoch ist, wie das Angebot. Das heißt, die hier gesammelten Blutkonserven decken nur etwa die Hälfte der benötigten Menge Blutplasma.

Das Defizit wird durch Importe vor allem aus Amerika gedeckt. Die Pharmaindustrie führt Plasma zum Zwecke der Veredelung und Verarbeitung ein, um die durch geschickte Werbung sprunghaft gestiegene Nachfrage nach speziellen Präparaten befriedigen zu können. Dieser Import hat die Industrie allerdings in den Ruf gebracht, an einer zweifelhaften und dubiosen Geschäftemacherei zu profitieren. Denn immer wieder wird in der Öffentlichkeit behauptet, daß ein Teil des amerikanischen Plasmas aus den armen Ländern der Dritten Welt stammt und dort den Menschen abgezapft wird, die sich mit ein paar Mark Handgeld für diese „Spende" ihren Lebensunterhalt und den ihrer Familien finanzieren.

Es ist an dieser Stelle angebracht, dem Deutschen Roten Kreuz ausdrücklich und (fast) uneingeschränkt ein großes Lob auszusprechen, dem Deutschen Roten Kreuz zu danken. Zu keiner Zeit hat sich das DRK an solchen fragwürdigen Händeln beteiligt, im Gegenteil. Alle Möglichkeiten im Rahmen der eigenen internationalen Rot-Kreuz-Gesellschaft wie auch im Rahmen der Weltgesundheitsorganisation wurden genutzt, um das Aussaugen von Hungernden in der Dritten Welt zum Wohle unserer medizinisch-fortgeschrittenen Gesellschaft langfristig zu verhindern.

Im Jahr 1975 hat die 28. Weltgesundheitsversammlung und später hat auch der Europarat auf die Gefahren der rein kommerziellen Nutzung der Blutspende aufmerksam gemacht. Gemeint war damit vor allem die Methode der Plasmapherese. Plasmapherese bedeutet, daß dem Menschen zunächst Blut abgezapft wird, daß seine Blutkörperchen aber unmittelbar danach wieder zurückgepumpt werden. Nur die Blutflüssigkeit also wird einbehalten. Für die Pharmaindustrie ist diese Methode von entscheidender Bedeutung, denn mit der Plasmapherese kann der Spender sehr viel häufiger zur Ader gelassen werden, als wenn er sein gesamtes Blut in Beutel füllen läßt. Dann nämlich müssen zwischen den einzelnen Spendeterminen 8 bis 12 Wochen Pause eingelegt werden.

Medizinische Experten streiten auch heute noch darüber, wie häufig Plasmapherese beim einzelnen Menschen zulässig ist. 50 bis 60 Liter pro Jahr, sagen die einen, seien problemlos, weil sich die abgezogenen Stoffe relativ rasch wieder regenerieren, andere differenzieren die möglichen Abnahmemengen nach der körperlichen Verfassung des Spenders. Um das Geschäft so risikolos wie möglich zu halten, wird im allgemeinen allerdings davon ausgegangen, daß eine Spende von etwa 15 Litern pro Jahr auf keinen Fall Schäden für den Spender folgen läßt. Problematisch ist der finanzielle Anreiz für die Blut- bzw. Plasmaspende also in der Tat vor allem dort, wo die materielle Not von Menschen ausgenutzt wird. Daß die Deutsche Pharmaindustrie heute an solchen Geschäften beteiligt ist, wird von dieser nicht einfach nur bestritten, es fehlen für solche Behauptungen alle Belege. Durchaus richtig ist, daß es in früheren Jahren, vor allem bevor in den Vereinigten Staaten strenge gesetzliche Regeln durchgesetzt wurden, zweifelhafte Beziehungen zwischen „Vampiren" in der Dritten Welt und europäischer Pharmaindustrie gegeben hat.

Seit 1982 aber gilt für die Pharmaindustrie hier eine Verpflichtungs-Erklärung, keine Blutbestandteile von Menschen aus der Dritten Welt für die Produktion in Deutschland zu verwenden. Den Gesundheitsbehörden werden alle Kontrollen ermöglicht.

Bei allen denkbaren ethischen Einwänden gegen die bezahlte Spende von Blut oder Plasma, muß der sachliche Beobachter aber deutlich unterscheiden zwischen der Situation in den armen Ländern der Welt und den Bedingungen in den hochentwickelten Industrienationen. Die Argumente gegen die bezahlte Spende aus der Dritten Welt sind nicht einfach auf unsere Wirklichkeit übertragbar. Natürlich gibt es auch in der Bundesrepublik immer noch ein paar schwarze Schafe auf dem Plasmapherese-Markt, die alles abzapfen, was sie kriegen können.

Die Kampagne des Deutschen Roten Kreuzes gegen die bezahlte Blutspende richtet sich vor allem gegen die kommunalen und staatlichen Transfusionsdienste, die jedem Spender eine „Entschädigung" in Höhe von rund 50,— DM zahlen. Unterschwellig wird dies immer wieder diffamiert mit Hinweisen auf die Kundschaft, d.h. auf die medizinischen Gefahren, wenn Penner, Alkoholiker und Kranke, kurzum also soziale Randgruppen, gegen Geld Blut abgeben. Höflich verschwiegen wird dabei, daß diese Blutbanken in aller Regel mit Dauerspendern zusammenarbeiten, die eingehend medizinisch untersucht werden und die auch mitten in der Nacht gerufen werden können, wenn eine dringende Notwendigkeit besteht. Diese Blutbanken können eng ausgerichtet am tatsächlichen Bedarf arbeiten, sie sind nicht in dem Maße auf ein kommerziell ausgerichtetes Management angewiesen, wie dies offensichtlich beim Deutschen Roten Kreuz der Fall ist.

Im Zusammenhang mit dem Streit, welche Blutspende — die bezahlte oder die kostenlose — denn nun besser bzw. ethisch sauberer ist, bleibt eine nicht unwesentliche Anmerkung nachzutragen. Denn obwohl das Deutsche Rote Kreuz sein Blut als kostenlose milde Gabe kassiert, sind in vielen Fällen die Preise nicht wesentlich geringer als die Kosten, die von öffentlichen Blutbanken in Rechnung gestellt werden. Auch bei diversen Blutplasmapräparaten, die sowohl vom DRK als auch von privaten Pharmafabriken angeboten werden, sind kaum nennenswerte Preisdifferenzen zu erkennen. In den siebziger Jahren, auf dem Höhepunkt des „Plasma-Krieges", wurde von der Pharmaindustrie um jedes Prozent Marktanteil gekämpft, nachdem deutlich wurde, daß das Deutsche Rote Kreuz mit wohlklingenden Formeln vom Dienst am Nächsten im Munde, aber ansonsten knallhart feilschend immer stärker selbst zur Pharmafabrik aufstieg. Mit Dumping-Preisen versuchte die Industrie billiger zu sein. Damals war es erfrischend, wie das Rote Kreuz dies zum Anlaß nahm, darauf hinzuweisen, wie sehr es doch mit seiner Arbeit zur Kostendämpfung im Gesundheitswegen beiträgt.

Es soll hier nicht diskutiert werden, ob das Rote Kreuz vielleicht doch sehr viel billiger sein könnte, das wäre müßig.

Werbung für die Blutspende beim DRK

Vielmehr müssen Fragen gestellt werden, was das Deutsche Rote Kreuz auf diesem Markt zu suchen hat. Es ist sinnlos, darüber zu jammern, daß menschliches Blut heute zur Handelsware geworden ist, zum normalen Heilmittel, das gekauft und verkauft wird. Alle ethisch-moralischen Einwände, die so schnell von „Blutgeld" sprechen, sind zwar äußerst verständlich, ändern aber an der Tatsache nichts, daß Blut eben ein lebensnotwendiger Rohstoff ist, der vermarktet wird. Alle Phantasien darüber, wie schön es doch wäre, wenn es anders wäre, sind solange unfruchtbar, wie nicht die gesellschafts- und wirtschaftspolitische Alternative aufgezeigt wird.

Ein mögliches Denkmodell, das immer wieder vorschnell eingebracht wird, heißt „Verstaatlichung". Ob dies aber die Heilsbotschaft ist, muß bezweifelt werden. Auch damit wären die Probleme nicht gelöst, sie würden wahrscheinlich nur besser verwaltet. Überlegenswert erscheint jedoch eine Wende in der gegenwärtigen Praxis der staatlichen Aufsicht. Warum zum Beispiel werden die öffentlichen, kommunalen Bluttransfusionsdienste von „Vater Staat" so „stiefmütterlich" behandelt, wo doch gerade sie wesentliche Aufgaben im Interesse eines sauberen, übersichtlichen Marktes übernehmen könnten? Statt dessen haben die staatlichen Gesundheitsplaner in den letzten Jahrzehnten mehr und mehr Geld und guten Willen dem Deutschen Roten Kreuz zugeschanzt mit der Folge, daß die eigenen Blutbanken immer stärker ausbluteten.

So schön es auch ist, daß sich in Deutschland jährlich über 2 Millionen Menschen zur kostenlosen Blutspende bereitfinden, so verdienstvoll das Engagement des Deutschen Roten Kreuzes auch ist, wenn man daran denkt, daß die zapfenden Samariter perfekt organisiert bis in die letzten Ecken der deutschen Provinz vorstoßen und dort Menschen zur guten Tat auffordern: Auch mit deren rotem und gelbem Saft wird Umsatz gemacht. Und die vom Roten Kreuz hochstilisierte Ideologie der „unentgeltlichen" Blutspende wird dann zur propagandistischen Heuchelei, wenn die Bevölkerung nicht darüber aufgeklärt wird, mit welchen Mechanismen der Blutmarkt funktioniert und welche Rolle das Deutsche Rote Kreuz dabei spielt. Es bringt doch keinen Sinn (oder vielleicht doch?), wenn verschwiegen wird, daß auch die gemeinnützigen Unternehmer das Geschäft mit dem Plasma ganz gerne „mitgenommen" haben. Wo war denn die Rot-Kreuz-Blutindustrie, die so gerne darauf verweist, daß sie keine wirtschaftlichen Profit-Interessen verfolgt, mit ihren Argumenten, als bekannt wurde, daß in der Bundesrepublik Deutschland der Verbrauch des Plasmapräparates Albumin offensichtlich unvertretbare Rekordhöhen im Vergleich zu anderen Staaten erreicht. In England und Frankreich beispielsweise reichen für eine Million Einwohner rund 50 kg Albumin, in Deutschland waren es bis vor kurzem zehnmal soviel, über 500 kg, die jährlich bei einer Million Einwohnern umgesetzt werden. War das Rote Kreuz hier nicht stillschweigend gemeinsam mit der Pharmaindustrie auf der Seite der Verkäufer und der Investoren in einem erfolgversprechenden Markt? Die nach ihrem eigenen Selbstbewußtsein Kompetentesten unter den Kompetenten auf dem Blutmarkt, die Rot-Kreuzler, haben in keiner Weise dazu beigetragen, die Öffentlichkeit aufzuklären, daß es kostengünstigere Alternativ-Ersatzstoffe gibt.

Spätestens seit 1979 mußte auch dem Deutschen Roten Kreuz eine amerikanische Studie bekannt sein, die — obwohl die USA nicht zu den Verschwendern von Albumin gehören — feststellte, daß in einem Krankenhaus in nur 29% aller Fälle bei Patienten der Chirurgie die Indikation gerechtfertigt war. Ausgerechnet wurde, daß pro Jahr 40.000 Dollar hätten eingespart werden können, nur in einem Krankenhaus.[30]

Daß der Verbrauch in der Bundesrepublik Deutschland seit ein paar Jahren seinen absoluten Höhepunkt überschritten hat und rückläufig ist, das ist den Kliniken zu verdanken, die unter der Last der allgemeinen Kostenexplosion im Gesundheitswesen nicht umhin konnten, die finanziellen Folgen des Albumin-Konsums zu überprüfen.

Es ist bis heute allerdings nicht untersucht worden, ob und wie der Plasmaverbrauch in der Bundesrepublik Deutschland gesenkt werden könnte. Nach dem vorläufigen Ende des Albumin-Booms scheint sich das Interesse und die Preisstrategie auf die Produktion der Gerinnungsfaktoren zu konzentrieren. Insbesondere die Therapie von Hämophilie-Patienten, von Blutern, verspricht steigende Nachfrage und wie bei allen Proukten, nicht nur auf dem Blutmarkt, bestimmt eine hohe Nachfrage auch den hohen Preis.

Was hat das alles mit dem Roten Kreuz zu tun? Nicht unbedingt die Behandlung von Blutern, hier ist die Pharmaindustrie mit 90% Marktanteil herrschend. Bei der allgemeinen Preiskalkulation aber ist das Deutsche Rote Kreuz denselben Regularien unterworfen wie die Industrie. Der kleine Unterschied besteht in dem Buchstaben „g". Während der normale Pharma-Betrieb als GmbH oder Aktiengesellschaft firmiert, haben sich viele DRK-Blutspendedienste für die weithin unbekannte Rechtsform der „gGmbH" entschieden, das ist eine „gemeinnützige Gesellschaft mit beschränkter Haftung" mit fast uneingeschränkten Steuervorteilen, weil der Betrieb gemeinnützig ist. Gemeinnützig und von Steuern befreit war damit zwangsläufig ein Produktionsbetrieb, der sich dem allgemeinen Wettbewerb auf dem Markt stellte und in massiver Konkurrenz zu privaten und voll steuerpflichtigen Firmen auftrat.

Was für den „normalen" Verkauf von Blutkonserven an die Krankenhäuser noch uneingeschränkt gelten konnte, für die wirtschaftliche Nutzung und Veredelung des Blutes zu Pharmazeutika stellte sich der

Publikumsanzeige des Deutschen Roten Kreuzes

Logik geltender Gesetze folgend die Frage nach der Steuerpflicht für diesen Teilbereich der DRK-Blutproduktion.

Bis heute ist streng geheim gehalten worden, daß schon im Jahr 1967, also 3 Jahre nach dem Einstieg des Deutschen Roten Kreuzes ins Pharmageschäft, eine Betriebsprüfung beim Rot-Kreuz-Blutspendedienst Baden-Würtemberg zu dem Ergebnis kam, daß der Sektor „Blutfraktionierung" körperschaftssteuerpflichtig ist. Daran konnte scheinbar nicht mehr gerüttelt werden, denn 1969 am 11. März haben sich die Steuerreferenten aller Bundesländer dieser Rechtsauffassung angeschlossen. Wie durch ein Wunder wurde dieser Beschluß aber im Dezember des gleichen Jahres wieder aufgehoben. Nein, ein Wunder war es nicht. Die gut funktionierende Lobby des Deutschen Roten Kreuzes in Bonn und allen Landeshauptstädten hatte sich mit Eingaben und „Hintergrundgesprächen" durchgesetzt. Die Finanzbehörden sind umgefallen, sie sind gefallen worden. Was zuvor noch einmütig als steuerpflichtiges Unternehmen eingestuft wurde, war plötzlich laut amtlicher Definition ein „steuerlich unschädlicher Geschäftsbetrieb", der Blutspendedienst der DRK. Das Lied vom armen Samariter hatte mal wieder alle eingelullt. Mit dem Ticket der Steuerfreiheit in der Tasche konnte das Deutsche Rote Kreuz nun mehr oder weniger ungehemmt seine Tochtergesellschaft der Humanität weiter ausbauen und — weil offiziell als gemeinnützig bestätigt — staatliche Zuwendungen erhalten.

Mit dem zunehmenden Konkurrenzkampf auf dem Plasma-Markt wurde die Pharma-Industrie aktiv. Ein Gutachten wurde in Auftrag gegeben, das unter dem Siegel der Vertraulichkeit auf den Weg der steuerbürokratischen Instanzen geschickt wurde. Die Göttinger Professorin für Wirtschafts- und Steuerrecht Brigitte Knobbe-Keuk kam zu dem Ergebnis, daß das Deutsche Rote Kreuz mit seinen Blutspendediensten nicht mehr ausschließlich gemeinnützigen Zwecken diene. Die Argumentation des Roten Kreuzes, man fördere das öffentliche Gesundheitswesen, war offensichtlich nicht stichhaltig genug. Schließlich garantiert das Grundgesetz die wirtschaftliche Wettbewerbsfreiheit, und die Pharma-Industrie fühlte sich durch die Rot-Kreuz-Privilegien eindeutig benachteiligt. Nicht alles, was der Allgemeinheit dient, ist automatisch von sämtlichen Steuern befreit. Nicht nur die gewaltige Pharma-Industrie, sondern auch zahllose kleinere Betriebe, die auf dem Gesundheitsmarkt forschen, entwickeln und produzieren, sind trotz der sozialen Wirkung ihrer Arbeit, die zumindest in Teilbereichen unumstritten ist, voll steuerpflichtig.

Auch andere Firmen, die einen lebensnotwendigen Auftrag für die Bevölkerung erfüllen, wie zum Beispiel Wasser, Strom, Gas oder

Wärme gegen Bezahlung liefern, zahlen Steuern, obwohl sie ebenfalls ohne Einschränkung mit ihrer Arbeit der Gemeinschaft dienlich sind.

Wo Wettbewerb besteht — und auf dem Plasma-Markt ist dies klar der Fall —, muß Gleichheit herrschen. Das Deutsche Rote Kreuz aber war gleicher als die anderen. Es mußte keine Körperschaftssteuer, keine Gewerbesteuer, keine Vermögenssteuer zahlen. Das Gutachten der Pharma-Industrie machte auf einen weiteren, nicht unerheblichen Wettbewerbsvorteil des Roten Kreuzes aufmerksam. Auf dem Markt von Frischblut und Blutkonserven besitzt das Deutsche Rote Kreuz heute schon fast das Monopol. Weit mehr als 70 % aller Bestellungen von Krankenhäusern werden vom DRK geliefert. Durch diesen direkten Zugang zu den Abnehmern ist es einfacher, gleichzeitig auch Produkte aus der eigenen Plasma-Fraktionierung zu verkaufen. Kopplungsgeschäfte nennt man das.

Viele Jahre lang dauerte der Expertenstreit über die Steuerpflicht des Deutschen Roten Kreuzes. Mit dem Ergebnis konnte die Pharmaindustrie zufrieden sein: Die Finanzminister der Länder entschlossen sich 1981, die Versteuerung des Rot-Kreuz-Filialunternehmens anzuordnen. Seit dem aber liegen die Akten der Auseinandersetzung wieder bei den Gerichten, das DRK klagt gegen diesen Beschluß. Irgendwann also wird ein Richtergremium beschließen, was sich Politiker lange Zeit nicht durchzusetzen gewagt hatten. Einige Blutspendedienste des Deutschen Roten Kreuzes scheinen sich aber schon heute mit der Steuerpflicht stillschweigend abgefunden zu haben.

Das wesentliche Dilemma aber ist ungeklärt. Wie kalkulieren die Blutverkäufer jetzt ihre Preise? Wie bilanzieren sie korrekt die beiden nun unterschiedlichen Wirtschaftszweige? Der eine gemeinnützig, der andere nicht. Welche Investitionen und welche Abschreibungen gelten dem steuerpflichtigen und welche dem steuerfreien Betrieb? Sogenannte Mischkalkulationen dürften nun nicht mehr zulässig sein. Und so einfach, wie es sich das Deutsche Rote Kreuz Hamburg/Schleswig-Holstein gemacht hat, als es die Preise für Blutkonserven mit der Begründung erhöhte, daß der Albuminmarkt einen Preisverfall erlebe, geht es wohl auch nicht mehr. Denn so werden im Grunde steuerpflichtige Erlöse schlicht umgelegt auf den steuerfreien, vom Finanzamt unbeobachteten Betriebsteil.

So wie schon beim einfachen Krankentransport ist dem Deutschen Roten Kreuz nun in einem zweiten wesentlichen Teilbereich die Gemeinnützigkeit entzogen worden. Je stärker deutlich wird, daß der Konzern der Menschlichkeit ein soziales Dienstleistungsunternehmen ist wie viele andere auch und daß sich nicht so konfliktfrei wie gewünscht ein humanitäres Monopol durchsetzen läßt, umso mehr

Werbeanzeige des DRK für den Blutspendedienst

muß sich das Deutsche Rote Kreuz Gedanken über das eigene Selbstverständnis und möglicherweise über neue Organisationsstrukturen machen. Das DRK wird zwangsläufig zu spüren bekommen, wenn sich endlich und hoffentlich bald der Gesetzgeber zu einer Neuordnung der „Gemeinnützigkeitsverordnung" entschließt. Denn daß mit eingetragenen, gemeinnützigen Vereinen viel-tausendfach Steuerbetrug begangen wird, das ist in der Branche bekannt. Und daß die Begriffe „mildtätig" und „selbstlos" als zentrale Inhalte heute eine völlig andere Bedeutung haben als in der Gründerzeit der Republik, steht außer Frage. Um den Markt sauber zu bekommen, sind Einschnitte notwendig, müssen die Politiker handeln und die sind in ihrer Entscheidung möglicherweise freier und unabhängiger, weil sich ihre Parteien heute nicht mehr so wie in früheren Jahren selbst über fragwürdige gemeinnützige Vereine zu finanzieren brauchen. Auch das Deutsche Rote Kreuz leidet unter den Haien auf dem Spendenmarkt. Das ist spürbar vor allem in dem Bereich, wo wirklich noch maßgeblich Spenden eingesetzt werden. Bei der internationalen Katastrophenhilfe beispielsweise, die teilweise angewiesen ist auf freiwillige Spenden, und um die viele, auch dubiose, Organisationen werben. Eine engere Auslegung des Begriffes „gemeinnützig" hätte aber zwangsläufig zur Folge, daß einige weitere Dienstleistungsbereiche des Deutschen Roten Kreuzes, die ebenfalls im Wettbewerb zu anderen „Anbietern" stehen, die Gemeinnützigkeit verlieren würden, weil nicht jede soziale Tat nach finanz- und steuerrechtlichen Gesichtspunkten betrachtet eine gute Tat ist, bzw. auch für eine gute Tat, wenn sie bezahlt werden muß, Steuern fällig sind.

Die transatlantische Bluttransfusion

„13. Juli 1977 — Stromausfall in New York, Terror und Gewaltakte. Doch als nach der langen Nacht die Lichter wieder angingen, war auch ein Schatten auf eine ebenso entfernte, wie eine angesehene Organisation gefallen. Das Deutsche Rote Kreuz stand plötzlich im Verdacht, Hilfslieferungen von Blutkonserven nach New York nicht nur aus humanitären Gründen durchgeführt zu haben. Besonders ins Zwielicht geriet ein eindringlicher Spendenaufruf, da im stromlosen New York sozusagen der Blutnotstand ausgebrochen sei. Veranlaßt wurde die Aktion vom DRK-Blutspendedienst Niedersachsen, Oldenburg und Bremen, der wie alle Blutspendedienste des DRK arbeitet."

Mit diesen Worten begann eine Reportage im „Gesundheitsmagazin Praxis" des Zweiten Deutschen Fernsehens am 13. 2. 1978. Zum ersten Mal erfuhr eine größere Öffentlichkeit etwas über einen internationalen

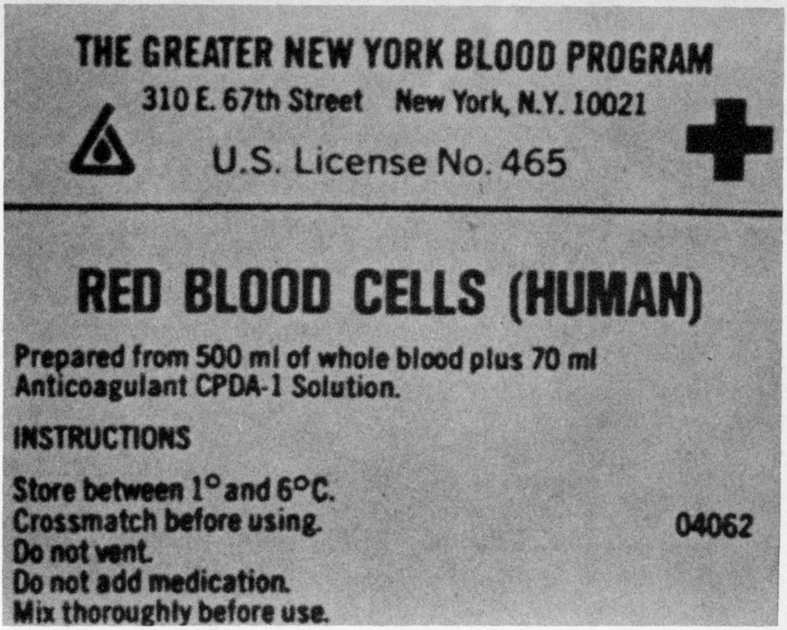

Blutbeutel für den Export nach Amerika

Bluthandel, an dem das DRK beteiligt ist. Denn rasch stellte sich heraus, daß der Notstand kein Notstand war und daß das Deutsche Rote Kreuz schon seit geraumer Zeit den internationalen Blutaustausch mit Amerika pflegte. Die Bürger wurden getäuscht, als das Deutsche Rote Kreuz über den Rundfunk folgenden Aufruf veröffentlichen ließ: „In einem dringenden Hilferuf hat das New Yorker Blood Center den für Bremen und Niedersachsen zuständigen Blutspendedienst des DRK um Blutkonserven gebeten. Wie der Chefarzt des Blutspendedienstes mitteilte, hat sich die Zahl der freiwilligen Blutspender in New York, bedingt durch den Stromausfall, so stark vermindert, daß die Versorgung der Krankenhäuser und Unfallstationen mit den lebensnotwendigen Konserven gefährdet ist."

Mit diesem Katastrophenalarm sollten noch mehr Bürger zu den Blutspendeterminen gelockt werden. Dem Reporter des ZDF sagte ein amerikanischer Arzt in Kamera und Mikrofon: „Das war nur ein Tag, wie Sie sich erinnern, daß New York keine Elektrizität hatte, und dieser Tag war an sich kein großes Problem, weniger Operationen wurden unternommen, deswegen wurde weniger Blut transfundiert. Es war eigentlich gar keine Not an Blut zu dieser Zeit." Wäre dieser Aufruf des DRK in Niedersachsen nicht gewesen, hätte diese „dämliche Aktion" (so wurde es im nachhinein selbst DRK-intern qualifiziert) nicht offengelegt, daß Blut ins Ausland geliefert wird, wahrscheinlich wäre bis heute unter der Decke geblieben, was das Deutsche Rote Kreuz allzu gern verschwiegen haben möchte. Nachdem nun aber alles herausgekommen war, und sich die ersten Spender ereiferten und verweigerten, wurde eine großangelegte Verteidigungskampagne gestartet, eine Strategie wurde gezimmert mit Argumenten, die allerdings Stück für Stück in den darauffolgenden Jahren zusammengebrochen sind, weil sie haltlos bzw. schlicht unwahr waren.

Die Geschichte vom Aufbau und vom noch nicht abgeschlossenen Ende humanitärer Erklärungsversuche soll hier erzählt werden.

Nach Amerika — so hieß es in aller Einigkeit und mit bester Überzeugungskraft — wird Blut nicht verkauft, sondern nur abgegeben gegen Erstattung von Kosten und Spesen. Nur solches Blut werde in die USA geliefert, welches hier in der Bundesrepublik Deutschland kurz vor dem Verfall steht und sonst weggeschüttet werden müßte.

Blutkonserven sind etwa 35 Tage haltbar, Plasma kann in gefrorenem oder pulverisiertem Zustand oder auch als Paste sehr viel länger aufbewahrt werden. Die reinen Blutkonserven können also in der Tat schlecht werden und verfallen. Es stellte sich aber heraus, daß nicht Blut „kurz vor dem Verfallsdatum" weggeschickt wurde. Carlos C. Ehrich, der Direktor des New York Blood Center, dem Abnehmer des Blutes, bestätigte schon 1977 in einem Brief an einen deutschen Arzt, daß das Blut „binnen 24 bis 48 Stunden nach Abnahme" in Amerika

50.000 Blutspenden reichen gerade für eine Woche.

AB Rhesusfaktor negativ. Was das ist? So heißt eine der seltensten Blutgruppen, die es überhaupt gibt. Für den, der sie hat, an sich nicht schädlich. Es sei denn, er erleidet einen Unfall oder er wird schwer krank.

Dann haben die Ärzte größte Mühe, lebenswichtiges Spenderblut zu beschaffen, weil eben auch diese Spender selten sind. Auch, wenn Sie nicht die Blutgruppe AB Rhesusfaktor negativ haben:
Denken Sie doch bitte mal darüber nach.

Werbeanzeige des DRK für den Blutspendedienst

eintrifft. Und er erklärte auch, warum das Deutsche Rote Kreuz liefert: „Das Blut wird im Übermaß abgenommen zwecks Herstellung von Blutderivaten, wie Albumin, Gammaglobulin und Koagulanz-Faktoren."

Auf das Plasma also kommt es an bei diesem internationalen Geschäft, denn nur die roten Blutkörperchen werden über den Atlantik geschickt. Blut wird im Übermaß deutschen Spendern entnommen, um auf dem Plasmamarkt der Bundesrepublik Deutschland stärker einsteigen zu können.

Mit einem Schlag war das erste Argument weggewischt. Es ging nicht darum, überschüssiges Blut noch rechtzeitig einem guten Zweck zuzuführen und vor der „Vergeudung" zu schützen.

Der zweite Schritt der Verteidigungsrede war wiederum ein Eigentor. Um den hohen Albuminbedarf in der Bundesrepublik Deutschland (der zu keiner Zeit kritisch angezweifelt wurde) zu befriedigen, müsse entsprechend viel Plasma gewonnen werden, hieß es. Warum hat aber das Deutsche Rote Kreuz, wenn es schon nicht problemorientiert über medizinische Notwendigkeiten nachzudenken in der Lage zu sein scheint, dann nicht die Methode der Plasmapherese angewendet, bei der kein Überhang an roten Blutbestandteilen entsteht?

Aber auch noch heute und zum Teil mehr denn je wird nach Amerika geliefert, obwohl Albumin längst nicht mehr wie früher der Marktrenner ist.

Wie also erklärt sich die tatsächliche Motivation? In der Sendung des ZDF gab Dr. Klaus Mayer vom Memorial Hospital in New York die Antwort aus amerikanischer Sicht: „Das Europa-Blut wird besonders nach New York importiert, wird aber auch weitergeleitet an andere Großstädte. Es wird zum großen Teil benutzt in einem Kampf zwischen dem Roten Kreuz und der amerikanischen Blutbank-Gesellschaft, die zur Zeit in einem Kampf sind, wer eigentlich den Blutspendedienst kontrolliert. Und in diesem Kampf wird das Europa-Blut benutzt. Es wird in andere Städte geschickt, um zu zeigen, daß das Rote Kreuz genügend Blut von freiwilligen Spendern bekommt. Zur Zeit sind immer noch nicht genug Blutkonserven vorhanden in vielen Rot-Kreuz-Gebieten. Aus diesem Grund wird zusätzlich Blut von Europa gekauft."

Es war auch Dr. Mayer, der schon zwei Jahre zuvor, 1976, auf das finanzielle Volumen der transatlantischen Bluttransfusion aufmerksam machte: „Das Rote Kreuz hat einen Reinverdienst von 6 Millionen DM." Es sei ein gutes Geschäft, kommentierte er den Handel. Es waren immer Amerikaner, die Informationen zur Aufklärung der Öffentlichkeit lieferten. Vom Deutschen Roten Kreuz wurden stets nur verbale Seifenblasen beigesteuert, die mehr verschleierten, als daß sie der Wahrheit dienlich waren. Die Blutlieferungen jedenfalls erfüllten einen doppelten Zweck: Auf dem US-Markt stützten sie die Position des amerikanischen Roten Kreuzes und in der Bundesrepublik Deutschland ist nach wie vor die Blutflüssigkeit wichtig für die Präsenz des DRK auf dem Plasma-Markt. Nur so ist zu erklären, warum an die Amerikaner zu wesentlich günstigeren Preisen verkauft wurde. Während die deutschen Krankenhäuser für ein Konzentrat aus roten Blutkörperchen im Durchschnitt etwa 85 Mark auf die Konten des Roten Kreuzes überweisen müssen, zahlen die Amerikaner schätzungsweise nur etwa die Hälfte.

Nicht alle DRK-Blutspendedienste können von diesen Vorwürfen getroffen werden. Die Landesverbände Westfalen-Lippe sowie Hamburg/Schleswig-Holstein haben von Anfang an nicht mitgemacht. Die Verteidigungsstrategie des Deutschen Roten Kreuzes gegenüber den öffentlichen Angriffen brach vollends zusammen, als bewiesen werden konnte, daß das DRK bei den Spendeterminen, unbemerkt von den Spendern, direkt von den Armen abzapfte in original englisch beschriftete Blutbeutel. Welcher Blutspender schaut auch schon auf den Plastikbeutel, wenn er bluten muß.

Nun blieb endgültig nichts mehr übrig von der Überschuß-Theorie.

Es wird gezielt Blut abgenommen wür Amerika in spezielle Beutel. In den Blutspende-Zentralen wird alles genau disponiert. Auf den Einsatztafeln der mobilen Teams wird schon Tage zuvor eingetragen, wer wann amerikanische Blutbeutel mitzunehmen hat. Diese Termine werden auf den Plänen dann mit den Buchstaben „SE" gekennzeichnet. Das bedeutet: „Sonder-Entnahme". In einigen Blut-Zentralen des DRK stehen extra für das US-Geschäft Zentrifugen bereit, in denen nachts das Plasma abgetrennt wird, damit der rote Rest rasch nach New York geflogen werden kann.

Nachdem im Fernsehfilm „Konzern der Menschlichkeit" einer der amerikanischen Beutel deutlich und lange auf dem Bildschirm zu sehen war, begannen in einigen DRK-Zentralen verstärkt hektische Anstrengungen, die eindeutig identifizierbaren Beweise aus dem Verkehr zu ziehen. Nicht der Austausch mit Amerika wurde beendet, sondern nur das Etikett sollte geändert werden. Man bemühte sich, direkt aus New York deutsch beschriftete Beutel zu beziehen, offensichtlich damit es hierzulande den Spendern nicht auffällt. Einfach war dieser Wunsch der Deutschen in den USA nicht zu erfüllen, denn für medizinische Importe muß die Genehmigung der obersten Gesundheitsbehörde, der Food and Drug Administration (FDA), vorliegen. Nach zähem Ringen wurde die Bitte akzeptiert, und jetzt wird abgezapft in original deutsche Beutel direkt aus den Vereinigten Staaten. Auf seine Art hat das Deutsche Rote Kreuz gelernt aus einer kritischen Berichterstattung. Wieviele rote Blutportionen über den großen Teich geschickt werden, darüber gibt es nur sehr unterschiedliche Schätzungen. Die Zahlenangaben schwanken heute zwischen 170.000 und 200.000 pro Jahr.

Nicht so sehr die Tatsache, daß Blut in die hochentwickelten Verei-

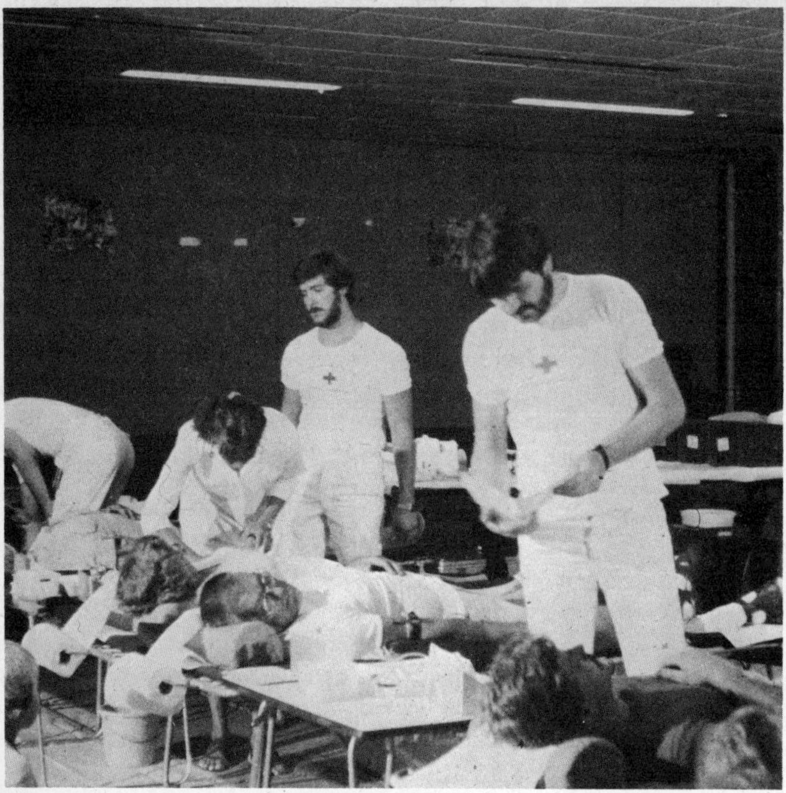

Blutspendetermin beim Deutschen Roten Kreuz

nigten Staaten verkauft wird, ist erschütternd, vielmehr nähren Geheimniskrämerei und falsche Behauptungen den Verdacht, daß dem Deutschen Roten Kreuz selbst nicht ganz wohl bei der Sache ist.

In Amerika hat sich der Konkurrenzkampf zwischen Blutbanken und Rotem Kreuz mittlerweile entspannt. Es ist sogar teilweise Ruhe eingekehrt, weil zuviel Aufregung auf dem Markt schaden könnte. Amerikanische Pharmaindustrie und US-Rotes Kreuz sitzen mittlerweile sogar teilweise in einem Boot. Mit einer gemeinsamen Blutverwertungsfabrik für 80 Millionen Mark wollen sie zusammen jährlich etwa 1 Million Liter Plasma in Arznei umwandeln. Mittlerweile müssen aber die Hoffnungen auf ein unbegrenztes Wachstum in der Plasma-Branche mit einem großen Fragezeichen versehen werden.

Auch in der Bundesrepublik Deutschland bemüht sich das Rote Kreuz heute, die objektiv vorhandenen Konflikte zwischen DRK und Pharmaindustrie einerseits sowie mit den staatlich-kommunalen Bluttransfusionsdiensten andererseits nicht allzu deutlich öffentlich werden zu lassen. Auch die Pharma-Lobby und die öffentlichen Blutbanken wollen es nicht zum totalen Bruch kommen lassen. Motiv dafür ist sicher nicht nur das gemeinsame „Geschäft", sondern auch die Angst vor einer Verunsicherung der Bürger, auf die bzw. deren Blut alle angewiesen sind.

So schön alle Appelle an den Idealismus der Mitbürger sind, hinter humanitären Ansprüchen kann man sich auch verstecken, kann sehr viel verborgen werden. Denn auch das Deutsche Rote Kreuz ist selbstverständlich in einen kommerziellen Markt verstrickt. Das aber allein zu kritisieren, wäre unzureichend und würde einen anderen Idealismus, ein anderes naives Wunschdenken nur entgegensetzen. Es hilft nicht weiter, an der Tatsache vorbei zu diskutieren, daß das Gesundheitswesen in der Bundesrepublik Deutschland ein Markt wie jeder andere ist. Ein Markt wie jeder andere? Wenn das Deutsche Rote Kreuz in der Auseinandersetzung um die idealistischen Ziele und eigenen ethischen Verpflichtungen bestehen und (wieder?) glaubwürdig werden will, muß es sich mehr als bisher über schüchterne Ansätze hinweg vor allem an die Spitze einer Bewegung stellen, die zu einer massiven Drosselung des Plasma-Verbrauchs führen muß. Denn hier ist der eigentliche Wildwuchs zu beobachten. Blut bzw. Heilmittel aus Blut werden nie völlig zu ersetzen sein. Der Schutz der Spender, die letzten Endes die Medizin produzieren, sollte allerdings Anlaß genug sein, die Hahnenkämpfe auf dem Markt zu beenden und das nicht nur nach einem billigen Minimalkonsens nach dem Motto: Allen wohl und niemand weh.

Auch was diesen Teilbereich der gesundheitspolitischen Organisation betrifft, wird immer wieder die Frage laut, inwieweit sich der Staat nicht stärker als Kontrollinstanz und Regulativ einschalten sollte. Sicher — der Gedanke ist reizvoll, wenn die allzu schlimmen Konsequenzen

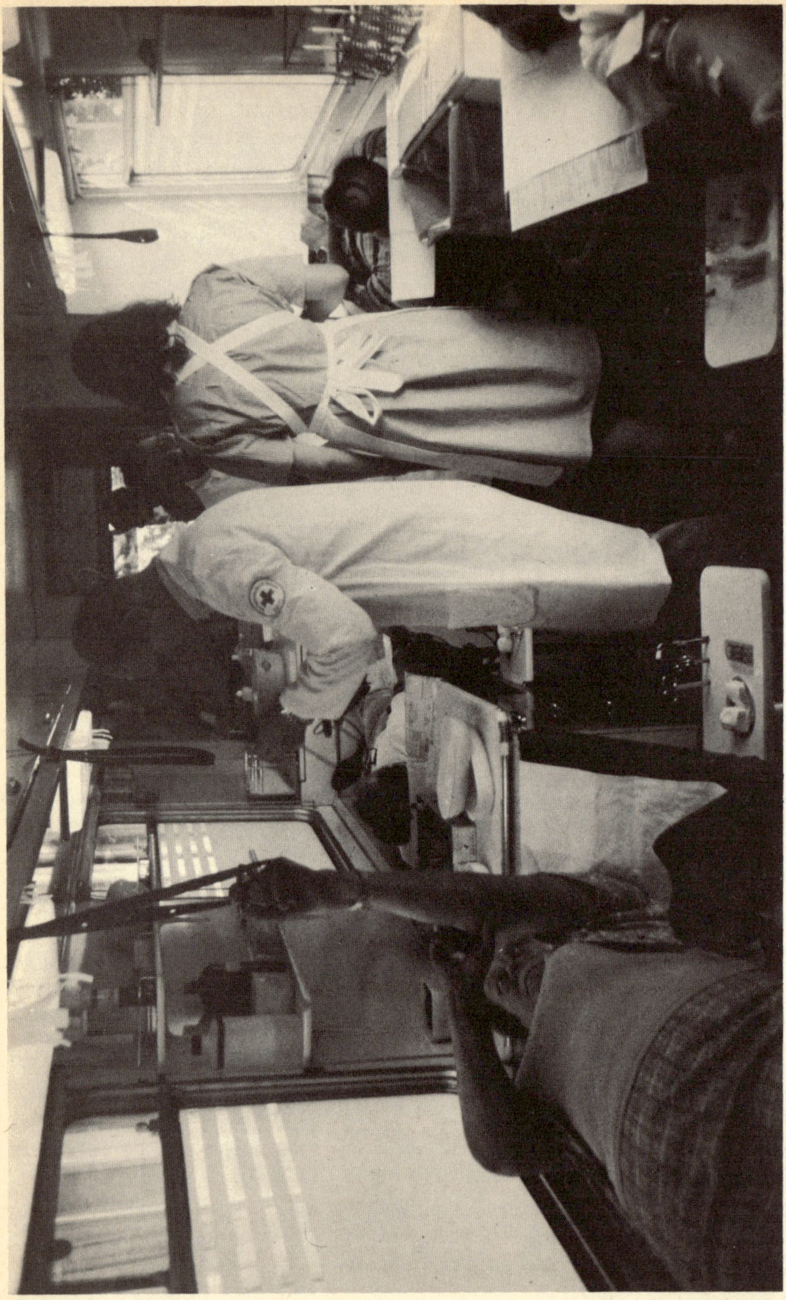

Blutspendetermin beim Deutschen Roten Kreuz

des „freien Spiels“ der Kräfte auf dem Markt sichtbar werden. Aber jede Argumentation in diese Richtung macht es sich zu einfach, ebenso übrigens die Meinung, es sei doch so wie es ist, alles bestens geregelt. Es ist ein Armutszeugnis der „Gesundheits-Politiker“ aller Parteien in der Bundesrepublik Deutschland, daß diese allzu kritiklos auf der humanitären Rot-Kreuz-Welle mitschwimmen und keinen Blick hinter die Fassaden werfen. Aber im Licht idealistischer Strahlen, und seien sie mittlerweile noch so schwach ausgeprägt, sonnt es sich eben gut.

Die Verdienste des Deutschen Roten Kreuzes bei dem umfassenden Versuch, die nationale Blutversorgung sicherzustellen, können und sollen nicht bestritten werden. Das Streben nach Expansion und Monopolisierung hat allerdings nicht dazu beigetragen, die gerade für diesen äußerst sensiblen Markt notwendige Transparenz herzustellen.

Hier muß die kritische Diskussion beginnen. Voraussetzung dafür ist allerdings, daß im Deutschen Roten Kreuz der arrogante und selbstherrliche Alleinvertretungsanspruch aufgegeben wird, nur das DRK selbst habe die beste aller Lösungsmöglichkeiten anzubieten. Offener muß die Auseinandersetzung werden. Es scheint, daß wie bei so vielen Aktivitäten des Roten Kreuzes auch beim Blutspendewesen eine unergründliche Angst davor herrscht, ehrlicher und durchschaubarer zu arbeiten und in der Öffentlichkeit aufzutreten.

Warum aber sollten etwa weniger Menschen Blut spenden, wenn sie detaillierter als bisher darüber aufgeklärt werden, wie der Markt organisiert ist und wie er funktioniert? Das Deutsche Rote Kreuz ist offensichtlich zum Opfer der eigenen idealistischen Propaganda geworden. Weil es den tatsächlichen Waren-Charakter des Rohstoffes Blut bisher stets beharrlich nach außen hin weggeblendet hat, findet es bis heute keinen Ausweg aus der selbstkonstruierten Sackgasse. Weil in den Rot-Kreuz-Zentralen demoskopische Umfrageergebnisse bekannt sind, die belegen sollen, daß ein nicht unwesentlicher Teil der Blutspender nicht damit einverstanden wäre, daß Blutplasma auch an die pharmazeutische Industrie verkauft wird, wird dies einfach verschwiegen. Dabei war das trotz aller Konkurrenzkämpfe schon immer so und es ist auch heute noch so. Ebenso verschwiegen wird, daß in einigen wenigen DRK-Blutspendediensten auch Geld bezahlt wird, wenn Spender zum Beispiel mit seltenen Blutgruppen sich zum Aderlaß bereitfinden. Warum also sollten sich die Bürger nicht weiterhin zur Mitarbeit auffordern lassen, wenn sachlich aufgeklärt würde. Es kann dann zwar weniger ausschließlich an Gefühle appelliert werden, sondern auch der Verstand muß eingesetzt werden. Aber mehr Verstand und Sachlichkeit kann auch hierbei nicht schaden.

DRK-Hilfsschiff „Flora“

Samariter international

Von den Schwierigkeiten, wirksam zu helfen

Das Deutsche Rote Kreuz ist nur eine von vielen Organisationen in der großen internationalen Rot-Kreuz-Familie. Getreu der Forderung des Henry Dúnant haben sie sich in der Welt formiert: „In jedem Land müßten die freiwilligen Rot-Kreuz-Helfer als echte Samariter christlicher Barmherzigkeit, d.h. sowohl im Frieden wie im Kriege, einsatzbereit sein zum Dienst an der notleidenden Menschheit. Sie haben Anrecht auf die Bewunderung aller Menschen. Ebenso wie wir den Soldaten grüßen, der für sein Vaterland zu Felde zieht, so neigen wir uns vor dem guten Samariter unserer Tage, der sein Leben für das Wohl und Heil seines Nächsten einsetzt."

Neben dem im Jahre 1863 in diesem Sinne in Genf gegründeten Internationalen Komitee vom Roten Kreuz existiert seit 1919 sozusagen eine zweite internationale Rot-Kreuz-Organisation: Die Liga der Rot-Kreuz-Gesellschaften. 130 Nationen mit weit über 250 Millionen Mitgliedern haben sich zu dieser Liga zusammengeschlossen. Sie soll ein Dachverband sein, eine internationale Lobby, um den humanitären Auftrag der nationalen Gesellschaften zu fördern und zu erleichtern. Sie ist das zentrale Informations- und Koordinationszentrum für den Fall jeder notwendigen internationalen Hilfeleistung im Katastrophenfall. Die Aufgaben sind mehr oder weniger strikt getrennt. für die Liga ist der Einsatz ausschließlich bei Naturkatastrophen, wie Überschwemmungen und Erdbeben gefordert. Das Internationale Komitee dagegen knüpft konsequent an die Tradition an und wird wesentlich bei bewaffneten Konflikten aktiv. Für beide Organisationen gilt das strikte Prinzip der absoluten Neutralität. Jedem Menschen, der sich in Not befindet, egal welcher Rasse, welchen Glaubens, welcher politischen Überzeugung, allen Menschen soll gleichermaßen geholfen werden. Aber die riesigen Apparate von Liga und IKRK haben sich schon häufig selbst im Weg gestanden. Das Nebeneinander führte zu riesigen Problemen. Manchmal schwerfällig, dauerte es lange bis nach ungeheuer schwierigen Absprachen über Kompetenzen die notwendigen Hilfsmaßnahmen anlaufen konnten, während zahlreiche freie und private Organisationen häufig am Ort des Geschehens der Katastrophe bereits aus- und anpackten. Ob nun das Beispiel Philippinen 1972 oder Vietnam 1973 oder erst jüngst der Fall Äthiopien, wo auch Hilfslieferungen des DRK für hungernde Kinder unerträglich lange in Lagern schmorten und nicht zur Verteilung gelangten — eine lange Liste belegt, daß das Rote Kreuz häufig mit der eigenen Bürokratie zu kämpfen hat. Und um die Probleme zu lösen, sind endlose interne Verhandlungen und Verträge notwendig, die für die Zukunft Besserung versprechen, die das Hilfsgeschäft dann aber nur noch schwieriger machen. Denn in den vergangenen Jahrzehnten ist das Rote Kreuz mit seinen diversen Verschachtelungen und den notwendigen nationalen Rücksichtnahmen selbst auch zu einer diplomatischen Instanz geworden. Wenn die Maschinerie der humanitären Aktion aber erst einmal in Gang gekommen ist, dann allerdings bietet das Rote Kreuz mit die besten Möglichkeiten für eine wirksame Hilfe.

An internationalen Hilfeleistungen in Katastrophenfällen oder bei langfristigen Entwicklungshilfeprogrammen in der Dritten Welt beteiligt sich das Deutsche Rote Kreuz jährlich im Durchschnitt mit 50 bis 60 Millionen Mark, in eigener Regie oder als Partner von Liga oder IKRK. Es sind eindrucksvolle Zahlen, die das Rote Kreuz als Nachweis weltumspannender Menschlichkeit vorzeigen kann.

Und die positive Bilanz der Hilfe wird nicht dadurch geschmälert, wenn hier öffentlich gemacht wird, daß der Hauptanteil dieses Erfolgs den staatlichen Zuschüssen zu verdanken ist, die das Deutsche Rote Kreuz erhält. In der breit angelegten Werbung um Spenden ist davon allerdings nichts zu hören, das wird still verschwiegen.

Zum Beispiel die Nahrungsmittelhilfe: 1983 wurden dafür rund 6 Millionen Mark ausgegeben. Nur 290.000 DM zahlte das Deutsche Rote Kreuz aus eigenen Kassen, weit über 5 Millionen Mark finanzierte das Bundesministerium für Wirtschaftliche Zusammenarbeit, das für Entwicklungshilfe zuständig ist.

Alle Gesamtaufwendungen zusammengerechnet bestätigen das Bild. Rund 50% aller Leistungen werden vom Staat bezahlt, von den Bundesministerien, von der Europäischen Gemeinschaft und zahlreichen anderen Geldgebern, denn auch viele Landesregierungen fördern beispielsweise Entwicklungsprogramme. Aus den wenigen Zahlen, die das Deutsche Rote Kreuz über sein Finanzgebaren veröffentlicht, wird nicht genügend transparent, wieviel Sachspenden der Industrie mit welchem Wert in die Bilanzen einfließen und wie diese möglicherweise mit Bar-Spenden verrechnet werden. Ebenso fehlt eine umfassende Gesamtbilanz aller DRK-Gliederungen auf Länderebene. Nur so würde offengelegt, welche Vermögenswerte sich das Deutsche Rote Kreuz in den letzten Jahrzehnten erworben hat. Allein das Präsidium in Bonn verfügt nach eigenen Angaben über Sach- und Finanzanlagen in Höhe von etwa 28 Millionen Mark. Nochmals 28 Millionen Mark liegen auf den laufenden Konten des Konzerns. Es ist keine Frage, und es steht außer Zweifel, daß der Apparat Rücklagen bilden muß. Doch eines läßt der wachsende Reichtum der Samariter nicht zu: Die jährlichen Hilfeschreie und Klagen darüber, daß die Spendenbereitschaft der Bürger nachlasse. Das stimmt nicht, und genauso wenig läßt die Zuschußbereitschaft des Staates nach. Bei einem Haushaltsvolumen des DRK-Präsidiums von insgesamt rund 120 Millionen Mark beträgt der Anteil des Bundes daran über 54 Millionen Mark. Und das ist von Bedeutung, wenn von der Unabhängigkeit der Rot-Kreuz-Arbeit die Rede sein soll, wenn die Unabhängigkeit in Frage gestellt werden muß. Denn „frei" ist das Deutsche Rote Kreuz längst nicht mehr, weil es mit fast allen Aktivitäten auf die Finanzspritzen aus Bonn fixiert ist. Wo die Bundesregierung möglicherweise aus politischen, parteiischen Gründen eher zurückhaltend Unterstützung gewährt oder auch verweigert, spürt dies das Rote Kreuz deutlich. Weniger vorsichtig ausgedrückt: Das Deutsche Rote Kreuz wird in dem Maße stärker aktiv, wenn die politischen Entscheidungen in der Hauptstadt eine massive materielle Unterstützung eines bestimmten Landes fördern sollen und somit viel Geld zur Verteilung ansteht. Nach welchen Kriterien, nach welchen politischen Kriterien Entwicklungshilfe vergeben wird, ist auch im Deutschen Roten Kreuz bekannt. Ob der Verein es einsieht, zugibt oder nicht: Das Deutsche Rote Kreuz steckt scheinbar unabänderlich mitten im System politischer Interessen und kann höchstens in einzelnen Fällen versuchen, Einfluß im Sinne der Rot-Kreuz-Statuten auszuüben.

Das Deutsche Rote Kreuz ist abhängig und wird mehr und mehr von der Politik als halbstaatliche Service-Station benutzt. Die politischen Probleme und Abhängigkeiten sind es auch, die dem anderen internationalen Verband, dem Internationalen Komitee vom Roten Kreuz (IKRK), immer mehr Schwierigkeiten bereiten. Vom neutralen Boden der Schweiz aus, will das IKRK vor allem bei bewaffneten Konflikten nicht nur die notwendigsten Hilfsgüter organisieren und bereitstellen, die Delegierten und das Hauptquartier in Genf sollen über die Einhaltung der Genfer Konvensionen und der Bestimmungen des allgemeinen Völkerrechts wachen. Jederzeit soll das Internationale Komitee als neutrale, unabhängige Institution fähig werden können, um die Menschenrechte und den Schutz der Zivilbevölkerung vor Unrecht und Gewalt zu gewährleisten.

Wenn es um den Austausch von Kriegsgefangenen und Verletzten geht, spielt stets das Internationale Komitee eine bedeutende Rolle. Alle Versuche aber, die Institution als politischen Vermittler für den Frieden in Konflikten einzusetzen, waren bisher zum Scheitern verurteilt. Sie selbst wollen nur die humanitären Retter sein und beschwören immerfort ihre Unabhängigkeit und Neutralität. Aber wenn man ehrlich ist, dann ist die Geschichte des Internationalen Roten Kreuzes nicht nur eine Geschichte der Erfolge, es ist die Geschichte der Hilflosigkeit und der Mißerfolge. Es sind nicht nur die „Pannen", die geschehen sind und auch heute immer noch passieren. Das wäre zu entschuldigen, weil dort, wo Menschen arbeiten, immer Fehler vorkommen. Die Fehlleistungen aber sind in der Organisation zu suchen, in der Struktur und in dem auch heute noch scheinbar unerschütterlichen Glauben an die eigene traditionelle Rolle, an die eigenen Möglichkeiten, wirksam etwas für den Frieden zu tun.

Aber Unabhängigkeit und Neutralität sind in der Praxis häufig nur noch Leerformeln, die einen ganzen riesigen Apparat lähmen und ihn zur Untätigkeit zwingen.

Zur Untätigkeit oder zur verzögerten Hilfe hat im übrigen in der Vergangenheit nicht selten die Konkurrenz der beiden internationalen Rot-Kreuz-Verbände, der Liga und des IKRK, beigetragen.

Mit der Verpflichtung des Roten Kreuzes, stets außerhalb der Politik zu bleiben, Neutralität zu üben, hat es sich selbst ein Bein gestellt, denn wo immer sich Liga und IKRK bewegen, sie sind mittendrin in politischen Abhängigkeiten. Fast jede nationale Rot-Kreuz-Gesellschaft dieser Welt existiert in enger Anbindung an das jeweilige Regime, viele Staatspräsidenten sind Schirmherren, Schutzpatrone, Vorsitzende.

154 Staaten dieser Welt haben sich durch die Anerkennung der Genfer Abkommen selbst dazu verpflichtet, Kriegsgefangene nicht zu töten, die Verwundeten von Freund und Feind zu pflegen, Folterungen und Hinrichtungen nicht zuzulassen.

„Wir fordern alle Kampfparteien eindringlichst auf, Humanität walten zu lassen, die Genfer Konventionen zu achten und das Leben der Zivilbevölkerung zu schonen." Solche und ähnliche Appelle werden immer wieder beharrlich an die Gegner in Kriegen gerichtet.

„Wir können den Krieg nicht verhindern. Aber wir müssen dem Leiden auf den Schlachtfeldern ein menschlicheres Antlitz geben und damit einen Beitrag zum Frieden leisten." Das war die Hoffnung von Henry Dúnant vor über 120 Jahren, und das ist auch heute noch der Traum des Roten Kreuzes. Viele Irrtümer mußte das Rote Kreuz mittlerweile eingestehen. Den Krieg allein durch fürsorgliches Handeln menschlicher zu machen, darauf allein haben sie sich nie verlassen. Vor dem Ersten Weltkrieg zum Beispiel wurde im Deutschen Roten Kreuz noch fest darauf vertraut, daß die Fortschritte in der Waffentechnologie dazu führen, „daß die Kriege der Neuzeit nicht blutiger und verlustreicher sein müssen als die früheren".[31]

Die Wirklichkeit heute: Napalm-Bomben, Giftgase, Minen und Schüsse aus Maschinengewehren mit besonders grausamer, weil zerfetzender Munition treffen immer mehr die Zivilbevölkerung. Der durch Konventionen und Resolutionen angestrebte Schutze der „einfachen Menschen" ist in mehr als 150 Kriegen nach 1945 zur Farce geworden. Die Kriege sind nicht menschlicher, sie sind teuflischer geworden.

Die Hilfe in Einzelfällen für Soldaten, Gefangene und Verletzte durch Mitarbeiter des Roten Kreuzes mag noch so wesentlich und wichtig sein, weil auch nur die Rettung eines einzigen Menschenlebens jeden Einsatz rechtfertigt. Doch die andere, die traurige Seite des Alltags im Internationalen Komitee des Roten Kreuzes darf nicht überblättert werden. Das IKRK sorgt — unfreiwillig natürlich — dafür, häufig nur noch das humanitäre Alibi für kriegsführende Staaten zu sein. Machen wir uns nichts vor, Diktaturen, vor allem benutzen die

Anwesenheit des Roten Kreuzes gerne, die Presse und damit die Weltöffentlichkeit sollen wissen, daß dadurch die Menschlichkeit angeblich garantiert ist. Während über die Fernschreiber im Genfer Elfenbeinturm der Humanität wohlklingende Friedensaufrufe abgesetzt werden, übertönen Bombenhagel und Kriegslärm in Beirut oder Teheran, in Tripoli oder Bagdad das Tickern der ankommenden humanitären Wünsche aus Genf.

Trotz zahlloser Demütigungen und massiven Behinderung auch durch Staaten, die sich auf dem Papier und mit Dokumenten zur Einhaltung internationaler Regeln bereit erklärt haben, ist das Rote Kreuz die auch heute noch einzig legitimierte menschliche Feuerwehr, die aber häufig zu spät kommt, weil auch ihr Einsatz von manchen Machthabern kalkuliert wird von der Frage, wem es am meisten nützt in der Strategie der zwischenstaatlichen Gewalt.

Mehr als 800 Delegierte, die alle Schweizer Staatsbürger sein sollen, tummeln sich Jahr für Jahr auf den Kriegsschauplätzen dieser Welt, pendeln hin und her und versuchen ehrlich bemüht, zu retten, was zu retten ist. Fair wollen sie alle sein zwischen den Fronten, aber wo und vor allem in welchem Krieg spielt Fairneß eine Rolle?

Fair — das bedeutet für das Rote Kreuz in der Hauptsache Diskretion, und die wurde und wird zum Stolperstein für die hohen moralischen Absichten. Denn über das Geschehen an der Front, in Gefängnissen und Lagern, über die wirklichen Zustände der Menschenrechte also, darf nur an die beteiligten Regierungen berichtet werden. Die Öffentlichkeit und deren Empörung wird bewußt außen vorgehalten. Die ethische und rigoros-moralische Autorität des Roten Kreuzes verspielt sich so sehr leicht in den Abhängigkeiten der internationalen Politik. Allzu häufig stehen die Konventionen der Menschlichkeit den macht- und herrschaftspolitischen Interessen unvereinbar gegenüber. Die in Konflikte eingebundenen Staaten pochen auf ihre Souveränität und mit diesem Hinweis werden auch laufende Rot-Kreuz-Initiativen, wie beispielsweise die Ratifizierung von zwei Zusatzprotokollen zu den Genfer Konventionen, die seit 1977 auf dem Tisch liegen, behindert.

Geregelt werden sollen auf dem Papier die humanitären Rechte und Bedingungen, die sich aus den „modernen" Formen der Aggression ergeben, aus den subtilen, politischen Kriegszuständen. Nur etwa 25 Staaten haben bisher unterschrieben, der Rest der Welt lehnt die Ratifizierung mit dem Verweis auf die staatliche Souveränität ab. Die Bundesrepublik Deutschland will sich nach langem Zögern jetzt anschicken, die Papier auf den Weg durch die politische Bürokratie zu geben. Im Verständnis des Deutschen Roten Kreuzes ist dies ein Erfolg für die Menschlichkeit. Die Mitarbeiter des Internationalen Komitees vom Roten Kreuz an der Front allerdings sind hin und her gerissen zwischen den auf mehreren Kilo Papier festgeschriebenen schönen

Ansprüchen und der grausamen Wirklichkeit. Die eigene Hilflosigkeit zu erleben, ja heucheln zu müssen, weil sie schweigen sollen, das bringt unendliche Konflikte, die kaum lösbar erscheinen. Während den Rot-Kreuz-Funktionären im politischen Geschäft das Rückgrat verkümmert, brechen immer wieder manche Mitarbeiter des Internationalen Komitees aus, sie brechen die Diskretion und schreiben sich die Wut von der Seele.

Dres Balmer war Delegierter des IKRK in El Salvador. Er hat einen Schlüsselroman über seine Erlebnisse geschrieben. Sein Buch „Kupferstunde", in dem die Qualen der Retter geschildert werden, mußte vom Verlag auf Betreiben des Roten Kreuzes eingestampft werden, weil es angeblich die „Pflicht zur Verschwiegenheit" verletzt. Eine zweite Auflage im Eigenverlag war rasch vergriffen. Eine lange Zeit dauerte der juristische Streit darüber, was ein Rot-Kreuz-Mann schreiben darf oder nicht. Stillschweigend hat das Rote Kreuz seine Klagen jetzt eingestellt — totgeschwiegen wird die Affäre.[32]

Das Deutsche Allgemeine Sonntagsblatt schrieb über das Buch: „Die lakonische Schilderung der Ermordung von salvadorianischen Bürgern, ausländischen Journalisten und amerikanischen Nonnen geben dem Leser eine wahre Vorstellung von der psychischen Belastung eines Rot-Kreuz-Delegierten. Die Scheinheiligkeit der Offiziellen, die nach außen mit vorgegebenem Eifer die Verbrechen anprangern, um im Verborgenen die Schrauben noch schärfer gegen die Opposition anzuziehen, ist für manchen Delegierten zuviel."

Die Zeitung zitiert den Autor: „Durch ihre schweigsame Präsenz machen sich die Menschenrechtshüter oft ungewollt zum Komplizen der Verbrecher, verlängern sie manchen Bürgerkrieg und erleichtern es im Falle El Salvador den Vereinigten Staaten, diese Junta politisch zu unterstützen."

Die Verantwortlichen im Roten Kreuz wissen um dieses Dilemma, sie spüren täglich die zermürbende Mühle, der sie ausgesetzt sind. Aber sie sind selbst Gefangene ihrer eigenen Geschäfte, aus der sie sich grundsätzlich bis heute nicht haben lösen können.

Nur von wenigen Beispielen ist zu berichten, von Einsätzen des IKRK, als man sich entschloß, die festgemauerte Tür des Schweigens aufzustoßen und einen Aufschrei der Anklage nach draußen zu brüllen. So beispielsweise 1980. Im Golfkrieg ist das Internationale Komitee sowohl in Teheran als auch in Bagdad mit Delegierten anwesend. Auch hier mußten die Helfer hilflos mit ansehen, wie schon Kinder zu Mördern, wie Zivilisten grausam abgeschlachtet, wie gefoltert und wie Kriegsgefangene umgebracht werden. Die Truppe des Roten Kreuzes aus der Schweiz wurde aus dem Iran ausgewiesen, später zwar wieder zugelassen, aber hilflos ist sie geblieben. Ein Memorandum, in dem beide beteiligten Regierungen der schlimmsten Verbrechen angeklagt wurden, ist öffentlich gemacht worden, was streng nach den Regeln eigentlich nicht hätte passieren dürfen. Es war ein Aufschrei als letzte Möglichkeit, es war ein Aufschrei der Hilflosigkeit.

Die Sache mit dem Frieden

Solche Aufschreie sind selten. Denn wenn es um den Frieden geht, dann ist das Rote Kreuz diskret, unerträglich diskret. Grundlage aller Aktivität des Internationalen Komitees vom Roten Kreuz ist das Dogma der Neutralität. Politisch, weltanschaulich, ethisch und religiös neutral. Unpolitisch gibt man sich und ist dabei politisch in einem Maße, wie es kaum zu übertreffen ist. Aber Partei will das Rote Kreuz dennoch sein, Partei auf der einen Seite der Menschlichkeit. Auf welcher Seite aber steht es wirklich? Das Internationale Rote Kreuz ist voll im Sog des politischen Fahrwassers, im Sog diplomatischer Formeln und kann nur noch mit zuschauen, wie die Menschlichkeit immer mehr baden geht. An der Oberfläche wird probiert, wie Grausamkeit menschlicher gemacht werden kann. Nicht einmal dieser Zynismus fällt noch auf. Man hat sich eingelassen auf die Scheinheiligkeit des Begriffes Neutralität und ist damit gehindert, wirklich etwas für die Verhütung von Kriegen zu tun. Das aber wäre ja nicht neutral, das aber wäre der Beweis für die tatsächliche Unabhängigkeit, die heute doch nur noch Lippenbekenntnis ist.

Dem Deutschen Roten Kreuz und seinem früheren Präsidenten Walter Bargatzky muß trotz aller Kritik hoch angerechnet werden, daß es schon vor vielen Jahren versucht hat, sich einer neuen Interpretation des Neutralitäts-Begriffes zu nähern. Bargatzky hat zumindest mit Überlegungen begonnen, überlieferte Anschauungen des Roten Kreuzes zu überwinden, er hat begonnen, darüber nachzudenken, daß es Kriegsmethoden gibt, die nicht mehr humanisiert werden können.

„Die Waffenentwicklung der letzten 25 Jahre läßt fortan Kriege zu, die die Bevölkerung ganzer Landstriche, ja ganzer Kontinente auslöschen können. Daher gehört die Entscheidung für einen Krieg, ganz gleich, ob zum Zwecke des Angriffs oder Verteidigung, keiner politischen Kategorie mehr an, sondern einer moralischen, und wer sich aus freien Stücken für einen Krieg einsetzt oder auch nur eine kriegerische Politik oder Propaganda betreibt, entscheidet sich eben gegen die Moral, d.h. gegen das, was er mit dem Krieg zu schützen vorgibt, gegen das Leben, Freiheit, die Würde des Menschen, gegen des Menschen Gott gewollte Existenz. Konsequenterweise dürfen wir auch in der Verhütung des Krieges nicht mehr eine Aufgabe sehen, die wir allein den politischen Instanzen überlassen dürfen. Sie obliegt in gleichem, wenn nicht noch höherem Maße den humanitären Organisationen und damit auch der Weltgemeinschaft des Roten Kreuzes". Gehört der moderne Krieg wirklich nicht in eine politische Kategorie? Ist der Rückzug auf die Moral nicht nur der letzte Versuch des Roten Kreuzes gewesen, den notwendigen politischen Entscheidungen auszuweichen?

Bargatzky jedenfalls verlangte eine „kämpferische Neutralität", das Rote Kreuz sollte über allgemeine Deklamationen und Appelle hinausgehen und seine Beiträge zur Intensivierung aller Friedensbemühungen leisten. Gleichwohl vertrat der frühere DRK-Präsident weiterhin die Auffassung, daß das Rote Kreuz auch auf den Krieg vorbereitet sein müsse: „Aber was wäre denn ..., wenn das Rote Kreuz, nur weil es die Ächtung vom Krieg als Ganzen fordert und deshalb, weil es das Größere will, auf noch so geringfügige Verbesserungen des Kriegsrechts verzichtet? Wenn es in seinen völkerrechtlichen Bemühungen, nur weil sich der Krieg als solcher nicht aus der Welt verbannen läßt, nicht wenigstens versuchen wollte, das Los der Kriegsopfer, besonders der Zivilbevölkerung ... zu lindern ... Nein, auch das Rote Kreuz kann den Krieg als solchen nicht aus der Welt schaffen und dennoch spätestens im Kriege, wenn der erste Schuß fällt, weiß man es wieder ausnahmslos: Nur das Rote Kreuz, dank seiner weltweit anerkannten Unparteilichkeit, ist in der Lage, sich auf allen Kriegsfronten der Kriegsopfer anzunehmen."

Aber selbst in den Fällen, wo das Deutsche Rote Kreuz im Rahmen von Appellen und Resolutionen seine „kämpferische Neutralität" durchsetzen wollte, wurde es von seinen Schwestergesellschaften im Stich gelassen. So wollten die Deutschen auf der Internationalen Rot-Kreuz-Konferenz in Istanbul einen Antrag verabschieden lassen, der alle Waffenlieferungen in die Gebiete des Bürgerkriegs zwischen Nigeria/Biafra verurteilt. Aber schon die Behandlung dieses Antrages wurde mit großer Mehrheit abgelehnt, weil er als rein politisch aufgefaßt wurde. Und gegen politische Entscheidungen richten sich vor allem immer wieder die Regierungsvertreter, die auf internationalen Rot-Kreuz-Konferenzen anwesend sind und ein kräftiges Mitspracherecht für sich in Anspruch nehmen. Überzeugender und beschämender kann sich die vorgebliche Unabhängigkeit des Roten Kreuzes nicht ad absurdum führen.

Walter Bargatzky wollte nie wieder den Vorwurf hören, daß das Rote Kreuz Kriege widerspruchslos hinnimmt und sich nur über ihre Opfer beugt. Aber auch er hat es nicht verstanden, den Teufelskreis zu brechen. Er akzeptierte Befürchtungen, daß das Rote Kreuz in die „Niederungen des politischen Streits" hinabgezogen wird, wenn es seine traditionelle Distanz zur politischen Parteinahme aufgibt. Der frühere Präsident des DRK sagte schon 1969: „Mit Deklamationen und Appellen können wir heute die Straße pflastern. Aufrufe gegen Krieg und Völkermord mögen noch so gut gemeint sein. Auf die Dauer schaden sie nur, wenn sie zu vage gehalten sind, um zum Handeln anzuregen. Und wenn sie uns nicht zum Handeln anregen, stumpfen sie uns in Wahrheit nur ab ... Nicht neue Philosophien und Utopien, neue politische Wirklichkeiten tun not."

Nicht um Gegensätze zu konstruieren ist es reizvoll, dieser Forderung Bargatzkys ein Zitat des jetzigen DRK-Präsidenten Prinz Wittgenstein gegenüberzustellen. Auf der Bundesversammlung 1984 sprach er von der Hoffnung und dem „Mut zur Utopie, daß mit Hilfe völkerrechtlicher, humanitäter Vereinbarungen eines Tages Kriege unführbar gemacht werden". Wie anders als mit völkerrechtlich verbindlichen Verträgen soll Frieden erreicht werden?

Aber was ist von internationalen Friedensresolutionen und Friedensabkommen zu halten, wenn die selben Regierungen, die solche Dokumente abzeichnen, und gemeinsam mit dem Roten Kreuz die Fortschritte für die Menschlichkeit beschwören, am gleichen Tag oder nur wenige Wochen später ebenfalls mit Verträgen die Rüstungsproduktion ankurbeln, viel Geld in die Entwicklung neuer Waffentechnologien stecken und durch Waffenlieferungen in alle Welt, besonders in die Dritte Welt, Kriege und Gewalt erst ermöglichen? Die Rot-Kreuz-Gesellschaften machen sich zu Mittätern, machen sich mitschuldig, solange sie dies zulassen. Sie dulden die Unmenschlichkeit, weil die moralische Empörung allein nicht ausreicht. Sie sind allenfalls die Feuerwehren, die den Brandstiftern folgen und die gemeinsam mit diesen nach dem Einsatz die Katastrophe bejammern.

Über die heilende Hilfe auf den Schlachtfeldern hinaus hat das Rote Kreuz aus dieser Entwicklung der letzten Jahrzehnte „nur" eine Konsequenz gezogen. Mit Appellen und konkreten Vorschlägen wird das Verbot von besonders grausamen Waffen gefordert. Wie wir wissen, ohne sichtbaren Erfolg. Kriege nur mit Verträgen verhindern zu wollen, ist das naiv oder dumm oder einfach der Beweis, daß das Rote Kreuz nichts aus seiner Geschichte gelernt hat? Trotz aller gegenteiligen Bekenntnisse: Das Rote Kreuz ist irgendwann in den 50er und 60er Jahren stehengeblieben, es hat nichts mitbekommen von der interessanten, produktiven und kreativen Entwicklung der Friedensforschung und ihrer Ergebnisse.

Für das Rote Kreuz ist bis heute der Frieden das Problem der notwendigen Reform der internationalen Beziehungen geblieben. Menschlichkeit ist nach wie vor wertneutral, das Rote Kreuz blieb streng beim nur verbalen Konsens des traditionellen Friedensbegriffes, der sich definiert als Abwesenheit von waffenstarrender Gewalt.

Gerade aber für das Deutsche Rote Kreuz hätte es nahegelegen, nach dem Zusammenbruch der gedemütigten Moral und Ethik im Jahre

1945 die Auseinandersetzung um die inhaltliche Bestimmung der Werte anzuführen, ja auch selbst neu zu beginnen. Besonders das Rote Kreuz, das ja nicht nur die Hilfe im Krieg auf seine Fahne geschrieben hat, sondern auch die soziale und medizinische Arbeit für die Armen und Schwachen und Kranken der Gesellschaft. Soziale Gerechtigkeit, Gleichheit, Demokratie und Emanzipation sind solche Werte, die heute untrennbar mit dem Streben nach Frieden verbunden sind. Mit einer solchen *positiven* Bestimmung aber wäre ein politischer Handlungsauftrag verknüpft gewesen. Dem aber hat sich das Deutsche Rote Kreuz unter Berufung auf seine Grundsätze entzogen.

Statt dessen haben auch heute noch im Roten Kreuz die Funktionäre das Sagen, die im Diplomatenrock an den kalten, manchmal eiskalten Büfetts der Ministerien versuchen, die Menschlichkeit zu reparieren.

Kriege sind keine Naturkatastrophen. Es geht nicht darum, zwei unterschiedliche ethische und moralische Qualitäten von Hilfe zu bestimmen bzw. festzulegen. Selbstverständlich sind die Helfer gleichermaßen gefordert, egal ob im Krieg oder beim Erdbeben. Die Frage ist nur, wie weit sich das Rote Kreuz an die militärischen Maschinerien anlehnen darf, wie weit es durch seine Vorbereitung auf den Krieg diesen auch leichter führbar macht. Es hat sich nur wenig verändert. Nach wie vor spielt das Rote Kreuz mit seinen Versuchen, Kriege menschlicher zu machen, im strategischen Kalkül der Militärs eine bedeutende Rolle. Auch das Deutsche Rote Kreuz sollte in dieser Beziehung abrüsten und damit seine tatsächliche Unabhängigkeit beweisen. Schon gar nicht dürfte es sich für diese fragwürdigen Dienste bezahlen lassen. Es ist Schweigegeld, das nicht nur aus dem Verteidigungshaushalt an das Rote Kreuz gezahlt wird. Und das Deutsche Rote Kreuz schweigt ja auch beharrlich, denn es klärt die Öffentlichkeit nicht darüber auf, daß in einem kommenden Krieg, in der atomaren Schlacht keine Hilfe mehr möglich ist. Das alles zu ändern, ist zuviel verlangt. Dann aber erst wäre das Rote Kreuz die wirklich große Lobby der Menschlichkeit. Dann erst wäre es wesentlicher Teil der Friedensbewegung.

Aber wo Widerstand im Kampf für den Frieden schon immer ein Fremdwort war, Widerstand nie gelernt wurde, da fällt der einfache, aber entschiedene Widerspruch schon schwer.

Kooperation mangelhaft

Wenn es um die Zusammenarbeit bei Katastropheneinsätzen geht, ob Krieg oder Erdbeben, gibt es nicht nur zwischen den beiden internationalen Rot-Kreuz-Institutionen, der Liga und dem Internationalen

Komitee, häufig genug Kompetenz- und Koordinationsprobleme, von denen die Hilfe eingeschränkt zu werden droht.

Bei jedem Notfall werden zahllose Hilfswerke aktiv und stellen Nahrungsmittel, Medikamente, Zelte und technisches Gerät zur Verfügung. Nur sehr zäh und eher widerwillig sind sie alle zur Zusammenarbeit bereit, wenn es um die konkreten Einsatzpläne geht. Es war auch ein Ziel des Katastrophenstabes im Bonner Innenministerium, der 1970 gebildet wurde, diese Probleme zu überwinden. Humanitäres Nebeneinander und organisatorisches Chaos sollten ausgeschaltet werden. Der Leiter der Abteilung Zivilverteidigung im Innenministerium ist der Boß des Katastrophenstabes. Neben den allgemeinen technischen Planungen für den Fall des Falles, die in seitenlangen Protokollnotizen für die Ewigkeit festgehalten werden, tritt der Stab immer dann in Aktion, wenn eine Katastrophe geschehen ist und Entscheidungen gefordert sind. Der Katastrophenstab ist eine Katastrophe. Bis heute war er nicht fähig, in der Praxis eine wirkliche und echte Zusammenarbeit der unterschiedlichsten Organisationen zu ermöglichen. Die Manager des Notstands verwalten sich selber, am runden, am grünen Tisch der Einsatzplanung versuchen vor allem die Vertreter der gemeinnützigen Hilfswerke einen möglichst guten Eindruck zu hinterlassen, denn auch davon hängt ab, wer wieviel Geld aus Bundeskassen für seine Arbeit als Unterstützung erhält. Es geht um Geld, es geht auch um die Zuteilung von Transportkapazitäten der Bundesluftwaffe, die immer dann einspringt, wenn Hilfsgüter an den Ort des Geschehens geschafft werden müssen.

Da reden also die Eliten der humanitären Gesellschaft, neben den Hilfswerken sind an den Sitzungen stets auch die Abgesandten zahlloser Ministerien vertreten, über die Bedürfnisse der Menschen im Katastrophengebiet, sie reden und haben doch keine Ahnung von dem, was wirklich notwendig wäre. Und im Katastrophengebiet herrscht nicht nur wegen der Katastrophe ein heilloses Durcheinander, sondern auch wegen des Chaos, das die Samariter produzieren, die dort häufig so auftreten, als hätte die gesamte Welt gerade auf sie und nur auf sie gewartet. Zusammenarbeit: Fehlanzeige. Jeder versucht, sich selbst so glänzend wie möglich zu produzieren, die Hilflosigkeit der Helfer spiegelt sich in Arroganz und Selbstherrlichkeit. Verantwortet werden muß dies allerdings von den Einsatzzentralen in der Heimat, die den größtenteils ehrlich bemühten Kräften im Einsatz eben genau diese Selbstdarstellung abfordern. So kommt es, daß keine Rücksicht genommen wird darauf, daß die von Katastrophen betroffenen Länder häufig überfordert sind von der plötzlichen Welle der internationalen Hilfsbereitschaft. Da steht auf einmal die nackte Not und die Hilflosigkeit dem Anspruch der perfekten, fast militärisch organisierten Hilfsbereitschaft gegenüber. Wenn der Apparat der Retter erst einmal in Gang gekommen ist, wenn die

Maschinerie der Hilfe erst einmal rollt, dann rollt sie, manchmal auch gnadenlos.

Wenn die Hilfsorganisationen auf ihre unzureichende Bereitschaft zur Zusammenarbeit im Katastrophenfall angesprochen werden, dann haben sie zur Begründung meist nur sehr magere Argumente parat. Sie berufen sich darauf, daß die Spender gerne eine unmittelbare Leistung der Organisation sehen möchten, die von ihnen unterstützt wird. Die Menschen aber, die millionenfach den unzähligen Aufrufen folgen und Millionen Mark auf die Spendenkonten überweisen, wollen der guten Sache, dem guten Zweck helfen und nicht einer bestimmten Organisation.

Sicher — für alle Vereine in der Bundesrepublik Deutschland bestimmt zunächst der Kampf um den Spendenmarkt die Auseinandersetzung. Wer ist am schnellsten mit seiner Kontonummer in der Presse, am besten noch im Fernsehen. Wer versteht es am perfektesten, sich so darzustellen, daß nur die eigene Organisation fähig und in der Lage ist, Hilfe zu leisten. Es geht, traurig genug, erst einmal in den Köpfen der Chef-Helfer um die eigene Sache, nicht um das gemeinsame Ziel, Menschen in Not beizustehen. Darum herumzureden, wäre nur vornehme Heuchelei. Auch wenn sich die Retter in ihrer Ehre gekränkt fühlen: Keine der etablierten, wohlversorgten Hilfsorganisationen und erst recht nicht das Rote Kreuz hat bislang eine Auszeichnung verdient für wirklich selbstlose Bereitschaft zur Kooperation mit den „Konkurrenten“ auf dem Schlachtfeld der humanitären Gesinnung, der Hilfsbereitschaft.

Als sich zum Beispiel die ARD-Fernsehanstalten im Jahre 1984 dazu bereit erklärten, eine großangelegte Spendenaktion für die vom Hungertod bedrohten Staaten in Afrika zu starten und sie sich aus sehr gut und sachlich überlegten Gründen entschlossen hatten, ausschließlich die beiden großen kirchlichen Hilfswerke Brot für die Welt und Miserior mit der Verwendung der Spenden in den Entwicklungsländern zu beauftragen, stand sofort die Rot-Kreuz-Lobby Kopf und mit beiden Füßen in den Türen der Verantwortlichen in den Fernsehredaktionen. Schließlich ging es um Spenden-Millionen. Das Rote Kreuz dabei einfach zu übergehen, war ein Affront, zumindest in den Augen des DRK. Und auch, als die Spendenaktion der ARD längst abgeschlossen war, unternahm das Deutsche Rote Kreuz mit allem Einfluß und aller Unterstützung aus Bonner Regierungskreisen massive Versuche, im nachhinein am Millionen-Spendentopf teilzuhaben.

Die verletzte Eitelkeit treibt sondersame Blüten. Es scheint mehr ein psycho-phänomenales Problem der Helfer zu sein, welches Ursache ist für die derart konfuse Realität der Hilfe im Notfall. Trotz Katastrophenstab und amtlich verwalteter Koordination gibt es nach wie vor die gleiche Rangelei um die bestmögliche Selbstdarstellung der jeweils eigenen

Hilfsorganisation in der bundesdeutschen Öffentlichkeit. Da sitzen sie zwar gemeinsam an einem Tisch und feilschen freundlich lächelnd um Zuschüsse, aber hinter den Kulissen gilt das Prinzip der harten Bandagen, jeder tuschelt und mauschelt und verbreitet Gerüchte gegen den anderen, und das alles verfolgt nur den einen Zweck, dem „Konkurrenten“ zu schaden und sich selbst zu nutzen.

Unter dem fragwürdigen Konkurrenzkampf haben häufig die kleineren Hilfswerke zu leiden, die meist mit Erfolg versuchen, sich aus der lähmenden und starren Hilfsbürokratie zu befreien und die in aller Regel ohne politische Rücksichtnahmen aktiv werden können. Aber ihnen fehlt auch die starke politische Lobby.

Das folgende Kapitel ist nur ein Beispiel dafür, wie sich das Deutsche Rote Kreuz, vertreten durch seinen höchsten Manager, verhalten hat, als es um Zusammenarbeit zwischen verschiedenen Organisationen ging.

Eine Fallstudie, ein Lehrstück.

Dr. Rupert Neudeck, der den folgenden Beitrag geschrieben hat, ist Redakteur beim Deutschlandfunk in Köln. Er ist der Gründer und Initiator der Aktion „Ein Schiff für Vietnam“, heute „Komitee CAP ANAMUR, Initiativen deutscher Not-Ärzte“.

Seine Mitarbeiter und er haben nicht nur damals beim Einsatz für vietnamesische Flüchtlinge, die im Meer zu ertrinken drohten, der Öffentlichkeit und den Spendern bewiesen, daß eine private, freie Initiative unbürokratisch und erfolgreich helfen kann. Auch heute noch zeigen sie gemeinsam, daß ein aufgeblähter Apparat nicht unbedingt notwendig ist, um rasch zu handeln. Sie zeigen auch, wie wirksam und erfrischend humanitärer Idealismus sein kann, wenn er uneingezwängt von politischem Kalkül zur Geltung kommt.

Neudeck berichtet von den Anfängen seiner Aktion.

Rupert Neudeck

Ein Schiff war gekommen, aber nicht da

Ich beschreibe im folgenden Beitrag ein unangenehmes Kapitel in der Geschichte der Hilfstätigkeiten des Deutschen Roten Kreuzes. Es geht um die Aktionen und Versäumnisse des DRK beim Einsatz seines „Basis-Versorgungsschiffes FLORA“ 1979 bis 1981. Ich halte dieses Kapitel für historisch abgeschlossen und fühle mich daher als Chronist, der engagiert, mit Verve und kritischem Herzblut beschreibt, wie es gewesen war — und der natürlich seine eigenen Erwartungen nicht verheimlichen kann noch will, die er seinerzeit an das Deutsche Rote Kreuz gehabt hat.

Zum anderen identifiziere ich dieses Kapitel mitnichten mit *dem* „Deutschen Roten Kreuz“, einem humanitären Verband, der nicht nur der größte in der Bundesrepublik Deutschland ist, sondern der auch auf die längste Tradition zurückblickt. Ich halte es aber für im Interesse des DRK gelegen, daß dieses Kapitel offengelegt und beschrieben ist, auch wenn der Hauptakteur der humanitären Abweichungen, die dem Verband bei dieser Operation im südchinesischen Meer „passiert“ sind, nicht mehr in der Position des DRK-Generalsekretärs agiert und wirkt.

Ich halte das DRK, wie es sich langsam unter der Ägide des neuen Präsidenten Prinz Sayn-Wittgenstein herausbildet, für einen interessanten und phantasiereichen Partner auf dem Feld humanitärer Aktionen, ja ich bin überzeugt, daß unter der Präsidentschaft des Prinzen Sayn-Wittgenstein diese „FLORA“-Panne nicht passiert wäre.

Da ich nur die Grundintension und den Rahmen kenne, in dem dieser Beitrag „Ein Schiff war gekommen, aber nicht da“ erscheint, nicht aber die einzelnen Beiträge, kann ich mich nur für meinen Beitrag verantwortlich fühlen. Ich schließe nicht aus, daß ich mit anderen Beiträgen nicht einverstanden bin, auch und gerade aus der in diesem Vorwort beschriebenen humanitären Grundintension und Philosophie.

Am 21. Dezember 1982 berichtete die Frankfurter Allgemeine Zeitung über eine Pressekonferenz des Präsidenten des DRK, des erst kurz zuvor neu gewählten Prinzen Sayn-Wittgenstein: Man mache sich Sorgen um einen schmaler werdenden Strom von Spenden. So rechnete Sayn-Wittgenstein „im Vergleich mit 1981 mit einer Verringerung des Spendenaufkommens für Katastrophen um etwa 40 %. Im vorigen Jahr hat das DRK dafür 18 Millionen DM erhalten“, in diesem Jahr, 1982, würden es allenfalls wohl 11 Millionen DM werden. Die Folgerungen: „So werde das Hilfsschiff FLORA, das derzeit Nahrungsmittel und andere Hilfsgüter für den Sudan, Äthiopien und Nord-Jemen transportiert, nach Bremerhafen zurückkehren und dort aufgelegt werden“, sagte er. Es sei vorläufig nicht mehr „zu finanzieren“.

Zwei Monate später war im Hamburger „Täglichen Hafenbericht“ unter dem Datum des 2. Februar 1983 zu lesen: „Das DRK-Hilfsschiff FLORA wird vorläufig doch nicht aufgelegt. Es soll Hilfsgüter im Wert von 2 Millionen DM, von denen allerdings erst 500.000,— DM zur Verfügung stehen, zu den rund 1,6 Millionen Ghanaern und anderen illegalen Einwohnern Nigerias bringen. Man hofft beim DRK, daß sich die EG zu einem großen Teil an den Kosten beteiligt. Die FLORA befindet sich auf dem Weg in die Bundesrepublik und wird vermutlich nach West-Afrika umgeleitet".

Was war geschehen? Es war ein Sonntag, Anfang Februar 1983, als ich den dringenden Anruf eines M. Molinier aus Brüssel empfing. Meine Kinder hatten das Gespräch angenommen und auch die Privatnummer des Monsieur aus Brüssel aufgeschrieben. Für mich war das mehr als merkwürdig. Wußte ich doch genau, welcher Monsieur aus Brüssel da angerufen hatte: M. Molinier leitet seit Urgedenken die Abteilung Aide d'Urgence, ebenso wie das Directoriat dù Development stark französisch beherrscht. Mit M. Molinier gab es einen sehr mäßigen Kontakt, unsere Anträge wurden meistens auf dem Verwaltungsweg abschlägig beschieden. Alle Versuche, für unser Schiff CAP ANAMUR noch einen kräftigen Zuschuß und Schluck aus der lukrativen EG-Budget-Pulle zu bekommen, waren vergeblich, weil sich die Beamten aus der Abteilung von M. Molinier immer darauf beriefen, sie wollten eine globale Zusage der Bundesregierung bzw. der deutschen Bundesländer sehen. Diese Zusage hatten wir 1981/1982 nicht mehr für das Hilfsschiff des Komitees CAP ANAMUR, weshalb wir eben andauernd leer ausgingen, bis auf einen Zuschuß von 500.000,— DM, den wir 1980 aufgrund der einstimmig angenommenen Resolution im Europa-Parlament in Straßburg erhielten.

Ich rief also zurück und hörte zu meiner Überraschung M. Molinier fragen, ob wir die CAP ANAMUR gerade zur Verfügung hätten für eine Operation an der west-afrikanischen Küste zwischen Nigeria und Ghana, zwischen Lagos und Accra. Ich war überrascht, als ja der Fall um das Ende des Hilfsschiffs CAP ANAMUR in ganz Europa bekannt geworden war: Das deutsche Rettungsschiff des Komitees NOT-ÄRZTE war von der deutschen Bundesregierung im Verein mit den deutschen Bundesländern gezwungen worden, im Juli 1982 mit 287 Flüchtlingen an Bord nach Hamburg zurückzukehren. Molinier hatte plötzlich die Möglichkeit eines werbewirksamen Gags entdeckt: Er wollte Flüchtlinge aus Nigeria, die zu hunderttausenden nach Ghana zurückströmten, ein Schiff der Europäischen Gemeinschaft als Reise- und Fluchtmittel anbieten. Das war clever gemeint, nur war es nicht mehr in Raum und Zeit gedacht. Nach dem Gespräch zwischen M. Molinier und mir sah sich der Europabeamte mit dem dicken Budget nach der FLORA um, und siehe da, der Europa-Herr kam dem Deutschen Roten Kreuz mehr als gelegen. Gesagt, getan: Die Europäische Gemeinschaft nahm die FLORA unter ihre Fittiche, übernahm die Finanzierung. Alle Meldungen, nach denen die FLORA bereits an den libyschen Roten Halbmond verkauft worden ist, waren damit erstmals gegenstandslos. Die

Das DRK-Hilfsschiff „Flora" beim Auslaufen am 1. September 1979

FLORA dampfte als CARGO-Schiff erneut in Richtung Afrika. Sie wurde Anfang Januar 1982 aus den süd-ost-asiatischen Seegewässern abgezogen mit der Begründung, daß sie nunmehr dringender in Afrika gebraucht würde...

Wir blättern die Geschichte der FLORA in chronologisch rückwärts-gerichteter Folge auf. Am 11. Februar 1982 veranstaltete das Deutsche Komitee Notärzte (heute Komitee CAP ANAMUR) im Verein mit dem Hohen Flüchtlingskommissariat der Vereinigten Nationen in Genf (erschienen war der Europa-Beauftragte Ruprecht von Armin) wie dem Ministerpräsidenten von Niedersachsen, Dr. Ernst Albrecht, eine Pressekonferenz in Bonn, bei der die deutsche Öffentlichkeit noch einmal von der Verfolgung und der Bedrohung der Bootsflüchtlinge an Leib und Leben im süd-chinesischen Meer informiert werden sollte. Zumal das Piraterie-Problem sollte im Mittelpunkt der öffentlichen Alarmrufe stehen, mit denen die Weiterexistenz des Rettungsschiffes CAP ANAMUR gefordert werden sollte. Überraschenderweise stellte sich auch das Internationale Rote Kreuz hinter diesen öffentlichen Schrei und gab für diese Pressekonferenz eine Stellungnahme heraus. Wie alle Stellungnahmen des IKRK war auch diese in Klauseln und Sätzen wie in einer päpstlichen Enzyklika formuliert: In Wirklichkeit war dieser IKRK-Text der letzte Versuch der angesehenen Schweizer Institution, das Deutsche Rote Kreuz davon abzuhalten, die FLORA aus den Gewässern Süd-Ost-Asiens abzuziehen. Es hatte heftigen Streit zwischen Genf und Bonn, zumal zwischen dem zuständigen Direktor des Internationalen Komitees und dem Generalsekretär des DRK, Dr. Jürgen Schilling, gegeben. Schilling hatte weder vorher noch nachher niemals einen Hehl aus seiner instinktiven Abneigung gegen die Lebensrettung von Asiaten im Süd-China-Meer gemacht. Deshalb bekam er später in der Zeitschrift „Transatlantik" den Titel „Der furchtbare Helfer" in Anlehnung an den „Furchtbaren Juristen" Filbinger verpaßt.[33] DRK-Generalsekretär Schilling hatte verfügt, die FLORA solle sich jetzt wichtigeren Aufgaben rund um das Kap der Guten Hoffnung zuwenden. Da dort aber keine Menschen im Meer zu versinken drohten, konnte es nur darum gehen, die FLORA nunmehr als humanitäres CARGO-Schiff einzusetzen.

In der IKRK-Resolution hieß es: „Seit das IKRK von den Ereignissen im Golf von Siam Kenntnis erhalten hat, hat es das Problem der Piraterie mit großer Besorgnis verfolgt." In der Erklärung folgte die Schilderung aller diplomatischen Aktivitäten sowie der Kompetenzverteilung bei den internationalen Organisationen in diesem Feld. Angesichts des kurz bevorstehenden Entscheids des Deutschen Roten Kreuzes, sein eigenes Hilfsschiff FLORA aus der von Piraten, von Gewalt und Brutalität gekennzeichneten Situation im Süd-China-Meer zurückzuziehen, wirkte es mutig, wenn das IKRK am Ende formulierte: „Die Wiederaufnahme des Anti-Piraterie-Programms der thailändischen Marine kann nur als ein erster Schritt gesehen werden. Es ist unbedingt erforderlich, daß die seefahrenden Nationen Überwachungsschiffe in den internationalen Gewässern einsetzen, um eine ausreichende Schutzwirkung zu erreichen, die Unterdrückung der Piraterie kann nicht allein Sache der Küstenstaaten und insbesondere Thailands sein." Und dann hieß es: „Das IKRK hat mit Freude von Anstrengungen der CAP ANAMUR und anderen privaten Organisationen erfahren, die den boatpeople zur Hilfe kommen. Es begrüßt sie als eine der wenigen wirklichen Anstrengungen, mit denen Menschenleben vor der Grausamkeit unmenschlicher Verbrecher gerettet werden können. Das IKRK kann die internationale Gemeinschaft gar nicht genug ermutigen, daß sie der CAP ANAMUR und anderen Rettungsschiffen die Möglichkeit gibt, ihre edle humanitäre Aufgabe fortzusetzen."

Wie mit Engelszungen wurde auf dieser Pressekonferenz geredet, Albrecht, Neudeck, von Arnim, der Bundestagsabgeordnete Volker Neumann, die Resolution wurde als Trumpfkarte immer wieder hochgehalten — schließlich hatte damit die angesehenste Rot-Kreuz-Organisation sich klar geäußert und gegen den Abzug des DRK-Hilfsschiffes FLORA Stellung bezogen. Das war zwar in dieser Resolution nicht offen und namentlich erwähnt, aber für den Verbleib des Rot-Kreuz-Schiffes in Süd-Ost-Asien war die ganze Entschließung formuliert. Leider hat weder die Pressekonferenz etwas gebracht in Bezug auf neue Aufnahmeplätze der Bundesländer, noch die Resolution etwas in Richtung DRK. Das Deutsche Rote Kreuz zog sein Schiff ab aus Süd-Ost-Asien, wo es sowieso die gesamte Zeit über nicht das getan hatte, für das die Mehrzahl der deutschen Spender Geld gegeben hatte: Rettung von Menschen in Seenot! Von Anbeginn seines Einsatzes an hatte das DRK aus purer Ängstlichkeit und vernarrt in seine Konflikt-Vermeidungs-Strategie immer abseits des eigentlichen Gefahrenzentrums für Menschen in Seenot sein Operationsgebiet weit außerhalb dieser Zone gelegt. Es sollte eigentlich, wenn irgend möglich, keine Menschen retten. Um das zu ermöglichen, dümpelte und kreuzte die FLORA immer um die indonesischen Inseln herum, die weit ab von dem Teil des Ozeans liegen, den wir süd-chinesisches Meer nennen. Es hat sich niemals in die eigentliche Flucht-Zone begeben, die zwischen der Südspitze Vietnams auf der einen, der Philippinen-Insel Palawang und Singapur auf der anderen, sowie der malaysischen Küsten auf der dritten Seite lag. Schweigen wir dabei von der Haupt-Risiko-Zone im Golf von Thailand.

Die FLORA hatte den Auftrag, gutes, manchmal zu gutes medizinisches Equipment auf unterversorgten indonesischen Inseln an- und unterzubringen, wo es den Menschen insgesamt weder schlechter noch besser ging als den Bevölkerungsmehrheiten auf den Philippinen, in

Malaysia oder Thailand. Das sogenannte Inselprogramm war das für den Einsatz der FLORA vorbereitete und auch bis zum Ende des Einsatzes durchgehaltene Alibi-Programm. Man hatte einen Vertrag mit dem indonesischen Roten Kreuz, man erfüllte ihn.

Später, als die FLORA wieder auf dem Wege nach Europa und via Europa nach Afrika war, griff man beherzt aus Werbe-Gründen zu dem Titel „Rettungsschiff", der zu keiner Zeit auch nur annäherungsweise gerechtfertigt war. Man sprach davon, daß das „Rettungsschiff FLORA" etwa 7.000 Menschen zu Hilfe gekommen sei, woraus Zeitungsleser schließen mußten, daß man nur deshalb so wenig von diesem — neben der CAP ANAMUR — zweiten deutschen Rettungsschiff gehört habe, weil das Deutsche Rote Kreuz eine dezentere Öffentlichkeitsarbeit vorzieht als das deutsche Komitee Notärzte e.V.

In Wahrheit war der Titel Rettungsschiff in Beschlag genommen worden, in Wahrheit sollten *nicht* Menschen aus Seenot gerettet werden, in Wahrheit wurden deshalb auch gegen den Willen der Veranstalter 22 Flüchtlinge geborgen, denen man bei einer der Routine-Versorgungs-Fahrten der FLORA aus Indonesien nach Singapur nicht mehr ausweichen konnte. Diese 22 schiffbrüchigen Flüchtlinge kamen dem Deutschen Roten Kreuz gelegen, schließlich brauchte man zwischendurch auch mal eine solche Erfolgsmeldung, mit der man die Spender beruhigen konnte, die seit den großen Sammelaktionen beispielsweise der Zeitung DIE WELT oder auch des KÖLNER STADT ANZEIGERS nichts mehr von diesem, *ihrem* Schiff, sondern ausschließlich etwas von der CAP ANAMUR erfahren hatten.[34]

Im August 1980 hatte der Generalsekretär des Deutschen Roten Kreuzes sich zum ersten Mal nicht gescheut, eine Breitseite gegen dieses Unternehmen abzufeuern, so daß selbst Bundestagsabgeordnete in Bonn, die dem Deutschen Roten Kreuz bisher die humanitäre Stange gehalten hatten, bleich wurden. Dr. Jürgen Schilling ließ am 20. August erklären, die Forderungen des Komitees Not-Ärzte nach Transitlagern in Europa zur Entlastung der Lager in Süd-Ost-Asien, die damals extrem überfüllt waren, stellten einen „besorgniserregenden humanitären Aktionismus" dar, „der aus privater Initiative versuche, der Bundesrepublik Lasten aufzubürden, die die internationale Politik insgesamt angingen, keineswegs aber ein Sonderproblem der Bundesrepublik seien. Die undifferenzierte [!] Behauptung [!], im süd-chinesischen Meer müßten Menschen aus Seenot gerettet werden, könne so nicht länger hingenommen werden, weil sie die Öffentlichkeit in die Irre führen."

Seien wir ehrlich, oder machen wir uns nachträglich klar, wie gerne die Bundesregierung damals und die Bundesländer eine solche Botschaft aus dem bislang bewährtesten Munde der repräsentativsten und staatsnahen humanitären Institution hörten. Zugleich wird aus dieser Erklärung

Das Rettungsschiff „Cap Anamur" des Deutschen Komitees „Ein Schiff für Vietnam"

überdeutlich, wie sie von nichts weniger veranlaßt wurde, denn von humanitärer Sorge um das Überleben von Menschen. Im Gegenteil: Hier sprach ein ausgebuffter Politiker, dem es darum ging, ein unliebsames Unternehmen abzuschießen, bei dem es um die Rettung von Menschenleben in allerletzter Minute ging. Wir vom Komitee Not-Ärzte (heute Komitee CAP ANAMUR) haben überhaupt nichts gegen das DRK, mit dem wir auf verschiedenen Feldern eng und vertrauensvoll zusammenarbeiten. Es war aber damals im August und September 1980 nicht möglich, von höchster Stelle des DRK, also vom damaligen Präsidenten Walter Bargatzky, noch vom Präsidium des DRK, in dem so erlauchte Journalisten wie der Chefredakteur des Zweiten Deutschen Fernsehens, Reinhardt Appel, wie auch der damalige ZDF-Chefkorrespondent Dr. Peter Scholl-Latour saßen, ein Dementi dieser jede Bemühung um Lebensrettung im süd-chinesischen Meer denunzierenden Äußerung des Generalsekretärs zu erreichen. Bonn mauerte. Man läßt einen DRK-Generalsekretär nicht im Regen stehen. Das sollte später für Wirtschaftsminister Graf Lambsdorff gelten, das galt 1980 für Schilling.

Dabei hätte allein das textanalytische Studium der Presseerklärung für eine handfeste Beleidigungsklage sowie für den Herausschmiß des höchsten Funktionärs aus der Spitzenposition einer humanitären Organisation ausgereicht: Es geschah weder das eine noch das andere. Schilling blieb bis 1983 Generalsekretär des DRK, wurde dann für weitere fünf Jahre gewählt. Man mache sich den Vorgang noch einmal klar: Da ertranken täglich unzählige Menschen im Meer, tausende pro Monat, da wurden Menschen auf die schändlichste und brutalste Weise mißbraucht, entführt, über Bord geworfen, den Haien zum Fraß, die Frauen jeweils für den Prostitutionsmarkt von den Männern getrennt und mitgenommen — und ein Funktionär des Deutschen Roten Kreuzes spricht von einer „Behauptung“, dort seien keine Menschen zu retten, er spricht von einem *„sogenannten“* Rettungsschiff, er spricht davon, Bemühungen, mehr Menschen vor dem Tod zu bewahren, seien „besorgniserregend“, weil „Aktionismus“ ...

Der höchste beamtete Funktionär dieser Institution DRK meinte sogar, den boatpeople den Ehrentitel „Flüchtlinge“ absprechen zu wollen: Es sei „sehr fraglich, ob es sich um Flüchtlinge oder freiwillige Auswanderer handele, die durch die Präsenz eines sogenannten Rettungsschiffs im süd-chinesischen Meer zu ihrem Schritt erst veranlaßt werden ... Der Wunsch, ein Land zu verlassen, begründet noch nicht das Merkmal Flüchtling. Mit demselben Argument könnte jeder Scheinasylant aus Sri Lanka bei uns in der Bundesrepublik Deutschland Aufnahme begehren.“

Ich habe so ausführlich zitiert, weil dieser letzte Text mit seinen Forderungen und Konsequenzen weit in die aktuelle Situation unserer Ausländer- und Asylpraxis hineinreicht. Während die Gerichte später der Meinung waren, die Asylbewerber aus Sri Lanka seien eben keine Scheinasylanten, meinte der Funktionär des DRK mit Leichtigkeit genau dies schon früher öffentlich feststellen und über Menschen einfach hinwegtrampeln zu können. Das Deutsche Rote Kreuz hat sich zu diesem Schandfleck der Erklärung seines Generalsekretärs bis heute nicht geäußert. Ich hoffe, daß der neue Präsident noch einmal erklärt, wie sehr man sich von Jürgen Schilling hat in die Irre führen lassen.

Die Presseerklärung des Generalsekretärs schloß humanitär so skandalös, wie sie eingeleitet wurde: „Es sei in der Vergangenheit vorgekommen, daß Flüchtlinge von Schiffen fremder Flagge übernommen und die Bundesrepublik damit moralisch genötigt wurde, Menschen aufzunehmen, die von dem Beschluß der Bundesregierung, von Schiffen deutscher Flagge Geretteten Asyl zu gewähren, nicht gedeckt waren. Es sei unvertretbar, daß es der Initiative von Privatleuten überlassen bleibe, durch Rettungsaktionen ohne öffentliches Mandat die Bundesregierung wie die Landesregierungen vor vollendete Tatsachen zu stellen und die Zahl der Asylsuchenden beliebig zu erhöhen, um das Ganze mit der Forderung zu krönen, die Bundesrepublik Deutschland müsse ein Transitlager für Vietnamesen einrichten."

Jeder Satz, jeder bürokratische Begriff ist ein Schlag mit der bloßen Faust ins Gesicht, ins ungeschützte Gesicht einer humanitären Aktion, ausgeführt von dem Generalsekretär der größten humanitären Organisation der Bundesrepublik Deutschland. Doch auch die übrigen humanitären Organisationen regten sich nicht. Das Komitee Not-Ärzte (ja, auch ich selbst) stand allein, mußte sich allein wehren, nur hinter vorgehaltener Hand bekamen wir hier und da zu hören, daß der DRK-Generalsekretär Schilling zu weit gegangen sei. Ich war zu dieser Zeit gerade in Singapur, besuchte unser Schiff. Die Ärzte und Krankenschwestern wehrten sich heftig gegen einen so unglaublich skandalösen Unsinn: Zum Vorwurf des „humanitären Aktionismus" sagten die Ärzte: „Es ist richtig, daß das Komitee mit seinen Ärzten und Schwestern an Bord des Schiffes ungeduldig und aktiv möglichst viele Flüchtlinge vor dem Tod im chinesischen Meer zu retten versucht. Insofern verstehen wir den Aktionismus nicht als einen Vorwurf. Der DRK-Generalsekretär scheint zu wissen, es gäbe im chinesischen Meer keine Flüchtlinge in Seenot und das Komitee Not-Ärzte und die Mediziner-Crew an Bord des Schiffes CAP ANAMUR betrüge die Öffentlichkeit in der Bundesrepublik."

Damit aber, so stellte die Mediziner-Besatzung an Bord der CAP ANAMUR fest, desavouiere der Generalsekretär auch die Bemühungen des eigenen Hilfsschiffes FLORA, das, wie die Mediziner ironisch hinzufügten, ja jüngst ebenfalls 22 Flüchtlinge aus Seenot gerettet habe. Die Mediziner der CAP ANAMUR erklärten dann weiter, dies nicht ohne ein verständliches Zornesbeben in der Erklärung: „Wir haben Flüchtlinge aufgenommen und gerettet, deren Boote völlig unzureichend und oft schon leck geschlagen waren und Wasser gemacht hatten. Wir haben Fluchtboote entdeckt, deren Insassen mehrmals von Piraten überfallen, ausgeraubt und vergewaltigt worden waren. Skandalös erscheint es uns, daß der Generalsekretär der größten humanitären Organisation der Bundesrepublik Deutschland von einer sogenannten organisierten Einwanderungshilfe spricht, die das Komitee mit der CAP ANAMUR betreibt." Dazu fragten die Ärzte und Schwestern im September 1980 an Bord des Schiffes: „Hat es nicht schon vor der CAP ANAMUR zehntausende von Ertrinkenden gegeben? Und hat die CAP ANAMUR nicht seit dem 7. Februar 1980 bis heute 3.329 Flüchtlinge im chinesischen Meer vor dem Ertrinken gerettet?"

Heimlicher Rassismus?

Es half nichts, der DRK-Generalsekretär blieb seinem Vorsatz treu, Asiaten möglichst nicht auf dem volksdeutschen Boden zuzulassen. Daß dies sein eigentliches Argument war, hörte man schon länger aus den Stellungnahmen, allerdings war der heimliche Rassismus sehr verdeckt. Völlig offen und zutage lag dieser reaktionäre Treibsand aufgrund eines Gespräches, das Schilling der Zeitschrift TRANSATLANTIK gegeben hatte. Gundolf S. Freyermuth berichtete über ein Gespräch mit einem „Mann der inneren Verwaltung in Wort und Tat". Schilling gibt sich ganz offen als ein Politiker, der „die Anwesenheit einer größeren Zahl von Nicht-Deutschen in der Bundesrepublik Deutschland für grundgesetzwidrig hält und zudem von einer Schreckensvision geplagt wird, in der Fremdlinge unsere nationale Identität zerstören, ja sogar genügend parlamentarische Macht erlangen, um die ersehnte Wiedervereinigung zu verhindern." Jürgen Schilling im Originalton: „Wenn die Bundesregierung fortfährt, sich durch eine Ausländerpolitik geradezu abzudrängen von dem, was östlich von Helmstedt ist, dann ist das aus meiner Sicht eine falsche Politik."

Und der DRK-Generalsekretär Schilling fährt fort: „Jetzt müssen wir mal abstimmen, was wir in der Ostpolitik machen. Wir haben dann natürlich die Partei der türkischen Minderheit. Es sei ihnen ja auch vergönnt. Ist ja wohl die Konsequenz, wenn man sagt: Volle Bürgerrechte, daß sie sich eine eigene Partei gründen dürfen. Die sagen dann: Was? Was sollen wir hier, Kredite in die DDR? Wo unsere eigenen Leute hier nicht integriert sind? Sagt mal, spinnt ihr?"[35]

Genau diese Sorgen und Ängste des Jürgen Schilling veranlaßten einen juristisch und politisch gewieften Kenner der Bonner Innenszene zu dem schönen Gedicht:

Jürgen's Ängste

Als Kemal Atatdeutsch Bundespräsident wurde,
hatten die meisten Deutschen Türkennasen.
Die Frauen trugen alle Kopftücher
und Alkohol gab es auf Attest nur.
In den Kirchtürmen saßen ehemalige Pastöre
und priesen Gott nach Mohammeds Vorlagen.
Sie wären anders arbeitslos geworden
und meinten, es handele sich um denselben Gott ja.
Deutsch sprach man mit türkischer Grammatik,
Die Dichtung handelte vom Land jenseits des Bosporus.
Und dem Exodus im Bus der Urgroßväter
und den ersten Jahrzehnten als Gastarbeiter.
Wer noch blauäugig und blond war,
hatte es schwierig.
Er verbrachte viel Zeit in eigenen
Gaststätten.
Wo heimlich Schweinspfoten mit
Sauerkraut zu haben waren,
und ansonsten erhielt er die
niederen Arbeiten,
als Kemal Atatdeutsch
Bundespräsident wurde.

Zu den boatpeople, den vietnamesischen Flüchtlingen, hatte Dr. Jürgen Schilling die gleichen Überfremdungs- und rassische Überwältigungssorgen wie bei den Türken. Ich zitiere immer noch aus dem nicht dementierten Transatlantik-Heft: „Wir haben schon jetzt die Grundlage für eine stabile chinesisch-vietnamesische Minderheit. Wir haben 15.000 im Land, und wir haben entsprechend viele Familienzusammenführungsanträge. Und" — Schilling beugt sich vertraulich vor — „dahinter hängt doch die ganze Sippe. Die kommen doch mit der ganzen Sippe."

Überall Angst vor der gelben oder schwarzen, zumindest der schlitzäugigen Gefahr. In einem Artikel Schillings hieß es: „Im Gegensatz zu den zentral- und osteuropäischen Einmischungen in die traditionellen deutschen Stämme handelt es sich bei der Masse der Gastarbeiter um Menschen, zu denen es keine so relativ hohe natürliche Affinität gibt wie zwischen den Europäern der engeren Nachbarschaft. Dies ist zweifellos nicht rational zu begründen, aber eine Tatsache. Um nur das Beispiel der Türken herauszugreifen: Sie werden in ihrer Art, zu sein, zu denken und zu handeln, einfach nicht begreifen. Das ist nicht unsere Welt, und sie wird es niemals sein.“ Im Gespräch mit der Zeitschrift TRANSATLANTIK fügte er noch kommentierend hinzu, so als ob er eine Verschwörung aufdecke: „Hier sollen doch Modelle aufgebaut werden. Hier soll das provinzielle, das miefige Denken in Deutschland aufgebrochen werden. Man will doch den Weltbürger geradezu erzwingen, in dem man den Leuten sagt: Gut, ihr kriegt einen Türken vor die Nase gesetzt, bis ihr es gefressen habt, daß ihr nichts Besseres seid.“

Noch einmal Original-Ton Schilling: „Mach mir doch keiner vor, daß es etwa gelänge, einen gläubigen Moslem in dem Sinne zu integrieren, oder gar zu assimilieren, ich meine, die Nichtintegrationsfähigkeit des Moslemischen mit dem Christlichen, das sollten wir uns doch in Jahrhunderten an den Hacken abgelaufen haben. Das sollten wir doch nun langsam wissen. Das geht nicht.“

Blenden wir zurück auf die Situation im süd-chinesischen Meer. Das Deutsche Rote Kreuz hatte damals im Frühjahr 1979 auch eingesehen, daß man die Menschen dort im Süd-China-Meer nicht deshalb absaufen lassen kann, weil sie zu uns nicht die „Affinität der Mittel- und Osteuropäer“ haben. Jedenfalls war der Präsident des DRK, Walter Bargatzky, dieser Meinung, die er auch mit großem Applomb in die Zeitungen (DIE WELT) und dann ins Fernsehen (Südwestfunk-Report, 24. Juli 1979) brachte. Letzteres Interview Bargatzkys mit dem Journalisten Franz Alt konnte der Autor dieses Berichts selbst miterleben, weil er als Dritter im Bunde mit dabei saß. Franz Alt hatte die Situation im Süd-China-Meer — unter Aktualitäts-Gesichtspunkten viel zu spät — zum Anlaß eines Magazin-Beitrags gemacht. Wagemutig ist man im Deutschen Fernsehen auch erst, wenn ein Thema so abgesichert ist, nach allen Seiten, daß man es auch bestätigt bekommt, daß es eines ist...

Bargatzky kündigte ein DRK-Schiff an, mit dem das Versagen der westeuropäischen Politik wiedergutgemacht werden sollte. Er forderte mich als den Sprecher des Komitees „Ein Schiff für Vietnam“ auf, doch ein gemeinsames Schiff mit dem Deutschen Roten Kreuz zu organisieren. In den darauffolgenden Tagen saß ich des öfteren mit dem pragmatischen Manager in der Zentrale des DRK zusammen, Herrn Kronenberger, der sehr freigiebig war mit Informationen. Daß ein Zusammengehen mit dem DRK schon aus Gründen der eigenen humanitären Grundsätze gar nicht möglich war, war niemandem, am wenigsten mir selbst klar. Ich habe sicher auch mit dem Gedanken gespielt, mit dem DRK etwas zusammen zu machen — aber allein die pomadige Tatsache, daß das Deutsche Rote Kreuz ein Schiff hier in Bremerhafen ausrüstet, das dann bis nach Asien 5 Wochen unterwegs war, mitsamt sonstigen bürokratischem Zinober, das schreckte uns ab.

Wir selbst hatten das Glück, den Hamburg-Pinneberger Reeder Hans Voss zu finden, auf seine Art auch ein deutsch-nationales Ungetüm, mit dem wir unsere Schwierigkeiten hatten, zumal er immer auf das Vorbild Karl Dönitz herauswollte, der damals im letzten Kriegswinter diese große humanitäre Rettungsoperation über die zugefrorene Ostsee organisiert hatte. Hans Voss, ein Mann von der Waterkant aus echtem Schrot und Korn, war und ist aber jemand, der ein wirklich unverbildetes, von keiner Bildung und Akademie noch von einer deutschen Verwaltung verbogenes oder verzogenes Herz und Mitgefühl hat, der zu einem der wirklich großartigen Freunde wurde, den die Vietnamesen in der Bundesrepublik Deutschland heute noch haben. (Und *viele* Freunde haben sie gar nicht mehr ...) Voss, der Herz und Engagement sowie Mitgefühl immer sofort auf der Zunge und auf den Briefbögen liegen hat. (Die dann auch so aussehen, für die Verwaltung ein Greuel: Manche Antwortbriefe aus den Ministerien begannen damals mit der Aufzählung der Formmängel der Briefe, in denen Hans Voss mit heißem Atem die von ihm im Frühjahr 1979 in Japan ersteigerte CAP ANAMUR für eine kurzfristige Rettungsaktivität im süd-chinesischen Meer im Auftrag der Bundesregierung zur Verfügung stellte.) Voss also hatte die Report-Sendung mit Franz Alt ebenfalls gesehen, schrieb an das Komitee, wir kamen über Freunde aus Hamburg an ihn heran. Die Folgen dieser Kooperation und späteren Freundschaft sind bekannt, was die CAP ANAMUR sowie was die Rettungsaktivitäten angeht.

Was aber war nun mit der FLORA? Vorsätzlich wußte das DRK-Generalsekretariat, daß das Schiff genau *nicht* für Operationen eingesetzt werden sollte, wofür die Menschen in der Bundesrepublik Deutschland aber die Spenden gegeben hatten. Es sollte, so hieß der dunkle Ausdruck des DRK-Präsidenten ein „Basis-Versorgungsschiff" sein. In den darauffolgenden Wochen hörte ich über Herrn Kronenberger, daß das DRK sich über einen Vertrag mit dem Roten Halbmond in Indonesien zur Versorgung in indonesischen Gewässern und auf den Inseln des indonesischen Archipels verpflichtet hatte.

Für einige Zeit begegneten sich die beiden Schiffe, die große CAP ANAMUR, die seit dem 9. August 1979 im süd-chinesischen Meer im Einsatz war und die FLORA, das kleine, schmucke Hospitalschiff des DRK, die wie auf gegenseitige Ergänzung hin gebaut schienen.

Vom September 1979 bis Januar 1980 operierten beide Schiffe in der Nähe der sogenannten Anambas-Inseln, ein Inselarchipel, nicht allzu weit nördlich von Singapur, wohin sich über 50.000 Vietnamesen geflüchtet hatten. Es sollte auch unter der Koordination des Vertreters des Hohen Kommissars für Flüchtlinge der Vereinten Nationen, Mister

Simons, zu einer abgestimmten Gemeinschaftsaktion aller drei (oder zeitweise sogar vier) Rettungsschiffen im süd-chinesischen Meer kommen, als beim Flüchtlingskommissar der Vereinten Nationen seit Anfang Januar 1980 wieder verstärkt Meldungen über einen neu beginnenden Fluchtstrom eintrafen. Für einen Tag Ende Januar hatte der Flüchtlingskommissar in Tanjung Pinang auf der indonesischen Insel Galang zu einer Besprechung und Begegnung aller Schiffe eingeladen. Doch glänzte die deutsche FLORA des DRK durch Abwesenheit. Sie hatte schon damals die strikte Order, sich an solchen Rettungs- und Aufnahmeaktionen nicht zu beteiligen.

Die Nadelstiche gegenüber der Aktion des Komitees und der CAP ANAMUR, die ja den Auftrag der Spender ausführte — was die FLORA nicht tat! — nahmen in der Folgezeit noch zu. Sie steigerten sich im Juni 1981 zu regelrechter Wut, als Dr. Jürgen Schilling in einem Interview des Deutschlandfunks zu dem geplanten Abzug der FLORA wie auch zu den Aktivitäten der CAP ANAMUR etwas sagen wollte. Schilling damals in diesem Interview: Die Mehrzahl der sogenannten geretteten Flüchtlinge sei gar nicht gerettet, sondern wäre schon vorher auf Bohrinseln oder anderen Schiffen in Sicherheit gewesen. Die Flüchtlinge seien auch gar keine, sondern eher „Auswanderer" wie die Schlesier im vergangenen Jahrhundert, die in die USA ausgewandert seien.

Ich sah nach einem solchen um den Beweis von Fakten und Tatsachen nicht im geringsten bemühten Angriff auf unsere Aktion nur noch die Möglichkeit, Schilling durch eine kalkulierte Beleidigung aus der Reserve zu locken. Schließlich hätten wir weder daran denken können noch es im konkreten Fall durchführen können: zu prozessieren. Ich schrieb also am 24. Juni 1981 dem damaligen Präsidenten des Deutschen Roten Kreuzes Walter Bargatzky einen Brief: „Um die Ärzte und Schwestern des Komitees Not-Ärzte und die Besatzung des Schiffes CAP ANAMUR vor derart flegelhaften und lumpigen Beleidigungen endgültig zu schützen, bitte ich Sie dringend, uns von den ungeheuerlichen Diffamierungen des Generalsekretärs Ihrer Organisation öffentlich zu schützen."

Ich hatte es als ganz sicher angenommen, daß Jürgen Schilling damals gehen mußte. Schließlich hatte er öffentlich durch eine so beschämende Attacke das Deutsche Rote Kreuz in Mitleidenschaft gezogen. Ich zitierte in dem Brief an Bargatzky noch ausdrücklich Peter Scholl-Latour, ein Mitglied des DRK-Präsidiums, um darauf hinzuweisen, daß man selbst im Präsidium des DRK mittlerweile wußte, daß der Zustand mit dem Generalsekretariat unter Jürgen Schilling unhaltbar wurde. Scholl-Latour hatte in jenen Wochen ebenfalls im Interview mit dem Deutschlandfunk erklärt: „Das Schiff CAP ANAMUR ist zweifellos eine letzte Rettungsplanke für die Flüchtlinge, die den unwürdigen Lebensbedingungen, unter denen sie leben müssen, zu entkommen suchen." Im Brief an Bargatzky schrieb ich geradezu beschwörend: „Retten Sie das Bild vom DRK als einer humanitären Organisation... Machen Sie dem unwürdigen Treiben ein Ende." Und: „Solange diese Äußerungen so öffentlich als diejenigen des Generalsekretärs Ihrer Organisation in der Welt nicht dementiert sind, werde ich Herrn Dr. Schilling als lumpigen Denunzianten bezeichnen."

Darauf folgte eine Antwort, die mir noch mehr Illusionen darüber raubte, daß man bei einer hierarchisch prästabilisierten Institution irgend etwas mit Argumenten oder der Hoffnung auf gemeinsame Überzeugungen erreichen könnte. Der Generalsekretär Schilling sollte unbedingt verteidigt werden. Weshalb Bargatzky auch zu dem bewährten Mittel der Diplomatie Zuflucht nahm. Er schrieb mir höflich zurück, mein Brief sei auf einem „sprachlichen Niveau, auf dem er ansonsten seine Korrespondenz zu führen nicht gewohnt sei..."

Mittlerweile ist das Rettungsschiff FLORA, das seit Beginn seines Einsatzes nur mit Aufgaben beschäftigt war, für die man schwerlich ein so teures Schiff brauchte, das zudem die entscheidend notwendige und dringliche Aufgabe vernachlässigte, nämlich in dem Süd-China-Meer Flüchtlingen zu helfen, im Roten Meer und vor Djibouti. Anfang Juli 1981 war die FLORA aus dem Süd-China-Meer abgedampft, Fahrtrichtung und Kurs Afrika. Am 9. August 1981 kommt das Schiff in Djibouti an, dem unabhängigen Stadtstaat, der durch die Flüchtlingssituation am Horn von Afrika stark betroffen war und noch ist. Doch es gab keine Flüchtlinge, die auf Booten das gelobte Land Saudi-Arabien zu erreichen versuchten. Weshalb die FLORA eigentlich nichts weiter tun konnte, als im Hafen von Djibouti Flagge zu zeigen und bundesdeutsche Präsenz zu offerieren und zu demonstrieren. Sie kann einige Medizin und medizinische Hilfsgüter an Land geben, und sie kann einige Patienten im Luxushospital an Bord der FLORA operieren und behandeln. Geplant, getan. Am 22. August wird mit dem Gesundheitsminister von Djibouti über die Einsatzmodalitäten des Schiffes und seines medizinischen Teams gesprochen. Aus dem Arbeitsbericht des DRK „über den FLORA-Einsatz in Djibouti vom 9. 8. 1981 bis zum 22. 8. 1981":

„Die Fahrzeuge wurden versichert und die Zollformalitäten für eine temporäre Zulassung eingeleitet. Es wurden mit folgenden Organisationen und Persönlichkeiten Gespräche geführt: Deutscher Honorarkonsul, M. Laupie [das klingt großartig, M. Laupie aber ist ein wendiges Schlitzohr, als Honorarkonsul auch Besitzer der einzigen großen Apotheke in Djibouti — Anmerkung R. N.]; Generalsekretär des Roten Halbmonds, Abdi Kayreh; Liga-Delegierter M. Jean Goy Gayard; Liga-Arzt Dr. Wagner; UNHCR, Ministre de la Santé Publique.

Alle erwähnten Persönlichkeiten wurden über die Möglichkeiten und das Programm der FLORA informiert und zur Besichtigung eingeladen.

Die Präsenz der FLORA wurde durchweg begrüßt. Das DRK stellte der Liga vier Großzelte und zwei Rundzelte zur Verfügung und baut diese in den beiden Flüchtlingslagern Ali Sabieh und Ali Adde auf. Das DRK stellt eine Kiste mit medizinischer Grundausrüstung den beiden Liga-Schwestern in Obock zur Verfügung. Dr. Wagner wurde zugesagt, die an Bord befindlichen Einrichtungen mitbenutzen zu können. Das DRK erklärte sich bereit, zu prüfen, ob aus dem Bestand der FLORA eine kleine Laborausrüstung dem Krankenhaus in Ali Sabieh zur Verfügung gestellt werden kann, da dieses keine besitzt oder dringend benötigt. Der Rote Halbmond erhielt von uns 300 Zelte, Typ Bonn, wovon der RH 160 Zelte an den Commissair für die kürzlichen Opfer eines Sturmes in Ali Sabieh ausgab. Bis zum 22. August hatte der Einsatz der FLORA noch folgende Zahlen ambulanter wie stationärer Patienten vorzuweisen: 1.091 ambulant Behandelte, 14 stationär Behandelte, 7 operative Eingriffe.

Die häufigsten Erkrankungen: Bronchitis, Pneumonie, infizierte Verletzungen."

Alle Bemühungen derer, die als Mitarbeiter des Deutschen Roten Kreuzes bei diesen Einsätzen beteiligt waren, sollen hier nur gewürdigt und respektiert, aber nicht kritisiert werden. Es geht darum, die Entscheidung des DRK — und zwar des Generalsekretariats — kritisch unter die Lupe zu nehmen, eine Entscheidung, die die einzig vernünftige und ökonomisch vertretbare Aufgabe für das Schiff FLORA in Süd-Ost-Asien bewußt und absichtlich aufgibt, vom Notfall-Platz in Süd-Ost-Asien desertiert und sich aus dem Staube macht. Mit der Bemerkung: „Jetzt hat sich der Schwerpunkt der Flüchtlingstragödie nach Afrika verlagert", wurde das Schiff gegen den ausdrücklichen Willen und Wunsch des größeren Bruders, des Internationalen Komitees vom Roten Kreuz, nach Afrika verlegt, wo es eben nur Transporte machen konnte. Diese Transporte konnte man sinnvoll auch mit einem gecharterten Schiff machen, dazu mußte man das Schiff nicht besitzen. Im Dezember 1982 hatte das Deutsche Rote Kreuz Schwierigkeiten, das Schiff weiter zu finanzieren, das ja auch aus — in der Hauptsache wohl — Spendengeldern bezahlt wurde. In einer Meldung der FRANKFURTER ALLGEMEINEN ZEITUNG aus Bonn hieß es unter dem Datum des 21. September: „Schiff FLORA wird aufgelegt — die Führung des Deutschen Roten Kreuzes sorgt sich um einen schmaler werdenden Strom von Spenden ... Im vorigen Jahr [1980] hatte das DRK für Katastrophenhilfe noch 18 Millionen Mark erhalten, in diesem Jahr werden es allenfalls 11 Millionen werden. Sayn-Wittgenstein kündigte erste Folgerungen an. So werde das Hilfsschiff FLORA, das derzeit Nahrungsmittel und andere Hilfsgüter vor den Sudan, Äthiopien und Nord-Jemen transportiere, nach Bremerhafen zurückkehren und dort aufgelegt werden. Es sei vorläufig nicht mehr zu finanzieren."

Unter der Führung von Prinz Sayn-Wittgenstein ergaben sich ganz neue Perspektiven. Zwar saß noch immer der Generalsekretär Jürgen Schilling dem Präsidenten des DRK als „höchster Funktionär" des Verbandes im Nacken, aber der Präsident sorgte zumindest dafür, daß die Politik des Verbandes von ihm, nicht von den Ausfällen des Generalsekretärs in der Öffentlichkeit gemacht wurde. Schon zu Beginn der Amtszeit von Prinz Sayn-Wittgenstein war vom listigen Reinhard Appel der erste Kontakt zwischen DRK und Komitee CAP ANAMUR hergestellt, die gegenseitigen Beziehungen wurden besser. Ich habe aber selbst dem neuen DRK-Präsidenten (der jetzt, da dies geschrieben wird, und dann, wenn der Leser es zu lesen bekommt, schon längst kein neuer mehr ist) gegenüber immer darauf hingewiesen, wie wichtig es ist, dieses trübe Kapitel nicht unter den Teppich zu kehren. Und: Solange Jürgen Schilling im Amt war, habe ich nicht aufgehört, öffentlich und privat, den Rücktritt oder die Entlassung dieses „furchtbaren Helfers" zu verlangen.

Die Zeit, da dieser Dr. Jürgen Schilling Generalsekretär des DRK war und als ranghöchster Funktionär des Deutschen Roten Kreuzes agierte, muß als schwarzes Kapitel in der an sonst so hilfreichen und erfolgreichen Geschichte des DRK bezeichnet werden. Mit Jürgen Schilling hatte sich das Rote Kreuz an seine Spitze nicht nur einen Politiker zugelegt — was schon schlimm genug war —, sondern noch dazu einen Rechtsextremen, wie es ihn kaum im Bundestag gibt. Er gab der Politik und Regierung in Bonn Ratschläge, die nicht nur keine Beförderung, sondern meist Behinderungen humanitärer Aktivitäten beinhalteten. Er selbst gab die Begründungen für solche anti-humanitären Stops und Behinderungen. Zum Schluß noch ein Zitat aus dem Vortrag Schillings vor dem Rhein-Ruhr-Club in Düsseldorf: „Ratlos gegenüber Flüchtlingsmassen? — Humanität und Staatsräson verlangen eine neue Ausländerkonzeption ... Wie alle gesellschaftlichen Zwecke, stoßen auch die humanitären Forderungen an die Endlichkeit gesellschaftlicher Ressourcen. Objektiv kann die Steuerlastquote nicht beliebig erhöht werden, subjektiv gibt es eine Grenze der Spendenbereitschaft und der seelischen Kraft, sich immer neuen Randgruppen anzunehmen."

Hätten die Millionen Spender dies wirklich so verstanden und es der vornehmen Einkleidung enthüllen können, sie hätten für das DRK keine müde Mark gespendet. Und: „Derart aus der Sicherheit der Überflußgesellschaft hochgeschreckt, dürfte die deutsche Öffentlichkeit schon bald inne werden, daß die verengten wirtschaftlichen Perspektiven wenig Spielraum für die Übernahme neuer sozialer Lasten aus dem auswärtigen Bereich lassen. Es wird sich zeigen, daß menschliche Hilfsbereitschaft nicht anders behandelt werden darf, als kostbare Bodenschätze." [Ein wirklich schmeichelhafter Vergleich für den Generalsekretär des größten humanitären Vereins der Bundesrepublik Deutschland, Anmerkung R. N.] Sie ist reichlich vorhanden, erschöpft sich aber durch unüberlegte Inanspruchnahme so schnell, daß Hilfeersuchen für die Opfer der Zukunft mehr und mehr ins Leere stoßen könnten. Es ist Aufgabe der Politik, rechtzeitig zu erkennen, wenn die Grenzwerte für weitere Belastungen erreicht werden und die materiellen und seelischen Grundlagen für Hilfen explodieren drohen."

Mit letzterer Äußerung hatte sich der Generalsekretär vertan. Er selbst übernahm, ja usurpierte diese Ausgabe, weil er viel zu gern nationalkonservativer und deutschnationaler Politiker war, denn Mitarbeiter einer humanitären Organisation. Daß ihm diese Rolle des deutschnationalen Warners vor den Asiaten (und anderen) so lange gestattet wurde, ist das Thema, mit dem sich das DRK befassen muß. Und sei es nur deshalb, um zu verhindern, daß diese angesehene humanitäre Organisation jemals wieder einen Generalsekretär dieses rassistischen Zuschnitts vor die Nase gesetzt bekommt.

Der Prozeß

Es kam auch nicht gegen das Deutsche Rote Kreuz, sondern gegen „Herrn Dr. Jürgen Schilling" zu einem Prozeß, der leider nicht die Öffentlichkeit fand, die er verdient gehabt hätte. Es klagte auch nicht das Komitee CAP ANAMUR, sondern der Hamburger Reeder der CAP ANAMUR, Hans Voss. Der Bonner Anwalt Dr. Constantin Privat wurde am 25. 9. 1981 gebeten, gegen Herrn Schilling „Klage auf Widerruf seiner Behauptung zu erheben", das Schiff CAP ANAMUR habe gar nicht Tausende von Flüchtlingen aus Seenot gerettet, „sondern sie von fremden Schiffen und Bohrinseln übernommen. In der Klageschrift im Rechtsstreit ... beantragen wir nunmehr,

1. den Beklagten unter Androhung von Zwangsgeld bis zu 50.000,— DM oder Zwangshaft zu verurteilen, folgende am 23. Juni 1981 im Deutschlandfunk in der Sendung Morgenmagazin über die Rettungsaktionen aufgestellte Behauptung dem Deutschlandfunk gegenüber schriftlich zu widerrufen: Es ist doch einfach nicht richtig, daß 7.000 Menschen aus Seenot gerettet worden sind. Diese Menschen sind zum Teil von fremden Schiffen aufgenommen worden, sind zum Teil von Bohrinseln runtergeholt worden, wo sie bereits in Sicherheit waren.
2. den Widerruf spätestens in der übernächsten, nach Rechtskraft dieses Urteils erscheinenden Ausgabe der Zeitschrift DIE WELT in einer vom Gericht zu bestimmenden Größe und Aufmachung wie folgt zu veröffentlichen: Ich, der unterzeichnete Jürgen Schilling, habe im

Deutschlandfunk über die Rettungsaktionen des MS CAP ANAMUR folgendes behauptet, worüber DIE WELT in ihrer Ausgabe vom 24. Juni 1981 berichtet: [folgt gleicher Text wie oben]. Diese Behauptung widerrufe ich hiermit als unwahr."

Die Klageerwiderung hob in beiden Punkten darauf ab, daß Schilling diese Äußerungen am frühen Morgen des 23. Juni nicht als Privatperson, sondern in dienstlichem Auftrag gemacht habe, wofür er auch den Justitiar des DRK als Zeuge in Anspruch nehmen wollte, und daß sich von seinen völlig aus der Luft gegriffenen Äußerungen allein das Komitee als der Charterer des Schiffes betroffen zeigen könne. Er ging also rein formal auf diese Klage ein und versuchte gerade gegen das Bemühen des Reeders Hans Voss, der mit dem Roten Kreuz keinen Streit haben wollte (warum auch?), den größten humanitären Verband, das DRK nämlich, in diesen Rechtsstreit hineinzuziehen. Wie bekannt wurde und auch in den folgenden Monaten und Jahren erkennbar wurde, hatte schon der damalige Präsident des DRK, Staatssekretär a.D. Walter Bargatzky, seinem Generalsekretär Rede-, Interview- und Auftrittsverbot für solche staatspolitischen Fragen (wie z.B. Erhaltung des eigenen Volkstums) erteilt. Von Jürgen Schilling war in der Folgezeit nicht mehr viel zu vernehmen.

Der Reeder Hans Voss hat die Kapitäne des Schiffes CAP ANAMUR gebeten, noch einmal über die wenigen Fälle zu berichten für den Prozeß, der jetzt mit Jürgen Schilling anstand, in denen die CAP ANAMUR aufgrund der Anweisungen des Komitees bereit war, Flüchtlinge von anderen Schiffen aufzunehmen. Zunächst war dies der Fall gleich im September/Oktober 1979, als sich unser Schiff gerade auf dem Weg von Singapur zurück nach Letong (Anambas-Inseln) befand. Am 29. 9. 1979 geht um 0.55 Uhr von der MS LUNKA MAERKS folgender Funkspruch ein: „MS LUNA MAERKS auf Position 02 35,5° Nord, 105,01° Ost. Wir haben 42 Schiffbrüchige an Bord aus sinkendem Boot aufgenommen. Die Leute machen einen völlig erschöpften Eindruck. Das Schiff ist nicht in der Lage, diese Menschen medizinisch und sanitär zu versorgen, geschweige denn unterzubringen." Dieser Funkruf und unsere sofortige Bereitschaft, in dieser Situation zu helfen (die natürlich selbstverständlich war und bei der das DRK allenfalls mit allen Mitteln hätte unterstützen müssen, wenn es mit humanitärrechten Dingen zugehen würde!), wurden von der deutschen MS NORDERTOR mitgehört. Sie teilten uns anschließend mit, sie hätten gerade 174 Schiffbrüchige von einem sinkenden Boot aufgenommen und wären auf dem relativ kleinen Schiff nicht in der Lage, diese Menschen zu ernähren, noch in einigen Fällen medizinisch-ärztliche Versorgung zu leisten.

Am darauffolgenden Tag erreichte die CAP ANAMUR erneut ein Notruf über die internationale Seenotfrequenz. Die MS ANDERS

MAERSK (ebenfalls wie die LUNA MAERSK ein dänisches Schiff) gibt das Signal, es treibe eine halbe Seemeile von ihr ein „sinkendes Fluchtboot in der See". Frage an die CAP ANAMUR: „Könnt ihr diese Menschen aufnehmen und retten?" Nach Überprüfung der Seeposition ergibt sich: CAP ANAMUR ist nicht weniger als 400 Seemeilen von der Unglücksstelle entfernt, bei Fahrt mit voller Kraft voraus und einer Geschwindigkeit von maximal 15 Seemeilen pro Stunde, braucht unser Schiff gut und satt 25 Stunden, um bis zur Unglücksstelle zu kommen. In 25 Stunden sind aber die Flüchtlinge schon abgesoffen und ihr Fall längst durch Ertrinken erledigt. Deshalb gab es folgenden Funkkontakt mit der ANDERS MAERSK: Man werde, sagt das dänische Schiff, die Flüchtlinge nur aufnehmen, wenn man die Sicherheit habe, daß die CAP ANAMUR sie danach übernimmt. Kapitän Rolf Wangnick in seinem Bericht: „Unter diesen Umständen wurde einer sofortigen Rettung der Schiffbrüchigen zugestimmt. Es wurde ein Treffpunkt bei der Mankay-Insel vereinbart. Dort traf unser Schiff am 1. Oktober 1979 gegen 0.15 Uhr ein. Die ANDERS MAERSK kam längsseits und übergab uns 10 Flüchtlinge, die sich in einem sehr schlechten Zustand befanden. Auch sie wurden sofort und umgehend versorgt."

Daß wir wegen dieser formal-rechtlich gesehen unerlaubten Übernahme von Flüchtlingen, die sich de facto ja schon auf einer sicheren anderen Schiffsplanke befunden hatten, Prügel vom Auswärtigen Amt zu erwarten hatten, war mir persönlich klar, als ich die Entscheidung traf, aber daß das DRK sich an der Kritik solcher humanitärer Notfälle beteiligen würde — bis hin zu diesem Interview von 1981 —, daß wäre mir nicht einmal im Traum damals als möglich erschienen. Auch Kapitän Werner Urban — Nachfolger von Kapitän Wangnick — nimmt zu den beiden Fällen Stellung, in denen in unmittelbarer Abstimmung mit dem Komitee Flüchtlinge von anderen Schiffen übernommen wurden. Zunächst stellt Urban fest: „Während meiner Dienstzeit auf der CAP ANAMUR wurden zu keiner Zeit vietnamesische Flüchtlinge von Bohrinseln geborgen. Die CAP ANAMUR kreuzte während ihrer Rettungsaktionen im Golf von Thailand und im südlichen China-Meer hin und her, die in diesem Seegebiet liegenden Bohrinseln werden strikt gemieden, die Annäherungen an diese Bohrinseln ist international strengstens untersagt." Kapitän Urban erwähnt die beiden Fälle, in denen in seiner Zeit eine Übernahme vom Komitee entschieden wurde:

„1. Anfang März 1980: Es ergeht der Funknotruf des Bohrinsel-Versorgungsschiffes MS Marientor. Der Kapitän berichtet, er habe 116 Flüchtlinge aufgenommen, diese seien in schlechtem Zustand, darunter 7 schwerverletzt Angeschossene. Alle benötigten dringend medizinische Betreuung. Auch sei er gar nicht in der Lage, die Flüchtlinge über einen längeren Zeitraum an Bord zu versorgen. Am späten Nachmittag des gleichen Tages wurden die Flüchtlinge an Bord genommen.

2. Im April 1981, so schreibt Kapitän Urban in seinem Bericht, wurde ich telegraphisch von der COSMOS-Reederei Bremen gebeten, von ihrem MS INGELHEIM 25 vietnamesische Flüchtlinge zu übernehmen, die die INGELHEIM im Gold von Thailand hat retten müssen. Nachdem das telegraphische Einverständnis des Auswärtigen Amtes vorlage, wurden die 25 Flüchtlinge auf die CAP ANAMUR nach vorher abgemachten Treffpunkt an Bord genommen."

Wenn man sich das alles wieder in die Erinnerung zurückruft, und dazu noch weiß, mit welchem Mißbehagen und welcher Ablehnung das Auswärtige Amt und die deutschen Bundesländer — bei weiter fortdauernder öffentlicher Belobigung — diese Aktion begleiteten, wird es einem noch rätselhafter, welche Motive den höchsten Funktionär des größten deutschen humanitären Vereins DRK bewegen konnten, sich andauernd als Quertreiber zum Schaden einer menschenrettenden Aktion öffentlich und halb-öffentlich zu betätigen. Zum Beleg dafür, wie entgegen dem öffentlichen Erscheinungsbild die deutsche Politik in Bund und Ländern mit der Rettungsaktion im süd-chinesischen Meer nicht übereinstimmte, hier nur der Brief des Auswärtigen Amtes vom 3. März 1980, also nicht mehr als genau einen Monat nach Beginn der eigentlichen lebensrettenden Aktivität der CAP ANAMUR. Der damalige Leiter des Referates 301, Herr Bartels, schreibt aus Anlaß einer parlamentarischen Anfrage dem Bundestagsabgeordneten Jürgen W. Möllemann: „Ich möchte an dieser Stelle daran erinnern, daß es sich (bei den eingeschränkten Kriterien für die Aufnahme von Flüchtlingen, die von Schiffen deutscher — und nicht andersnationaler Flagge) dabei allein um die Folge der beschränkten Aufnahmefähigkeit der Länder handelt. In diesem Zusammenhang bereitet den amtlichen Stellen Sorge, daß die CAP ANAMUR derzeit wieder auf hoher See kreuzt, um weiter nach Flüchtlingen zu suchen. Sollte die CAP ANAMUR fortfahren, in hohem Umfang Garantiefälle zu schaffen, dann ist zu befürchten, daß auch die Garantieerklärung nicht lange honoriert werden kann."

Der Prozeß selbst ging aus wie das Hornberger Schießen. Da kaum öffentliche Aufmerksamkeit bestand — das Thema war zu Beginn des Jahres 1982 schon irgendwie ausgelutscht und ausgelaugt —, konnte sich Dr. Jürgen Schilling in allerlei prozeßformalen Quisquilien ergehen. Er konnte es durchsetzen — was nur auf die Kuhhaut eines Anwalts, nicht eines einfach klar denkenden Menschen gehen kann —, daß er sich nicht korrigieren oder zurücknehmen mußte, sondern daß er sich objektiv irrig informiert wähnte durch — ja durch nichts anderes als das kleine Büchlein, das ich selbst im Januar 1980 fertiggestellt hatte und bei Rowohlt herausgegeben hatte unter dem Titel „Wie helfen wir Asien? Oder: Ein Schiff für Vietnam". Für die Zukunft sollten das Deutsche Rote Kreuz und das Komitee CAP ANAMUR Regelungen und Kommunikationstreffen einführen, um derartige katastrophale Tiefschläge gegen humanitäre Aktionen zu vermeiden.

Eine Nachbemerkung:

Ich betone, daß ich dieses Kapitel für ein schmerzliches und noch nicht offen diskutiertes halte und erwarte vom Deutschen Roten Kreuz, daß es aus der Geschichte des Einsatzes der FLORA in Süd-Ost-Asien die Lehren zieht. Allein die Tatsache, daß das „Internationale Komitee vom Roten Kreuz“ in Genf damals 1981 dem DRK dringend nahelegte, die FLORA doch zu Rettungsaktivitäten im süd-chinesischen Meer zu belassen, hätte den Verband und die Verbandsspitze des Roten Kreuzes stutzig machen müssen. Diese Besinnung hat damals nicht stattgefunden, ich hoffe, daß sie wenigstens hinterher stattfindet, zumal der Generalsekretär, den ich für ein Unglück gehalten habe, nicht mehr eine solche freie Diskussion blockiert.

Ich hoffe auf ein selbstbewußteres und ein stärkeres DRK in der Bundesrepublik Deutschland. Die humanitären Aufgaben sind gewachsen, haben allerorts zugenommen, hierzulande und auf den Plätzen der Dritten Welt. Wir brauchen das Bündnis mit dem DRK bei der Verteidigung der Menschenrechte von Ausländern und Asylbewerbern in der Bundesrepublik Deutschland. Wir brauchen das DRK bei Einsätzen in Not- und Hungersgebieten der Erde. Wir brauchen das DRK, seine Erfahrung und Tradition bei Einsätzen zugunsten von Flüchtlingen, ob sie zu Lande, zu Wasser oder in der Luft unterwegs sind.

Selbsthilfe – (billige) Alternative oder Rückschritt?

Wo auch immer das Deutsche Rote Kreuz und die anderen Konzerne im sozial-politischen Geschäft die Wohlfahrt in der Bundesrepublik Deutschland besetzt halten, machen sich allmählich Auflösungserscheinungen bemerkbar. Wo immer sich das DRK als Helfer anbietet und eindeutig monopolistische Interessen vertritt, ob im Bereich der internationalen Katastrophen- und Notfallhilfe oder bei einzelnen Fällen des alltäglichen „Kleinkrams“ in der Sozialarbeit, treten Konkurrenten auf den Plan, die zeigen wollen, daß es auch anders geht.

Gemeint sind hier nicht die eher kommerziell betriebenen Händel beim Krankentransport oder beim Blutspendedienst zum Beispiel, wo sich private Wirtschaftskonkurrenz auf dem Markt anbietet und ebenso wie das Deutsche Rote Kreuz mit Mark und Pfennig abrechnet.

Das Konkurrenzprinzip gilt auch für die praktische Sozialarbeit, die Hilfe für Alte, Kranke, Behinderte ist eingeordnet in das Sortiment von Dienstleistungs-Angeboten, präsentiert und repräsentiert von den Wohlfahrtsunternehmen. Die Formel von der Subsidiarität ist in den letzten Jahrzehnten der Geschichte der Bundesrepublik Deutschland fast ausschließlich zugeschnitten worden auf die Interessen der großen Wohlfahrtsverbände, die stets willfährig die staatlichen, die politischen, die finanziellen Sachzwänge, die Sparzwänge mit vollzogen haben.

Nein — die Wohlfahrtsverbände haben einen entscheidenden Anteil am Aufbau des Sozialstaates Bundesrepublik Deutschland, und das Ergebnis kann sich nicht nur sehen lassen, es ist mit Recht als vorbildlich gerühmt. Was also soll eine Kritik an einem gut funktionierenden System, in dem den Menschen mit beachtlichen Leistungen und großem Aufwand Schutz vor elementaren Risiken des Lebens garantiert ist? Was also soll Kritik an einem System, das für die Bürger vorsorgt auf der Grundlage auch der Solidargemeinschaft, die zwar zu bröckeln beginnt, aber dennoch noch immer Sicherheit bietet? Demoskopen haben ermittelt, daß sich weit über 80 % der Menschen hierzulande wohlfühlen und daß rund 90 % die soziale Sicherung aller Menschen als sehr wichtiges Ziel bezeichnen.

Es geht vorrangig nicht um eine Kassenprüfung, es geht nicht um eine kaufmännische Revision des Sozialstaates, auch wenn immer häufiger und strenger versucht wird, diesen wirtschaftlich billiger zu machen.

Gleichwohl treffen sich nicht nur zufällig Tendenzen unterschiedlicher politischer Prägung, wenn Kritik am gegenwärtigen Wohlfahrtssystem laut wird.

Die einen meinen die soziale Überversorgung mit erschreckenden finanziellen Folgen für den Staat als sozialen Glücksbringer, die anderen sprechen von der Entmündigung der Menschen, die durch bürokratische Apparate der sozialen Verwaltung geradezu erzeugt und hervorgerufen wird.

Die wenigen hier vorgestellten Beispiele aus dem Alltag des Deutschen

Roten Kreuzes haben belegt, daß in der bundesrepublikanischen Gesellschaft Wohlfahrt und Fürsorge zur sozialen Dienstleistung geworden sind, die Vereine zu Unternehmen und daß die Dienstleistung ein gutes Geschäft ist, das auch zukünftig genügend Wachstum verspricht, weil kein Ende der möglichen Bedürfnisse abzusehen ist.

Der Sozialstaat ist machbar, planbar geworden, ebenso wie die Bedürfnisse, die von der industriellen Gesellschaft erst produziert werden.

„Die Dienstleistungsindustrie vermittelt eine Weltanschauung, die unsere Existenz und unsere Gesellschaften als eine Serie technischer Probleme definiert.“ [36]

Der Amerikaner John McKnight, der diese Kritik anmeldet, unterstellt auch, daß diese technische Definition „mittels gemütlicher Symbole wie Fürsorge und Liebe verschleiert“ wird, daß also in Wirklichkeit der Bürger zum Mandanten wird in einem Supermarkt der Hilfe!

„In diesem Bedürfnis-Laden tritt der Kunde nicht so sehr als Mensch mit allerlei Hoffnungen und Wünschen an die Ladenkasse, sondern vielmehr als statistische Bedürfnis-Einheit, die gebraucht wird. Der Kunde ist hier nicht nur Verbraucher, sondern auch unverzichtbarer Rohstoff des Dienstleistungssystems.“ [37]

Der Mensch also ausgeliefert dem „Service-Manager“, dem Profi, dem Experten, der alle sieben Lebenskrisen, von der Kindheit bis zum Tode in Bedürfnis-Bereiche aufteilt und zur Lösung anbietet?

Gemeinsam mit McKnight zeichnet auch Ivan Illich eine Schreckensvision von der Herrschaft der Experten. Beide ziehen gegen den Professionalismus vor allem auch in der Sozialarbeit zu Felde. Sie prügeln damit pauschal die Berufe, die soziales Handeln professionell haben werden lassen. Ihre Kritik ist dann berechtigt, wenn sie die riesigen Apparate der Sozialverwaltung trifft: „Die professionellen Händler mit Gesundheit, Wohlfahrt, Erziehung und Seelenruh haben fast 25 Jahre gebraucht, um ihre Kontrolle darüber zu errichten, wer was warum bekommt.“ [38] „Warum aber“ — so fragt Illich — „gibt es keine Rebellion gegen die Entwicklung der Industriegesellschaft zu einem einzigen riesigen Dienstleistungssystem? Die Erklärung dafür müssen wir hauptsächlich in der Illusionen erzeugenden Kraft dieses Systems suchen. Denn seine Institutionen verrichten nicht nur technische Eingriffe an Körper und Seele, sondern sie fungieren auch als machtvolles Ritual, das den Versprechungen ihrer Manager Glaubwürdigkeit verleiht.“ [39]

Ivan Illich schwärmt von einem „nachprofessionellen Ethos“, das „eine soziale Zukunftslandschaft entstehen lassen wird, die weit farbiger und vielfältiger sein wird, als alle bisher bekannten Kulturen der Vergangenheit und der Gegenwart zusammengenommen.“ [40]

Ein neuer Idealismus wird gezimmert, eine neue Maske der Liebe wird aufgesetzt, haarscharf an der Wirklichkeit vorbei mit Träumen von der

Zukunft, die allenfalls in der Vergangenheit eine Chance gehabt hätten. Oder sind es nicht doch zulässige, vielleicht sogar realistische Visionen, die darauf abzielen, unsere hochentwickelte Industriegesellschaft, die nach den gewünschten Prinzipien des individuellen Kleinkrieges seelenlos funktioniert, zu verändern, menschlicher zu machen? Die Kritik am gegenwärtigen Zustand allerdings kann sich nicht dagegen wenden, daß Helfen zum Beruf wurde, im Gegenteil: Wir brauchen mehr und vor allem besser ausgebildete Professionelle, nicht im technokratischen Verständnis, vor allem aber nicht in den Klauen der Apparate und der Sozialbürokraten. Wir brauchen nicht die Sozialarbeiter als Sozialpolizisten, die den Markt regeln, Angebot und Nachfrage aufeinander abstimmen und die ihr Tun nur noch über ihre eigene Macht definieren können.

Das Deutsche Rote Kreuz hat sich in weiten Teilbereichen seiner Arbeit leider zu einem solchen Apparat entwickelt. Aber gemeinsam mit dem organisierten Sozialstaat stößt auch der Wohlfahrtskonzern an seine Grenzen. Nicht von finanziellen Grenzen ist die Rede, sondern von der zunehmend spürbaren Inhaltslosigkeit, von der mangelnden Einsicht, daß Wohlfahrt nicht nur aus materieller Versorgung besteht. Das Deutsche Rote Kreuz war stets parallel mit der modernen Industriegesellschaft auf stetes Wachstum programmiert und es hat nicht begriffen, daß mit dem scheinbar uneingeschränkten Glauben an das finanziell Machbare neue Probleme, neue Widersprüche, neue Nöte geschaffen wurden, die erst langsam deutlich sichtbar werden.

Bei allen finanziellen Möglichkeiten der Hilfe: Gegen Vereinsamung, Isolation, unmenschliches Nebeneinander hilft nicht länger und ausschließlich die jahrelang gepredigte Heilsbotschaft des Sozialstaates, der soziale Unterstützung gemeinsam mit seinen Hilfsorganen, den Verbänden, immer gleichgesetzt hat mit der ausschließlich finanziellen Abfindung für Notfälle, meist bargeldlos in Amtsstuben geregelt.

Diese Defizite sind auch von den traditionellen Wohlfahrtsvereinen bisher nicht in ihrer vollen Tragweite erkannt worden, geschweige denn haben sie sich Gedanken über mögliche Strategien zur Veränderung gemacht. Sie sind mitschuldig an dieser Entwicklung, weil sie selbst sehr gut existieren in diesem System, überwältigt von einer alles beherrschenden Subventionsmentalität. Der Staat sorgt bestens für seine Wohlfahrtsriesen, gemeinsam mit ihnen stülpt er die Glocke der materiellen Versorgung über und erstickt damit die Bedürfnisse, die mit Geld nicht zu erfassen sind.

Freie Initiativen, die sich diesen Defiziten annehmen, hatten kaum je eine Chance in der Bundesrepublik Deutschland. Sozialarbeit wurde institutionalisiert in den Apparaten der Konzerne. Sozialarbeit brauchte eine Rechtsform, eine bürokratische Verfassung, sie mußte politisch wie finanziell kontrollierbar sein. Freie Initiativen waren eine lange Zeit eher dubios, es waren „Randgruppen", die sich zusammenfanden, um selbst etwas für sich zu unternehmen, ohne bürokratische Vergewaltigung der Chef-Helfer.

Aber wenn diese Gruppen Geld brauchten, auf das sie durchaus einen Anspruch gehabt hätten, gab und gibt es in den Kassen der Kommunen und Ländern keinen Pfennig, die Zuschüsse teilen die Großen untereinander auf, ohne sich um das konkrete Anliegen zu kümmern. Die zur Verfügung stehenden Sozialbudgets werden auch heute noch verteilt von Beamten mit Ehren-Pöstchen im Deutschen Roten Kreuz, für die eben nur das DRK „zuständig" ist, wenn es um Bedürftige, und wenn es um Geld geht. Diese Form der sozialen Planung hat es möglich gemacht, daß es stets leichter war, einen staatlichen 15 Millionen-Zuschuß für den Prachtbau eines Altenheims zu ergattern, als 150 Mark zu bekommen für den Telefonanschluß in dem Beratungszentrum einer freien, selbstorganisierten Senioreninitiative. Das Deutsche Rote Kreuz hat sicherlich sehr viel dazu beigetragen, daß solche freien, lockeren Gruppierungen nicht nur finanziell, sondern auch im Bewußtsein der Öffentlichkeit ein Schattendasein führen.

Es sind vor allem die humanitären Defizite, die eine Änderung der Wohlfahrts-Praxis erforderlich machen. Es sind aber nicht zuletzt auch die Defizite in den Kassen öffentlicher Haushalte, die zunehmend Anlaß auch für Politiker sind, nachzudenken.

Ulf Fink, CDU-Sozialsenator in Berlin, hat sowohl die finanzielle als auch die menschliche Dimension der notwendigen Konsequenzen und Veränderungen erkannt. Mit 7,5 Millionen Mark fördert der Senat seit 1983 Selbsthilfegruppen in Berlin, der Stadt, die in durchaus fragwürdigem Sinn zur Modellmetropole sozialer Probleme geworden ist. Fink hat vorgerechnet, daß es nicht machbar ist, allen alten Menschen einen Platz in einem Seniorenheim anzubieten, oder etwa alle Kinder in der Bundesrepublik Deutschland mit einem Platz in einer Kindertagesstätte zu versorgen. Auch im Gesundheitswesen ist heute längst nicht alles finanziell realisierbar, was medizinisch und medizin-technisch nach den Prinzipien „immer besser" und „immer größer" möglich wäre.

Es waren die Senioren selbst oder freie Elterninitiativen, die sich nicht nur aufgrund von „Mangelerscheinungen" im staatlichen Angebot nach anderen Lösungen umschauten und damit einen Trend ins Rollen brachten, der aus der Heimbunker-Mentalität der amtlichen Problemverwalter eine Absage erteilte. In Berlin beispielsweise hatte sich jenseits der herkömmlichen Gesellschaft von Sozialhonoratioren schon lange eine alternative Szene etabliert. Weit mehr als 1.000 Gruppen haben, ohne sich je um die traditionelle Wohlfahrtsideologie zu kümmern, selbst organisiert, um sich selbst helfen, um sich mit ihren gemeinsamen, oder auch unterschiedlichen Problemen nahe zu sein. Ob es Gesprächskreise von Eltern sind, die behinderte Kinder haben, ob es die Behinderten selbst sind, die Partei für sich ergreifen, oder ob sich kranke, alte und gefährdete Menschen zusammenschließen, um ohne bürokratische Verwaltung ein soziales Dasein führen zu können: Es sind Menschen, denen es nicht ausreicht und die sich dagegen wehren, daß ihre Sorgen und Nöte durch Abrechnung auf Krankenschein nach Tarif und Preislisten gelöst werden sollen. Sie wollen nicht nur als Steuersubjekte mit Anspruch auf Wohlfahrt im Notfall existieren.

Selbsthilfe — ein Begriff, der fast schon zum Modewort geworden ist. Da stürzen sich nicht nur gestandene Soziologen auf das Phänomen „Selbsthilfe" und nicht nur der alternative Theoretiker Ivan Illich meldet sich zu Wort, wenn es um die politische Definition des Wortes geht. Auch die Konservativen um den CDU-Senator Ulf Fink reklamieren Gemeinsamkeiten und das „Copyright" für den Begriff Selbsthilfe. Das beanspruchen aber auch Sozialisten, Sozialdemokraten, die auf ihren Kampf für die ersten sozialen Sicherungen verweisen, als sich Arbeiter in sogenannten freien Hilfskassen organisierten, mit denen sie sich gegen Lohnverlust im Krankheitsfall schützen wollten. Die neue, alte Zauberformel dient also allen, um die neue soziale Frage zu stellen. Die Formulierung von Forderungen nach weniger Staat, weniger Bürokratie und mehr Solidarität reicht nicht aus, vor allem dann nicht, wenn sie von Technokraten kommt, die darüber spekulieren, ob Konservative und Alternative nicht etwa doch „nahe Verwandte" sind. Demgegenüber steht die Interpretation Illichs, der Selbsthilfe als „eigenmächtige Durchsetzung eines Rechtsanspruches" definiert, und zwar mit „Umgehung oder in Widerspruch zur Obrigkeit."[41] Konservativer Politiker und alternativer Theoretiker treffen sich in der Auseinandersetzung um Wirken und Werte von Selbsthilfe in der einvernehmlichen Ablehnung von zuviel „bezahlter" Hilfe.

Nur die alternativen, selbstorganisierten Gruppen haben sich über ihre eigene, strikte Ablehnung des Wohlfahrtsstaates hinaus bisher noch keine Gedanken gemacht über ihr Verhältnis zu den etablierten Wohlfahrts-Konzernen. Das Deutsche Rote Kreuz etwa ist einfach kein Thema, es hat nie zur Diskussion gestanden. Der Graben scheint unüberwindbar tief. Und auch das Rote Kreuz hatte noch nie ein Interesse an dem, was sich abseits staatlich abgesegneter Definition von Sozialarbeit bei den Betroffenen selbst tut. Erst als Behörden und Politiker anfingen, wie in Berlin, Selbsthilfe auch finanziell zu unterstützen, registrierte das Deutsche Rote Kreuz scheinbar überrascht und ahnungslos diese Entwicklung mit Skepsis und Argwohn. Daß sich Hilfe und Nächstenliebe und Menschlichkeit auch anders, freier bewähren können als durch Tarifkämpfe mit Krankenkassen und Sozialämtern, das war neu.

Jetzt aber war Geld im Spiel, viel Geld, das außerhalb der Wohlfahrtsindustrie zur Verteilung anstand. Über diese Verteilung wollten dann aber wenigstens die etablierten Wohlfahrtsverbände entscheiden, mit allen Mitteln kämpften sie um ihren Einfluß und damit letztlich auch darum, daß die Betroffenen selbst wieder einmal kein Mitspracherecht erhielten. In Berlin scheiterte diese Absicht, weil sich die großen Verbände der Wohlfahrt untereinander nicht einig wurden.

Inhaltlich hatte das Deutsche Rote Kreuz zu dem Gedanken der Selbsthilfe nichts beizutragen. Alles, was dem DRK dazu einfiel, war die Überlegung, daß durch Selbsthilfe das Prinzip der Ehrenamtlichkeit neues Gewicht erhält und daß dies nur zu begrüßen sei. Schnell also war ein oberflächlicher Nenner gefunden: Humanität als Gratisgesinnung.

Natürlich hat es bei vielen Selbsthilfe-Initiativen erhebliche Bedenken gegen eine amtliche Abhängigkeit gegeben. Schließlich war und ist das „Staat — nein danke" die Devise und häufig der einzige Konsens zwischen den Gruppen. Einige Kritiker hatten schnell das Argument parat, der Staat stütze alternative Projekte nur, um am Ende dennoch kräftig zu sparen. Rasch war in Berlin ausgerechnet, daß in der Tat das Sozialbudget schmaler geworden war, das „Ersparte" in voller Höhe aber für die bessere Ausrüstung der Polizei ausgegeben wurde. Selbst wenn dies so exakt stimmen würde und so schlimm dies auch wäre: Der Streit um Geld läßt immer die Inhalte verschwinden, um die es geht. Und es geht darum, daß Wohlfahrt und Sozialstaat heute nicht mehr ohne die Betroffenen selbst machbar sind. Es geht darum, alte Strukturen aufzubrechen, das Subsidiaritäts-Prinzip mit neuen Inhalten zu versorgen, es geht darum, die Konzerne gesundschrumpfen zu lassen, kurz: Gefragt sind neue Wege in der Sozialpolitik, die nicht dirigistisch gelenkt Wohlfahrt verordnen, sondern eine Vielfalt menschlicher Versuche zur unmittelbaren Hilfe zulassen.

Der Staat soll nicht aus seiner Verantwortung entlassen werden, er soll aber schon für eine bessere Verteilung der Mittel sorgen.

Noch einmal: Nicht eine Kassenprüfung steht auf der Tagesordnung, sondern vielmehr die Forderung, den Konzernen, wie beispielsweise dem Deutschen Roten Kreuz, mehr als bisher auf die Finger zu schauen, was das tatsächliche selbstlose Engagement und war vor allem die wirklichen inhaltlichen Kompetenzen und Ideen betrifft. Nicht alles, was billiger werden kann im System staatlicher Hilfen für die Bedürftigen, ist deshalb gleich schlechter. Lösen wir uns von der Vorstellung, daß nur das Teure gut ist, denn genau von diesem Prinzip hat das Deutsche Rote Kreuz bisher profitiert. Bis heute, so scheint es, hat sich in den Köpfen der Wohlfahrtsplaner der Gedanke unverrückbar festgesetzt, daß sich die leistungsfähigen, sozialstaatlichen Garantien nur noch ausdrücken in glänzenden Statistiken über die „Versorgungsfälle", während Probleme amtlich „gelöst" wurden, in dem sie „untergebracht" wurden in architektonisch schicken Verwahrungs-Anstalten. Gerechnet wurde mit den Pflegesätzen und nicht mit menschlichen, sondern allenfalls mit den

„technischen“ Bedürfnissen der Betroffenen. Die Alten, Kranken und Behinderten sind versorgt, abgehakt als Fälle, die Nächsten bitte!

Sollen wir wirklich noch dankbar sein für das, was sie angerichtet haben, die Humanitäter der Wohlfahrt, kritiklos dankbar? Sollen wir sie weiterwursteln lassen und ihnen auch weiter glauben, daß sie doch nur im Interesse der Armen handeln? In welchem Interesse handeln sie aber wirklich, die Apparatschiks der Menschlichkeit, die mehr mit Tarifen und Preislisten beschäftigt sind, als mit den gesellschaftlich begründeten Ursachen der zunehmenden sozialen Not im Sozialstaat? Politisch sind sie nur und denken sie nur, wenn es um die Pfründe geht und darum, den „Staat“ als Geldgeber nicht zu verprellen, finanz-politisch denken sie. Das Deutsche Rote Kreuz heute ist an seiner Spitze ein Verein von Beamten der Wohlfahrt, die keinen Blick mehr dafür zu haben scheinen, was sich an Konflikten abspielt dort, wo im Grunde das Rote Kreuz seinen Platz hätte: an der Front der Menschlichkeit. Das Deutsche Rote Kreuz hätte seinen Platz an der Seite der Schwachen und aller, die heute mehr und mehr durch die Maschen des sozialen Netzes fallen.

Trotz schwerfälligem Apparat hat die Entwicklung einer Selbsthilfebewegung dennoch auch beim Deutschen Roten Kreuz zu einem, wenn auch bescheidenen, Denkprozeß geführt.

Auf der Bundesversammlung 1984 bezeichnete DRK-Präsident Prinz Sayn-Wittgenstein das Phänomen der alternativen, sozialen Bewegung zwar als noch „sogenannte Selbsthilfegruppen“. Diese und „spontane Initiativen“, so stellte der Prinz fest, „finden mehr und mehr die Unterstützung der jüngeren Generation, aber auch die finanzielle Förderung staatlicher und kommunaler Stellen. Auch diese Entwicklung müssen wir sorgfältig analysieren und unsere Schlußfolgerungen daraus ziehen ... Es wäre verhängnisvoll, wenn aufgrund eines Strukturwandels die Investitionen in diesen Bereichen zusätzlich die Wohlfahrtsverbände belasten würden, weil sie durch andere Einrichtungen überflüssig gemacht werden.“

Das „Phänomen“ wird zunächst einmal wieder in einen finanziellen Rahmen eingeordnet. Da ist eine riesige Angst zu spüren vor einem angeblich verhängnisvollen Strukturwandel. Aber genau der ist dringend notwendig. Bei aller Angst zielte der DRK-Präsident mit seinen anschließenden Fragen aber in eine Richtung, die eben diese Diskussion zugunsten einer Reform aufleben lassen könnte, wenn diese Diskussion verstanden wird als der Beginn einer Auflösung von Verkrustungen. Prinz Wittgenstein fragte seine Funktionäre und leider nur diese, „ob unser Aufgabenspektrum und seine Schwerpunkte zukunftsorientiert sind und den zukünftigen gesellschaftlichen Bedürfnissen gerecht werden und wie die Finanzierung bzw. die Finanzierbarkeit jetzt wie künftig aussieht und ... wo und wie wir agieren müssen, um den von uns selbst auferlegten Rot-Kreuz-Normen zu entsprechen.“ Mit diesen Anfängen einer vorsichtig-selbstkritischen Überlegung ist der Rot-Kreuz-Chef offensichtlich seiner Basis weit voraus. Dort nämlich herrscht weitgehendes Unverständnis gegenüber der veränderten Wirklichkeit im sozialen Alltag der Republik. Ja, es zeigt sich eine beschämende Unwissenheit, die nur entstanden ist, weil man im geschäftlichen Teil der Wohlfahrt offenbar die inhaltlichen Perspektiven, die Kreativität und das kritische Bewußtsein verloren hat, ohne das alle Sozialpolitik niemals möglich sein kann. Für das Deutsche Rote Kreuz weitergedacht und weitergefragt, müßte der Verein auch seine eigene Vereinsstruktur ebenso überdenken wie die politische Rolle, die er gegenwärtig spielt als abhängige, unkritische Instanz des offiziellen Sozialmanagements.

Ob die Selbsthilfegruppen, die Ausdruck dieser veränderten Wirklichkeit sind, eine alternative zur traditionellen Wohlfahrtspolitik darstellen, ist nicht die wesentliche Frage. Sie können und sie wollen nicht den Platz der Sozialverwalter einnehmen. Eine Alternative sind sie dann nicht, wenn scheinbar finanzielle Sparzwänge sie nur zu einer angenehmen Modewelle werden läßt, die dann kurze Zeit später unter dem Krampf der eigenen und der aufgezwungenen Verwaltungsbürokratie wieder zusammenbricht. Aus der neuen Idee der „Selbsthilfe" würde also dann ein Rückschritt, wenn sie sich nach amtlichem Kalkül ausschließlich als billige Alternative benutzen ließe. Ein Verdienst haben sie allerdings schon heute erworben. Sie zeigen schonungslos die Grenzen und die Defizite der praktizierten und staatlich abgesegneten Wohlfahrts-Dienstleistung, machen sie bewußt und provozieren Stück für Stück die Kritik an diesem System.

Damit sind die Selbsthilfegruppen durchaus eine Alternative, nicht im Sinne eines erstrebenswerten Ersatzes oder als Beweis dafür, daß das Deutsche Rote Kreuz überflüssig ist. Aber allein die Existenz einer anderen Organisationsform für „Hilfe" ist vielleicht, ist hoffentlich für die Rot-Kreuzler künftig Anlaß, den gepflegten Sockel der Unfehlbarkeit und des Alleinvertretungsanspruches aufzugeben. Das Deutsche Rote Kreuz muß seine Rolle als Makler von Hilfeleistung als Konsumgut abstreifen, sich wieder stärker den unmittelbar Betroffenen zuwenden, sich ihnen öffnen und den gesamten Rot-Kreuz-Verein in guter, demokratischer Manier neu begreifen lernen als wirklich unabhängige, kritische Gegeninstanz zu allen rein technokratischen und inhaltlich blinden Wohlfahrts-Planungen, die langfristig auf einen Abbau der sozialen Rechte der Menschen zielen.

Der andere mögliche Weg wäre verhängnisvoll. Das Deutsche Rote Kreuz wird, wenn es den gegenwärtigen Kurs weitersteuert, mitverantwortlich für die Zuspitzung sozialer Konflikte, weil es die offiziell verordnete Sparpolitik doch eher duldend mitvollzieht und sich im Alltag auf die internen Verteilungskämpfe eingelassen hat, bei denen es nur darum geht, welches soziale Problem jetzt vorrangig vor einem anderen

Finanzspritzen verdient. Es besteht die Gefahr, daß das Deutsche Rote Kreuz gemeinsam mit den anderen Wohlfahrtsverbänden so unbeabsichtigt beiträgt zur Schaffung neuer „Sozialfälle“, für die dann, weil sie lukrativ nicht zu bewältigen sind, die Selbsthilfegruppen zuständig werden.

Nachwort: Ein Plädoyer

Die Bösartigkeiten und die herbe Kritik haben hier ein Ende. Vorläufig jedenfalls.

Das Deutsche Rote Kreuz wird sich ungerecht behandelt fühlen und den Leser einseitig informiert nennen. Hat aber nicht das Rote Kreuz in den letzten Jahrzehnten mit seiner eigenen Informationspolitik mehr als einseitig über die Situation und die Wirklichkeit des großen DRK berichtet, hat es die Öffentlichkeit nicht sogar getäuscht, indem es über die Hintergründe und tatsächlichen Zustände des Wohlfahrtsgeschäfts geschwiegen hat?

Was dürfen, was sollen die Bürger wissen?

Alles! Auf den Markt einer offenen Gesellschaft gehören alle Nachrichten, nicht nur die humanitär und idealistisch ausgewählten, nicht nur die wohlklingenden, die Spendenbereitschaft fördernden.

Auf den Markt der Informationen gehören die Pannen, die Pleiten, die Mißerfolge, das Geschäftsgebaren, offene Bilanzen ebenso wie Erfolge, Glanzleistungen, Rechenschaftsberichte und Statistiken über Hilfe, die Menschen aus Not befreit hat.

Schadet also die Kritik der guten Sache?

Es kann nichts schaden, wenn das festgefügte Image des Deutschen Roten Kreuzes zurechtgerückt wird, wenn es zumindest annähernd korrigiert werden kann.

Sicher — viele Bürger und Mitglieder werden sich mit Entsetzen vom DRK abwenden, weil ihnen viele Informationen über die andere Seite des humanitären Alltags neu, erschreckend neu sind. Liegt das an den Informationen, oder liegt das nicht vielmehr daran, daß diese bislang verschwiegen worden sind?

Die Angst vor Enthüllungen ist groß im Deutschen Roten Kreuz. Die Angst vor einer Verbreitung grundsätzlicher Kritik scheint immer noch stärker zu sein als die Bereitschaft, den Verein für eine breite und ehrliche Diskussion zu öffnen.

Die Reihen des Schweigens sind (fast) fest geschlossen, wenn es um die Absicherung der eigenen Organisation nach außen geht. Gegen „Partner" bzw. die Konkurrenten auf dem Markt aber haben sie alle irgendwelche Geschichten parat, die geeignet sind, einen Skandal nach dem anderen aufzutischen. Es ist ein trauriges Geschäft im Wohlfahrts-Alltag. Dabei geht es weniger um spektakuläre Enthüllungen von Skandalen als um die Form einer aufrichtigen Auseinandersetzung und um den Beweis von fragwürdigen Entwicklungen und Tendenzen, die das Engagement von vielen tausend Menschen in Mitleidenschaft ziehen, weil sie nicht ernst genommen werden als Bürger, die mit umfassender Aufklärung, auch der kritischen, umzugehen in der Lage sind.

Die wenigsten Funktionäre können heute noch ohne Scham in ihren idealistischen Spiegel schauen, wenn sie einerseits Wohltäter spielen sollen, andererseits aber kühl berechnend kalkulieren (müssen).

Die Kritik trifft sie alle. Das Deutsche Rote Kreuz hat als bekannteste Hilfsorganisation hier sozusagen stellvertretend Prügel erhalten. Der Wohlfahrtsmarkt als Geschäft! Soll man überhaupt darüber jammern, daß da eben nicht nur Idealismus, Ehrenamtlichkeit, Engagement und Nächstenliebe im Spiel sind? Enttäuschung jedenfalls ist fehl am Platz, ist nicht angebracht, weil damit nur weiter geheuchelt würde, daß die organisierte Wohlfahrt heute ein selbstloser, mildtätiger Betrieb sein sollte, jedenfalls was wirklichkeitsferne Wünsche betrifft. Aber an den eigenen Zielsetzungen und Prinzipien muß das Deutsche Rote Kreuz immer wieder gemessen werden und es muß sich gefallen lassen, daß die Öffentlichkeit darüber aufgeklärt wird, daß die ausdauernd verbreiteten Ansprüche und Grundsätze eben nur die halbe Wahrheit sind.

Nur wenn das Wohlfahrtsgeschäft in Zukunft durchsichtiger wird, für alle und besonders für die Bürger, die im guten Glauben an die gute Sache für die Wohlfahrt spenden, kann auch über mögliche und nötige inhaltliche Veränderungen diskutiert werden. Erst dann nämlich wird der sich stets selbst rechtfertigende Apparat, die Verwaltungsbürokratie, in Frage gestellt, die heute in weiten Teilen die Wohlfahrts-Realität prägt.

Damit können nicht zuletzt auch die politischen Abhängigkeiten besser durchleuchtet werden, die zum Schlüssel-Problem des Deutschen Roten Kreuzes geworden sind. Es sind die politischen Verfilzungen, die eine freie, unabhängige Entfaltung einer freien Wohlfahrt letzten Endes unmöglich machen und die der eigenen zur Schau gestellten Unabhängigkeit nur noch Hohn spotten. Wenn die Glaubwürdigkeit des Deutschen Roten Kreuzes gelitten hat, wenn sie zum Offenbarungseid gezwungen sein sollte, dann an diesem sehr zentralen Punkt des eigenen Selbstverständnisses. Neben der geschäftlichen Entflechtung muß also auch die politische Entfilzung auf die Tagesordnung der Rot-Kreuz-internen Auseinandersetzung. Ob das DRK allerdings zu einem solchen tiefgreifenden Strukturwandel fähig ist, muß ernsthaft bezweifelt werden. Zu fest sitzen eingespielte Mechanismen, zu fest sitzen die Interessen von Macht und Einfluß im Apparat des Konzerns der Menschlichkeit.

Zweifel aber lassen Hoffnungen zu.

Diese Hoffnungen stützen sich auf das Wissen, daß Hierarchen und Funktionäre nur dann unangefochten auf eingefahrenen Gleisen schalten und walten können, wenn sie über ein unkritisches, willfähriges Heer von Mitläufern verfügen, die alles mitmachen und absegnen, auch weil ihnen wichtige Informationen über die alltägliche, die nüchterne Seite des humanitären Geschäfts vorenthalten werden. Es bleibt also die Hoffnung auf die Mitglieder und Spender, die sich kritisch einmischen in die Politik des Vereins und die ihre Forderungen allmählich nach oben durchdrücken, weil sie sich nicht mehr auf's Kreuz legen lassen.

Anhang

1.
Anmerkungen

2.
Ausgewählte Literatur zum Deutschen Roten Kreuz

3.
Literatur zum Thema Wohlfahrt

1. Anmerkungen

1. vgl. Kurt Ghiring: Ein neues Licht. Offenburg 1963, S. 126
2. Henry Dúnant: Eine Erinneru ng an Solferino. In: Gründung des Roten Kreuzes. Zürich 1942, S. 137
3. Heymann: Erlebtes Erschautes. Meisenheim 1972, S. 121
4. Viele Hinweise zu diesem Abschnitt der DRK-Geschichte verdanke ich meiner Kollegin Ursula Hempel-Cirkel aus Berlin. Vgl. auch „etra-Sozialarbeit", Heft 12/83: „Wenn Männer töten, sollen Frauen helfen."
5. Zitiert nach: Der neue Geist in der Wohlfahrtspflege, Grundsätze nationalsozialistischer Wohlfahrtsarbeit. In: Freie Wohlfahrtspflege, April 1933, S. 155 ff.
6. Zitiert nach: Freie Wohlfahrtspflege, Juni/Juli 1933, S. 134
7. Theodor Geiger: Die Fürsorge im Licht der Volksbiologie. In: Freie Wohlfahrtspflege, Januar 1934, S. 426 ff.
8. Helmut Eckhardt; stellvertretender Chef der Reichsgemeinschaft zur Bekämpfung des Krüppeltums. In: Freie Wohlfahrtspflege, März 1934, S. 500
9. Zitiert nach: Die Ermordeten waren schuldig? Amtliche Dokumente der Direction de la Sante Publique der französischen Militärregierung. Übersetzt von Victoria von Bülow. Baden-Baden 1947, S. 41 ff.
10. Zitiert nach: Altmann-Gottheimer: Frauenaufgaben im künftigen Deutschland. In: Jahrbuch Deutscher Frauenvereine 1918, S. 10 ff.
11. F. W. Brekenfeld: Das DRK. In: Schriften der Hochschule für Politik, Heft 19/1938, S. 42
12. vgl. ebenda, S. 43
13. Brief von Rudolf Nadolny an den Alliierten Kontrollrat in Berlin vom 20. 10. 1945
14. vgl. Inter arma Caritas. Das Werk des Internationalen Komitees vom Roten Kreuz während des 2. Weltkrieges. Genf 1947
15. Zitiert nach Michael Stolleis: Quellen zur Geschichte des Sozialrechts. Frankfurt 1976, S. 30
16. Rudolph Bauer: Wohlfahrtsverbände in der Bundesrepublik. Weinheim/Basel 1978, S. 29
17. Alle Angaben sind dem Bericht „Infratest-Forschung Deutsches Rotes Kreuz Bevölkerungsumfrage 1982" entnommen. Das Exemplar Nr. 36 wurde mir vom DRK-Generalsekretariat zur Verfügung gestellt.
18. vgl. Stiepelmann u.a.: Recycling in der Textilwirtschaft. Frankfurt 1981, S. 127
19. vgl. Drucksache 8/4519 Deutscher Bundestag
20. Heinz Rullkötter: Der Einsatz von Frauen im Sanitätsdienst der Bundeswehr. In Europäische Wehrkunde, Heft 4/1983, S. 164
21. Sämtliche Zitate aus: Friedrich Forrer: Sieger ohne Waffen. Das DRK im 2. Weltkrieg. 1962
22. Franz W. Seidler: Frauen zu den Waffen? Koblenz 1978, S. 39
23. siehe Anmerkung 20!
24. zitiert nach Eva-Maria Epple: Schwestern helfen nicht. In: Courage, Heft 1/1983, S. 25 ff.
25. Im Jahrbuch 83/84 des DRK wird darauf verwiesen, daß es dem DRK gelungen sei, in Verhandlungen mit dem zuständigen Ministerium durchzusetzen, daß das Prinzip der Freiwilligkeit der Schwesternhelferinnen gelte und daß auf dem Personalbogen künftig der Textabschnitt „weggelassen" werde, der die Verpflichtung von Frauen für den Fall beinhalte, daß der Bedarf nicht auf der Grundlage der Freiwilligkeit gedeckt werden kann.
26. In anderen Städten kommt es durchaus vor, daß noch höhere Stundensätze für Zivildienstler berechnet werden. Das Deutsche Rote Kreuz ist da nicht Spitzenreiter. Es gibt „Gemeinnützige", die bis zu 18,— DM pro Stunde abrechnen.

27. Wieviel Miete der Verein wirklich zahlt, sagen die Katholischen Frauen nicht. Auch Anfragen amtlicher Stellen zwecks Überprüfung dieses Handelns blieben erfolglos.
28. alle Zahlen sind der Wirtschaftlichkeitsberechnung 1982 des DRK Gießen entnommen.
29. vgl. Fätkenheuer u.a.: Bluternte. Das Blut der Armen für die Wohlfahrt der Reichen. Hamburg 1984, S. 10
30. vgl. ebenda, S. 180
31. Das Rothe Kreuz. Zeitschrift aus dem Jahr 1906
32. Dres Balmer: Kupferstunde. Eigenverlag 1984. Eine deutsche Taschenbuchausgabe ist in Vorbereitung.
33. Transatlantik, Heft 9/1981, S. 39 ff.
(Gundolf S. Freyermuth: Der furchtbare Helfer)
34. Die Image-Untersuchung von Infratest über das Deutsche Rote Kreuz hatte interessanterweise das Ergebnis, daß dennoch eine Mehrheit der Bundesbürger das Hilfsschiff CAP ANAMUR den Aktivitäten des DRK zuordnet.
35. Alle Zitate aus Transatlantik, Heft 9/1981
36. John McKnight: Professionelle Dienstleistung und entmündigende Hilfe.
In: Illich u.a.: Entmündigung durch Experten. Hamburg 1983, S. 55
37. ebenda, S. 41
38. ebenda, S. 34
39. ebenda, S. 27
40. ebenda, S. 35
41. Ivan Illich in seiner Rede auf dem Kongreß „Neue Wege in der Sozialpolitik" am 7. Juni 1984 in Berlin.

2. Ausgewählte Literatur zum Deutschen Roten Kreuz

Dúnant, Henry	Eine Erinnerung an Solferino Zürich 1959
Heudtlass, Willy	J. Henry Dúnant Eine Biographie Stuttgart 1962
ders. u.a.	Solferino, Ein Anfang Essen o. J.
Huber, Max	Rotes Kreuz Grundsätze und Probleme Zürich und Berlin 1941
Pictet, Jean S.	Die Grundsätze des Roten Kreuzes Genf 1956
Müller, Peter	An der Front der Menschlichkeit Das Rote Kreuz heute Graz/Stuttgart 1975
Willems, Karl	Nächstenliebe in dieser Welt Das Rote Kreuz heute Düsseldorf und Wien 1978

Bargatzky, Walter — Das Rote Kreuz im Kampf gegen den Krieg
Zwei Berliner Reden
hg. vom DRK, Bonn 1969

Kleeberger, Ilse — Wir alle sind Brüder
Im Zeichen des Roten Kreuzes
Berlin 1969

3. Literatur zum Thema Wohlfahrt

Flierl, Hans — Freie und öffentliche Wohlfahrtspflege
München 1982

Bauer, Rudolph — Wohlfahrtsverbände in der Bundesrepublik
Ein Handbuch
Weinheim und Basel 1978

Dörrie, Klaus — „Aspekte einer Strukturanalyse der Freien Wohlfahrt" in: Otto/Schneider (HG) Gesellschaftliche Perspektiven der Sozialarbeit
Neuwied und Berlin 1973

Holbeck, von — Grundzüge der Organisation der freien Wohlfahrtspflege in Deutschland
Berlin 1925

Narr/Offe (Hg) — Wohlfahrtsstaat und Massenloyalität
Köln 1975

Otto/Utermann (Hg) — Sozialarbeit als Beruf.
Auf dem Weg zum Professionalismus?
München 1971

Peters, Helge — Moderne Fürsorge und ihre Legitimation
Köln und Opladen 1968

Illich, Ivan u.a. — Entmündigung durch Experten
Hamburg 1979

Müller, Wolfgang C. — Wie Helfen zum Beruf wurde
Weinheim und Basel 1982

Fink, Ulf (Hg) — Keine Angst vor Alternativen
Freiburg 1983

Für Ihre Notizen

Für Ihre Notizen

Für Ihre Notizen